سلسلة الكتاب الجامعي العربي

٨

المدخل
للمناهج وطرق التدريس

تأليــــف :

أ . د / ماهر إسماعيل صبري محمد يوسف

أستاذ ورئيس قسم المناهج وطرق التدريس بكليــة التربيـــة

مدير مركز التعليم المفتوح سابقا بجامعة بنها

أستاذ المناهج وطرق التدريس بجامعة طيبة بالمدينة المنورة

الطبعة الأولى (٢٠٠٩م)

المدخل

للمناهج وطرق التدريس

- الكتـــاب: المدخل للمناهج وطرق التدريس.

- المؤلـــف : أ. د / ماهر إسماعيل صبري محمد.

- الطبعـــة : الأولى .

- تاريخ الإصدار: 2009م – 1430هـ .

- حقوق الطبـع : جميع الحقوق محفوظة للمؤلف.

- رقم الإيـــداع :

- ردمـــك :

- الترقيم الدولي:

التوزيـــع بجمهورية مصر العربية

الناشـــر :

سلسلة الكتاب الجامعي العربي

جمهورية مصر العربية

هاتف : 0020133236633

محمول: 0565193829/السعودية

رئيس تحرير السلسلة : أ . د / ماهر إسماعيل صبري

التوزيـــع بالمملكة العربية السعودية

مكتبة الشقري

الرياض : هاتف :   فاكس :

جـــدة : هاتف :   فاكس :

بسم اللـه الرحمن الرحيم

((سبحانك لا علم لنا إلا ما علمتنا إنك أنت

العليم الحكيم))

(سورة البقرة : الآية 32)

إهداء

إلى كل المعلمين والمهتمين
بالتدريس وعلوم التربية

المدخل للمناهج وطرق التدريس

المدخل للمناهج وطرق التدريس

المدخل للمناهج وطرق التدريس

المدخل للمناهج وطرق التدريس

المدخل للمناهج وطرق التدريس

المدخل للمناهج وطرق التدريس

● مقدمــة :

لم يعد التدريس مهنة من لامهنة له ، فمع تطور علم التربية حديثا أصبح التدريس علما قائما بذاته يطلق عليه علم أصول التدريس ، بل إن التدريس قد تجاوز حدود العلم إلى مستوى آخر هو الفن ، فالبعض يرى أن التدريس بمفهومه الحديث أصبح مزيجا من : علم يقوم على أسس ومجالات محددة ، وفن يتطلب قدرات ، ومهارات ، وأساليب ، وجماليات ورؤى وأحاسيس ، ومشاعر ، وتذوق ... الخ .

وقد مر التدريس بمراحل تطورية عديدة ، ارتبطت تلك المراحل بمدى تطور مفهومي : التربية عموما ، والتعليم على وجه الخصوص ، لذا نرى تباينا واضحا في طرق وأساليب التدريس ، فتارة تتخذ من المادة التعليمية محورا لها ، وتارة تتخذ من المعلم محورا لها ، وتارة أخرى تتخذ من المتعلم محورا لها ، أو تتخذ من التفاعل بين المعلم والمتعلم محورا لها.

ومع ظهور علم النظم ، وتطبيق هذا العلم في مجال التعليم بدأ التدريس يدخل مرحلة جديدة ، حيث أصبحنا نراه منظومة فرعية ضمن منظومة أكبر ، لتلك المنظومة مدخلاتها ، وعملياتها ، ومخرجاتها .

وجاءت نظرية الاتصال الحديثة بما صاحبها من تكنولوجيا الاتصالات وتكنولوجيا المعلومات ، فأدخلت التدريس عصرا جديدا هو عصر التدريس عن بعد ، حيث يمكن للمعلم أن يتواصل مع المتعلمين خارج حدود الزمان والمكان ، عبر وسائل الاتصال الحديثة مثل : شبكة الإنترنت وشبكة الاجتماع بالفيديو ، والهاتف التعليمي ، والقنوات الفضائية ... الخ .

وظن البعض أن ظهور تكنولوجيا الاتصالات الحديثة ، وتطبيقها في المجال التعليمي يعني – بلا شك – انتهاء دور المعلم في عملية التدريس لكن هؤلاء مخطئون تماما في ظنهم هذا ، فموقع المعلم ودوره في منظومة التدريس ثابت لايقبل جدالا ، أو مناقشة ، فلايمكن لأية منظومة تدريس أن تقوم دون المعلم .

ولايوجد تعارض مطلقا بين دور المعلم ، ودور تكنولوجيا الاتصالات الحديثة في التدريس ، بل إن الأدوار تتكامل وتتفاعل فيما بينها لتحقيــــــــق

المدخل للمناهج وطرق التدريس

المتعة والتشويق للمتعلم خلال التدريس ، وتنويع مهام التدريس وتيسير إجراءاته للمعلم ، الأمر الذي ينعكس إيجابيا على نواتج ومخرجات عملية التدريس النهائية .

ويتناول الكتاب الحالي بيان تلك الجوانب موضحا التطورات التي حدثت في مجال التدريس خلال السنوات الأخيرة ، والأسس والمهارات التي ينبغي لأي معلم حديث أن يلم بها ، بل يتقنها قبل ممارسته للتدريس.

ويشمل الكتاب في طبعته الأولى سبعة فصول هي : الفصل الأول الذي تناول مفاهيم ومصطلحات مفتاحية في مجال المناهج وطرق التدريس . والفصل الثاني الذي تناول منظومة التدريس موضحا عناصرها ومكوناتها مدللا على أهميتها . والفصل الثالث الذي تناول مهارات تخطيط التدريس والفصل الرابع الذي تناول مهارات تنفيذ التدريس . والفصل الخامس الذي تناول مهارات تقويم التدريس . والفصل السادس الذي تناول أدوار المعلم وتدريبه الميداني . وأخيرا الفصل السابع الذي تناول عرضا لنماذج من طرق التدريس التي يمكن للمعلم اتبعاها.

وإذ أقدم هذا الكتاب في ثوبه الجديد لأبنائي وبناتي طلاب كليات التربية ، ومعاهد إعداد المعلمين بوطننا العربي ، وكذلك للمعلمين والمعلمات العاملين أثناء الخدمة ، ولكل الباحثين والباحثات ، والمهتمين بقضايا التعليم ولكل قارئ مثقف يهتم بموضوع التدريس ، نأمل أن يكون فيه النفع والفائدة وأن يكون خالصا لوجه الله تعالى .. إنه نعم المولى ونعم النصير .

المؤلف : أ . د / ماهر إسماعيل صبري محمد يوسف

المدينة المنورة في ٢٠ رجب ١٤٣٠ هـ الموافق ١٣ يوليو ٢٠٠٩م

الفصل الأول :

((مفاهيم مفتاحية في المناهج والتدريس))

- مفهوم المنهج.
- مفهوم الكتاب المدرسي.
- مفهوم الوحدة الدراسية.
- مفهوم الدرس .
- مفهوم التدريس.
- مفهوم طريقة التدريس .
- مفهوم أسلوب التدريس .
- مفهوم مدخل التدريس .
- مفهوم استراتيجية التدريس.
- مفهوم نموذج التدريس.
- منظومة المنهج وأهميتها.

الفصل الأول :

((مفاهيم مفتاحية في المناهج وطرق التدريس))

يتناول الفصل الحالي تعريف أهم المفاهيم والمصطلحات الأساسية في مجال المناهج وطرق التدريس ، والتي يجب لكل من يدرس بكليات التربية أو يعمل بالتدريس أن يلم بها ، ويدرك الفرق بينها مثل مفاهيم : المنهج والمقرر ، والمحتوى ، والبرنامج ، والكتاب المدرسي ، والوحدة الدراسية والدرس ، وكذلك مفاهيم : التدريس ، وطرق التدريس   وأساليب التدريس ، واستراتيجيات التدريس ، ونماذج التدريس ... وذلك على النحو التالي :

● مفهوم المنهج :

المنهج أو المنهاج مصطلح عام يعنى الطريق الواضح ، وهو مصطلح لاتينى الأصل يعنى الطريقة Method التى يتبعها الفرد لتحقيق هدف محدد. والمنهج Curriculum مصطلح شائع في مجال التعليم حيث يشير إلى : وثائق الرسالة التعليمية التى تقدمها مؤسسات التعليم لطلابها كى تحقق من خلالهم أهداف محددة.

والمنهج التعليمى ، أو المنهج الدراسى مصطلح له تعريفات عديدة في الأدب التربوى ، لكن معظم هذه التعريفات تجمع على معنيين : أحدهما محدود يعرف المنهج التعليمى بأنه : خطة شاملة لمجموعة خبرات تعليمية تعلمية يتم إكسابها للمتعلم في صف دراسى أو مرحلة دراسية محددة داخل جدران مؤسسة تعليمية نظامية . أما المعنى الآخر فهو الأكثر شمولا وإتساعا ، حيث يعرف المنهج الدراسى بأنه : وثائق مكتوبة تضم خطة شاملة متكاملة لمجموعة متنوعة من خبرات التعليم والتعلم (المعرفية – والمهارية – والوجدانية) يتلقاها المتعلم في صف دراسى أو مرحلة دراسية محددة ، داخل أو خارج جدران المؤسسات التعليمية النظامية.

والمنهج هو منظومة تضم عدة عناصر ومكونات مترابطة متفاعلة تحقق أهداف تعليمية محددة . وتتكون منظومة المنهج من ستة عناصر هى : الأهداف ، والمحتوى ، وطرق التدريس ، والوسائل التعليمية ، والأنشطة المصاحبة ، والتقويم ، حيث يؤثر كل عنصر منها ويتأثر بباقى العناصر. وتنطلق منظومة المنهج من الأهداف.

ويمثل المنهج أحد أهم عناصر منظومة التدريس ، فما منظومة التدريس سوى معلم ، ومتعلم ، بينهما منهج دراسي .

● مفهوم المقرر :

من المفاهيم التي ربما تتداخل لدى البعض مع مفهوم المنهج مفهوم المقرر Course ذلك المفهوم الذي يشير إلى العناوين والموضوعات والعناصر الرئيسة التى يدور حولها المحتوى العلمى لأى منهج ، أو برنامج تعليمى ، أو دراسى موجه لأية فئة أو مجموعة من الدارسين . وهناك من يخلط بين المنهج ، والمحتوى ، والمقرر.

ويعرف المقرر الأساسى Core Course بأنه : مقرر دراسى يقدم فيه إطار عام هيكلى للأفكار ونشاطات التدريس ، والذى يستطيع فيه المدرس أن يضيف طرقه وأفكاره الخاصة. كما يشير المصطلح أيضا إلى المقرر الذى يجب أن يؤخذ كجزء من المنهج الأساسى لأى صف أو أية مرحلة تعليمية.

أما المقرر الدراسي فيعرف بأنه : ذلك الجزء من البرنامج الدراسي والذي يتضمن مجموعة من الموضوعات الدراسية التي يلتزم الطلاب بدراستها في فترة زمنية محددة قد تتراوح بين فصل دراسي واحد ، وعام دراسي كامل وفق خطة محددة . ويرتبط المقرر الدراسي بمفهوم الخطة الدراسية Syllabus ، تلك التي تشير إلى توصيف كامل للمقرر الدراسي الذي يدرسه الطلاب من حيث : تحديد القائم على تدريسه ، والفئة الطلابية المستهدفة ، ومجموعة الأهداف التعليمية المراد تحقيقها من خلاله والموضوعات التي يتناولها المقرر ، وتوزيعها على مدة الدراسة وأهم المتطلبات التعليمية اللازمة لتنفيذه ، وأساليب التقويم التي تستهدف الحكم على مدى تحقق أهدافه ، وقائمة المراجع التي تدعم تعليم وتعلم المقرر . (محمد السيد علي ، ١٩٩٨م ، ص ١٣) .

● مفهوم المحتوى :

المحتوى Content مصطلح عام يشير إلى مضمون الشيء ، ويشيع استخدام هذا المصطلح فى مجال المناهج التعليمية ، حيث يشير إلى أحد عناصر ، أو مكونات المنهج . والمحتوى هو المكون الثانى لأى منهج تعليمى ، يأتى فى الترتيب بعد المكون الأول وهو " الأهداف " ، ويشمل محتوى المنهج كافة الخبرات والمعارف والمعلومات والمهارات والإتجاهات التى يسعى المنهج لإكسابها للمتعلم. كما يشير محتوى المنهج

أيضا إلى المعلومات المكتوبة ، والمصطلحات ، والمفاهيم ، والمبادئ والقوانين والنظريات ، والرسوم التوضيحية ، والأنشطة ، والتمرينات والأسئلة والاختبارات ... الخ ، المنصوص عليها فى وثيقة المنهج التى تكون غالبا الكتاب الدراسى . وقد يخلط البعض بين مصطلحى المنهج والمحتوى.

ويعرف محتوى المنهج بأنه : كل ما يضعه القائم بتخطيط المنهج من خبرات تفصيلية للموضوعات المقررة ، سواء كانت خبرات معرفية ، أم مهارية ، أم وجدانية ، بهدف تحقيق النمو الشامل والمتكامل للمتعلم ، أي أن المحتوى هو المضمون التفصيلي للمنهج والذي يجيب عن التساؤل : ماذا ندرس ؟ . (محمد السيد علي ، ١٩٩٨م ، ص ٣٧) .

- مفهوم البرنامج :

البرنامج *Programme / Program* مصطلح عام يشير إلى معاني عديدة تختلف بإختلاف المجال الذي يذكر فيه ، وبصفة عامة فإن البرنامج هو : مجموعة إجراءات ، وخطوات ، وتعليمات وقواعد يتم اتباعها لنقل خبرات محددة مقروءة ، أو مسموعة أو مرئية ، مباشرة ، أو غير مباشرة تعليمية ، أو ترفيهية أو تثقيفية ، وذلك لفرد أو مجموعة أفراد ، أو جمهور كبير ، في مكان واحد ، أو في أماكن متفرقة ، لتحقيق أهداف محددة .

والبرنامج التعليمي *Instructional Program* هو نوع من البرامج عموما ينطوي علي تحقيق أهداف تعليمية مباشرة ، أو غير مباشرة والبرامج التعليمية متنوعة ، منها ما هو مسموع (إذاعي) ومنها ما هو مقروء (كتابي) ومنها ما هو مرئي (تليفزيوني فيديوي ، كمبيوتري) ، ومنها ما هو نظامي ومنها ما هو غير نظامي ومنها ما هو تدريبي ومنها ما يختص بإعداد الفرد لعمل أو وظيفة محددة .

ويعرف البرنامج التعليمي بأنه : كل ما يتلقاه الفرد داخل أية مؤسسة تعليمية ، أو خارجها من خبرات هادفة ينتج عنها تغيير في سلوكه المعرفي والمهاري ، والوجداني على نحو مرغوب . وقد يكون البرنامج التعليمي ذاتيا فرديا ، أو جماعيا ، أو جماهيريا كما هو الحال في البرامج التعليمية التي تبثها الإذاعة والتليفزيون. (ماهر إسماعيل صبري ٢٠٠٢م ، ص ١٥٤)

البرنامج التعليمي إذن هو : خطة تعليمية يتم وضعها لمتعلم فرد ، أو لصف تعليمي ، أو لمؤسسة تعليمية ، أو لعدد من المؤسسات التعليمية

يستغرق تنفيذها يوم دراسي واحد ، أو بضعة أيام ، أو فصل دراسي ، أو عام دراسي كامل ، أو أكثر من ذلك ، حيث تضم تلك الخطة مجموع الخطوات والإجراءات والدروس والأنشطة التي يجب على المتعلمين تلقيها وتعلمها داخل حجرات الدرس أو خارجها ، وذلك في مدة زمنية محددة. فيقال بأن المنهج المدرسي يحتوي على برنامج للتربية الإسلامية وآخر للغة العربية وثالث للعلوم ، ورابع للرياضيات ... وهكذا. (مها العجمي ، ٢٠٠١م ، ص ٢٠) .

أما البرنامج التدريبي *Training Program* في العملية التعليمية فهو نوع من البرامج التي يتلقاها العاملون في ميدان التعليم من معلمين وفنيين وإداريين أثناء الخدمة لتنشيطهم بكل ما هو جديد في مجال عملهم وتختلف هذه البرامج من حيث مدتها ، ونوعية الخبرات المقدمة من خلالها ، وأساليب تدريسها وتنفيذها ، باختلاف الهدف منها ونوعية الأفراد المتدربين. ويختلف البرنامج التدريبي عن البرنامج التدريسي في جانب أساسي هو مدة تنفيذ البرنامج ، حيث تتسم برامج التدريب بأنها مكثفة في مدة زمنية محددة تكون غالبا قصيرة تتراوح عادة من ثلاثة أيام إلي شهر، وقد تزيد المدة إلى بضعة شهور وفقا لطبيعة البرنامج وأهدافه . كما يختلف البرنامج التدريبي عن البرنامج التدريسي في الهدف ، فالثاني يهدف إلى البناء والإعداد ووضع الأسس ، في حين يهدف الأول إلى التحسين والتطوير في مستوى الأداء . (ماهر إسماعيل صبري ، ٢٠٠٢م ، ص ١٥٣) .

- **مفهوم الكتاب :**

يظن البعض أن المنهج هو الكتاب الذي يدرسه المتعلم في أية مادة دراسية لأي صف دراسي ، لكن مفهوم المنهج يختلف عن مفهوم الكتاب حيث يشير مصطلح كتاب *Book* بصفة عامة إلى : أية وثيقة مطبوعة على شكل مجلد مكون من عدة صفحات تحوي معلومات وبيانات وصور ورسومات توضيحية مرتبطة بموضوع أو مجال ما . ويختلف نوع الكتاب باختلاف موضوعه ، وأهدافه ، والفئة المقدم لها هذا الكتاب . ومن أنواع وأشكال الكتاب في المجال التعليمي ما يلي : (ماهر إسماعيل صبري ٢٠٠٢، ص ص : ٤٣١-٤٣٢).

✵ **الكتاب الدراسي : Textbook**

الكتاب الدراسي هو كتاب مطبوع ، أو إلكتروني يشمل موضوعات دراسية مقررة في أي مجال من مجالات الدراسة بكافة تفصيلاتها العلمية.

وغالبا ما يكون الكتاب الدراسي هو المرجع الأول الذي يعود إليه أي دارس لاكتساب معلوماته.

✸ **الكتاب المدرسي : School Book**

الكتاب المدرسي هو نوع من الكتب الدراسية التي تستخدم عادة في مراحل التعليم الإلزامي قبل الجامعي ، وهي تمثل الوعاء الذي يحوي تفصيلات محتوى المادة الدراسية لأي مجال دراسي ويأخذ الكتاب المدرسي موقعا مهما في منظومة التدريس ، ومنظومة المنهج ، ومنظومة التربية المدرسية .

✸ **كتاب المعلم : Teacher Book**

وهو أي كتاب ، أو كتيب يكون بمثابة مرشد ، أو دليل للمعلم في تدريس الموضوعات الدراسية المقررة لأي صف دراسي في أية مادة دراسية .

✸ **كتاب التمارين : Work Book**

وهو نوع من الكتب أو الكتيبات التي تعمل كمرشد للأفراد في دراسة أو تعلم موضوع ما ، أو التدريب على القيام بعمل ما ، أو أداء مهام ، أو أنشطة محددة ، أو تجارب عملية .

✸ **الكتاب الإلكتروني : Electronic Book**

وهو أي كتاب تتم برمجته إلكترونيا على اسطوانة أو ديسك كمبيوتر حيث يمكن تصفح صفحاته ومعلوماته من خلال جهاز كمبيوتر . وهو شكل جديد للكتاب بدلا من صورته المعتادة . ويمتاز الكتاب الإلكتروني بصغر حجمه ، لكن برمجته وقراءته تحتاج بالضرورة لوجود جهاز كمبيوتر فضلا عن الخبرة التي يجب توافرها فيمن يقوم ببرمجة مثل هذه الكتب ومن يستخدمها من حيث التعامل مع أجهزة الحاسوب وبرمجياتها.

- **مفهوم الوحدة :**

ياتي مفهوم الوحدة ضمن المفاهيم الأساسية الشائعة في ميدان المناهج وطرق التدريس ، حيث يرتبط هذا المفهوم بمفاهيم أخرى كالمنهج والمحتوى والمقرر والدرس .. إلخ ، فالوحدة هي جزء من محتوى المنهج تشتمل على درس واحد أو عدة دروس تدور حول موضوع واحد . وفي إطار تعريف مفهوم الوحدة أوردت الأدبيات العديد من التعريفات لهذا المصطلح ، لكن بالرغم من تعدد تلك التعريفات فإنه يمكن لنا أن نفرق بين تعريف نوعين أساسين من الوحدات هما :

۞ **الوحدة التعليمية أو الدراسية :**

وتعرف بأنها : جزء من محتوى مقرر دراسى محدد تعالج موضوعا عاما من موضوعات المقرر ، بحيث تشمل مجموعة موضوعات أو دروس فرعية تدور جميعها حول الموضوع العام .

ويشير هذا المصطلح أيضا إلى : جزء من مقرر دراسى يتضمن مجموعة من الدروس اليومية ، أو الموضوعات الدراسية المتتابعة التى تندرج تحت اسم مفهوم واحد مثل : وحدة الطاقة ، وحدة الحركة ، وحدة الكائنات الحية... الخ .

وتعرف الوحدة كتنظيم لمناهج التعليم بأنها : تنظيم لنشاطات التعلم وأنماطه المختلفة حول هدف معين ، أو مشكلة ، يتم بالتعاون بين مجموعة متعلمين ومعلمهم .

۞ **الوحدة التعليمية المصغرة:**

ويطلق عليها أسماء عديدة مثل : الموديول ، والحقيبة التعليمية والرزمة التعليمية ، والمقرر المصغر . وهى : وحدة تعليمية متكاملة ذاتيا تتيح للمتعلم التعلم بشكل فردى ذاتى من خلال مجموعة أنشطة تعليمية تعلمية متنوعة ، وتسمح للمتعلم بتقويم نتائج تعلمه ذاتيا.

وتركز الموديولات ، أو الوحدات التعليمية المصغرة على أسس أهمها: تفريد التعليم ، حيث تسمح للمتعلم أن يتقدم فى العملية التعليمية وفقا لقدراته وإمكاناته الشخصية. ويتكون أى موديول تعليمى صغيرا كان أم كبيرا من عدة عناصر أساسية هى : صفحة الغلاف وتحمل عنوان الموديول والعناصر التى يتناولها ، والتمهيد أو المقدمة ، ويعطي فكرة موجزة عن مضمون الموديول ، وأهمية دراسته ، وخطوات السير فيه ، والأهداف التى تصاغ بشكل سلوكى إجرائى ، والاختبار القبلى ، وأنشطة التعليم والتعلم (محتوى الموديول) ، والاختبار البعدى ، وأخيرا نموذج إجابة الاختبارين القبلى البعدى ، ثم قائمة المراجع الإضافية . ويمكن تقديم وحدات التعلم الذاتى هذه للمتعلم فى شكل ورقى مكتوب ، أو في شكل إلكتروني يتم دراسته عبر جهاز الكمبيوتر .

● **مفهوم الدرس :**

يشير مفهوم الدرس Lesson إلى أصغر وحدة في بنية محتوى المنهج حيث يتضمن قدرا محدودا من المعلومات والخبرات المرتبطة بموضوع واحد . كما يشير الدرس أيضا إلى الوقت المخصص لتدريس هذا القدر

المحدود من المعلومات والخبرات ، ويعرف بالحصة في نظام التعليم المدرسي ، ويعرف بالمحاضرة في نظام التعليم الجامعي.

ويرتبط مفهوم الدرس ارتباطا وثيقا بمفاهيم : المنهج ، والمحتوى والكتاب ، والوحدة ، فلكل منهج محتوى ، وكل محتوى يشمل واحدات دراسية ، وكل وحدة تشمل عددا من الدروس التي تغطي الجوانب المختلفة لموضوع واحد.

● **مفهوم التدريس :**

إذا كان الموضوع الأساسي لهذا الكتاب هو مبادئ التدريس ومهاراته فإن من الضروري بداية الوقوف عند مصطلح التدريس لتعريفه والتعرف على مدلوله ، والتدريس Teaching عموما مصطلح متعدد المعاني والتعريفات ، حيث ارتبطت معاني وتعريفات هذا المصطلح بتعريفات مصطلح التربية ، وما طرأ عليه من تطوير .

ويعرف التدريس بأنه : عملية تستهدف نقل الخبرات بين المعلم وطلابه والتدريس عملية منظمة هادفة ، بمعنى أنه منظومة مكونة من مجموعة عناصر تتفاعل فيما بينها لتحقيق أهداف محددة ، وهذه العناصر هي : مدخلات التدريس (معلم – منهج – متعلم) ، وعملياته (استراتيجيات أساليب – طرق تدريس) ، ومخرجاته (أهداف تحققت وخبرات اكتسبها الطلاب) ، وتغذية راجعة تربط بين هذه العناصر ، وبيئة تدريس تجمع كل هذه العناصر ، وتتيح التفاعل فيما بينها . وينظر إلى التدريس أحيانا على أنه مهنة تستهدف تيسير عملية تعليم وتعلم الأفراد ، أو فن له فنياته ومهارته أو عملية اتصال تفاعلي بين مرسل ومستقبل حول رسالة تعليمية محددة من خلال قنوات اتصال تعليمي مناسبة .

وقد تطور التدريس خلال العقود القليلة الماضية تطورا كبيرا حتى صار علما له أصوله ، حيث يعرف علم أصول التدريس (بيداجوجيا Pedagogy) بأنه : ذلك العلم المعني بدراسة أسس وعناصر منظومة التدريس ، وإجراءات تصميم التدريس الناجح ، وطرق وأساليب واستراتيجيات ونماذج التدريس ، وكل ما يتعلق بعملية التدريس من قريب أو بعيد .

وتتباين الآراء حول كنه عملية التدريس وطبيعتها ، فهناك من ينظر إلى التدريس على أنه علم ، وهناك من ينظر إليه على أنه فن ، لكن النظرة التي تبدو سائدة بين المتخصصين في هذه الأيام تؤكد أن التدريس ليس

علما فقط ، وليس فنا فقط ، لكنه مركب متجانس متفاعل من العلم والفن معا . وفي هذا الإطار يؤكد (محمد زياد حمدان ، ١٩٨٨م ، ص ٦٣)على أن التدريس بمفهومه المعاصر لم يعد مهنة روتينية يتخذها البعض لسد حاجات مادية معينة بل أصبح فنا وعلما في آن واحد ، ويرجع المفهوم الشامل للتدريس كعلم وفن إلى القرنين الثامن عشر ، والتاسع عشر ، حيث أدخل على التربية خلالهما العديد من الاعتبارات الفلسفية والنفسية التي دعت للنظر إلى التدريس على أنه مزيج من العلم والفن معا.

ويشير (حسن زيتون ، ١٩٩٧م ، ص ٨٧) إلى نفس المعنى ، حيث يري أن خبرة ممارسة التدريس في الواقع العملي تكشف لنا أن التدريس الفعال يتطلب كلا من العلم والفن معا ، فلا غنى لأحدهما عن الآخر ، فعلم التدريس يمكن أن يزودنا بفهم واضح لطبيعة الموقف التدريسي ومتغيراته وأحداثه ، وبكيفية التخطيط له ، وتنفيذه ، وتقويمه ، في حين أن فن التدريس يزودنا بعدد من الفنون التي تمكننا من التعامل مع هذه المتغيرات والأحداث بشكل فوري ، ومتسارع ، معتمدين في ذلك على : سرعة البديهة وحسن التصرف ، والبصيرة النافذة ، وغيرها من الفنون .

- مفهوم طرق التدريس :

الطريقة *Method* مصطلح عام يشير إلى إجراءات وخطوات محددة يتبعها الفرد عند إنجاز مهمة ، أو عمل محدد ، كطريقة التدريس وطريقة التعلم ، وطريقة التفكير ، وطريقة التقويم... إلخ.

وطريقة التدريس *Teaching Method* هي : مجموعة الخطوات والإجراءات التي يقوم بها المعلم ، وتظهر آثارها على نتائج المتعلمين وبعبارة أخرى هي : مجموع التحركات التي يقوم بها المعلم أثناء الموقف التعليمي التعلمي ، والتي تحدث بشكل منتظم ومتسلسل لتحقيق الأهداف التدريسية المحددة مسبقا . (محمد السيد علي ، ١٩٩٨م ، ص ١٣٦).

وتعرف طرق التدريس *Teaching Methods* بأنها : مايتبعه المعلم من خطوات متسلسلة متتالية مترابطة ، لتحقيق هدف أو مجموعة أهداف تعليمية محددة . ولايوجد أي ضمان لجودة طريقة ما من طرق التدريس إلا المعلم ذاته ، ويعتمد ذلك بصفة خاصة على عوامل من أهمها : (يس عبد الرحمن قنديل ، ١٩٩٨م ، ص ص ١٥٥ - ١٥٦) .

◀ أن يختار المعلم الطريقة المناسبة لأهداف الموضوع الذي يريد تدريسه

- أي يكون لدى المعلم المهارات التدريسية اللازمة لتنفيذ طريقة التدريس التي يختارها بنجاح .
- أن يكون لدى المعلم السمات والخصائص الشخصية التي تؤهله لتنفيذ طريقة التدريس المختارة بنجاح .

وإلى جانب تلك العوامل هناك عامل آخر على درجة كبيرة من الأهمية يتحدد على ضوئه نجاح أو فشل طرق التدريس ، هذا العامل هو استعداد المعلم لممارسة التدريس ، واقتناعه بأهمية عمله بتلك المهنة وحبه لهذا العمل ، ومفهومه عن ذاته ، ومفهومه عن رؤية الآخرين له .

ولايمكن أن نتحدث عن طريقة واحدة للتدريس ، لكننا يجب أن نتحدث دائما عن طرق (طرائق)عديدة للتدريس ، حيث ينتقي القائم بالتدريس من بين هذه الطرق ما يتناسب وطبيعة : الموقف التدريسي والمحتوى موضع التدريس ، والمتعلم ، والإمكانات المتاحة . وذلك على ضوء الأهداف المراد تحقيقها من خلال عملية التدريس . وهذ يعني أنه لاتوجد طريقة تدريس هي الأفضل والأجود على الإطلاق ، لكن لكل طريقة من طرق التدريس الموقف الذي تناسبه ، وتكون هي الأكثر فعالية من غيرها فيه .

ويمكن تصنيف طرق التدريس على ضوء عدة أسس ، فتصنف من حيث تطورها إلى : طرق تدريس تقليدية قديمة (مثل طريقة المحاضرة) وطرق تدريس حديثة (مثل : حل المشكلات ، والاكتشاف ، والتدريس بالكمبيوتر والإنترنت) . كما تصنف من حيث محور ارتكازها إلي : طرق تدريس محورها المعلم (كالإلقاء) ، و طرق تدريس محورها المتعلم (كالتعليم البرنامجي) ، و طرق تدريس محورها المعلم والمتعلم معا (كالحوار والمناقشة) . وتصنف طرق التدريس أيضا على ضوء عدد الدارسين إلى : طرق تدريس فردية (كالتعليم بالكمبيوتر) ، و طرق تدريس جماعية (كالمحاضرات ، والندوات .. الخ). وتصنف أيضا على ضوء عدد المعلمين إلي : طرق تدريس بمعلم واحد ، و طرق تدريس بفريق من المعلمين ، إلي غير ذلك من التصنيفات .

ويرى البعض أن طرق التدريس هي نفسها أساليب التدريس ، وهي أيضا استراتيجيات التدريس ، أي أن هذه المصطلحات مترادفة ، في حين يرى البعض الآخر أن هناك فارق بينها . ويرى كاتب هذه السطور أن هناك تداخل كبير بين تلك المصطلحات لدرجة يصعب معها التمييز بينها ، لكن

مع ذلك يمكن الفصل بينها ، ووضع تعريفات دقيقة مميزة لكل منها   وسوف يتضح ذلك عبر الصفحات التالية من الفصل الحالي .

● مفهوم أساليب التدريس :

تعرف أساليب التدريس *Teaching Styles* بأنها : فنيات وإجراءات خاصة يتبعها المعلم عند تنفيذه لعملية التدريس بهدف تحقيق أهداف تعليمية محددة ، وتميزه عن غيره من المعلمين .

ويشير (محمد السيد على ، ١٩٩٨م ، ص ١٣٥) إلى أن أسلوب التدريس هو : توليفة من الأنماط التدريسية التي يتسم بها المعلم خلال تعامله مع الموقف التعليمي التعلمي ، وتميزه عن غيره من المعلمين . وهذا يعني أن أسلوب التدريس هو الإطار العام المميز للمعلم ، والذي يشمل أكثر من طريقة للتدريس يفاضل بينها المعلم ليكون له أسلوبه الخاص .

ويأتي رأي (يوسف قطامي ، نايفة قطامي ، ١٩٩٨م ، ص ص ١٦ ، ١٩) ليشير إلى أن أساليب التدريس تمثل اللبنات الأساسية الأولى التي تقوم عليها طريقة التدريس التي يتبعها المعلم . وهذا يعني أن أسلوب التدريس المفضل لدى المعلم ينعكس بشكل أو بآخر على طريقة التدريس التي يختارها .

وتختلف أساليب التدريس عن أساليب التعلم *Learning Styles* تلك التي تعرف بأنها : سلوكيات معرفية ، أو انفعالية ، أو فسيولوجية يتصف بها المتعلمون ، وتعمل كمؤشرات ثابتة نسبيا للكيفية التي يدرك بها هؤلاء المتعلمون بيئتهم التعليمية ، ويتعاملون معها ، ويستجيبون لها . وهى أيضا الفنيات والإجراءات التي يتبعها المتعلم ذاتيا لاكتساب خبرات جديدة . ويشمل أسلوب التعلم أربعة جوانب في المتعلم هي : أسلوبه المعرفي وأنماط اتجاهاته واهتماماته ، وميله إلى البحث عن مواقف التعلم المطابقة لأنماط تعلمه ، وميله إلى استخدام استراتيجيات تعلم محددة دون غيرها.

وأساليب التعلم متشعبة كثيرة الأبعاد ، فهى خليط من عناصر معرفية وانفعالية وسلوكية ، وقد تمكن الباحثون من التعرف على عدد كبير من الأبعاد لأساليب التعلم ، أهمها : أسلوب التعلم المستقل عن المجال مقابل المعتمد على المجال ، وأسلوب النصف الأيمن للدماغ مقابل النصف الأيسر وأسلوب التأمل (التروى) مقابل الاندفاع ، وأسلوب النمط

التفكيرى مقابل النمط العاطفي والإحساس مقابل الحدس ، والحكم مقابل الإدراك ، والتفكير المرن مقابل التفكير المقيد ، والتبسيط مقابل التعقيد ...الخ . وتتنوع أساليب التعلم أيضا من أساليب التعلم الجمعي ، إلي أساليب التعلم الفردي ، إلي أساليب التعلم في مجموعات صغيرة ، وكذلك فهي تتنوع من أساليب التعلم المباشر ، إلي أساليب التعلم عن بعد ، إلي أساليب التعلم بالحاسوب ... إلي غير ذلك من أساليب التعلم . (محمد زياد حمدان ،١٩٨٥ ، ص ٣٩، عبد العال عجوة ، ١٩٨٩ ، ص ١٣ ، ص ١٤، عبد الرحمن العبدان ١٩٩٣، ص١٣١ ص ١٣٢)٠

ومجمل القول فإن أساليب التدريس هي أنماط وفنيات خاصة يفضل المعلم اتباعها لنقل خبراته إلى المتعلم خلال عملية التدريس وتميزه عن غيره من المعلمين . أما أساليب التعلم فهي أنماط وفنيات مفضلة لدى المتعلم نفسه يتبعها لاكتساب خبرات محددة ، أو تنميتها ، أو لتيسر عليه عملية تعلم تلك الخبرات ، حيث تختلف أساليب التعلم أيضا من متعلم لآخر.

- مفهوم مداخل التدريس:

الأصل اللغوي لكلمة " مدخل " هو الفعل " دخل " ، والمضارع منه يدخل دخولاً ومدخلاً ، والمدخل (بفتح الميم) يعنى الدخول وموضع الدخول ، فنقول " دخل مدخلاً حسناً " ، ودخل مدخل صدق . والمدخل (بضم الميم) هو اسم المفعول من أدخل فنقول " أدخله مدخل صدق " والمدخل هنا هو الشيء موضع الإدخال٠ (محمد بن أبي بكر الرازى ١٩٨٦، ص٢٢٠)٠

وعلى ذلك يصح لنا أن نقول " مدخلا تدريسيا " بفتح الميم للإشارة إلى كيفية الدخول لتدريس أى موضوع أو مجال ، كما يصح أن نقول " مدخلا تدريسيا " بضم الميم للإشارة إلى أي مكون أوعنصر من مدخلات عملية التدريس ، لكن المقصود هنا هو المصطلح الأول٠

وتعرف مداخل التدريس *Teaching Approaches* بأنها : الأسس والمبادئ ، والمنطلقات التى تستند إليها طريقة ، أو أسلوب ما من طرق وأساليب التدريس ، سواء كانت هذه الأسس أكاديمية ، أو مهنية تربوية أو اجتماعية ، أو نفسية ... الخ. بمعنى آخر فإن مدخل التدريس يمثل الخطوط النظرية العامة التى تكمن خلف أية طريقة أو أسلوب من طرق وأساليب التدريس .

ويعد مدخل التدريس بمثابة الإطار الفلسفي الذي يكمن خلف طرائق التدريس وأساليبه، حيث يقصد بمدخل التدريس مجموعة الأسس والمبادئ والمنطلقات التي تستند إليها أية طريقة، أو أسلوب من طرق وأساليب التدريس، سواء كانت هذه الأسس أكاديمية متخصصة، أم تربوية مهنية، أم اجتماعية، أم نفسية. (محمد السيد علي، ١٩٩٨م، ص ١٣٤).

- **مفهوم نماذج التدريس :**

يشير (ماهر إسماعيل صبرى، ١٩٩٩، ص ٥٣ ص٦١) إلى أن نماذج التعليم والتعلم التى تعرف أيضا بنماذج الاتصال التعليمى هى المخططات التى توضح علاقة عناصر عمليتى التعليم والتعلم ببعضها البعض وترسم موقع كل منها فى منظومة عملية التدريس· فإذا كانت هذه المخططات بمثابة خطوات تبين للمتعلم كيف يسير خلال عملية التعلم سميت نماذج تعلم، وإذا كانت هذه المخططات ترسم للمعلم خطوات وإجراءات السير خلال عملية التدريس وفقا لطريقة أو أسلوب ما، سميت بنماذج تعليم أو نماذج تدريس، وقد يجمع النموذج التعليمى الواحد بين هذين النوعين وهذا المعنى لنماذج التعليم والتعلم يجعلها أجزاء إجرائية ضمن الإطار العام لاستراتيجيات التعليم والتعلم·

ويتفقا (يوسف قطامى، نايفة قطامى، ١٩٩٨، ص ١٣ ص ١٤) مع المعنى السابق لنماذج التعليم والتعلم، حيث أشارا إلى أن نماذج التدريس *Teaching Models* هى مجموعة أجزاء الاستراتيجية مثل : طريقة محددة يتدرج وفقها المحتوى التعليمى وأفكاره، واستخدام وجهات نظر وملخصات، وأمثلة، وممارسات لإثارة دافعية الطلاب، وهذا يعنى أن نموج التدريس ليس هو مجرد مخطط تفصيلى إجرائى لمجموعة أجزاء موقف استراتيجى محدد ·

ويعرف نموذج التدريس *Teaching Model* بأنه : نسق تطبيقى لنظريات التعليم والتعلم داخل غرفة الصف، بمعنى أنه مخطط إرشادى يعتمد على نظرية تعلم محددة، يقترح مجموعة من الإجراءات المحددة والمنظمة التى توجه عملية تنفيذ نشاطات التعليم والتعلم، بما ييسر للعملية التعليمية تحقيق أهدافها. وعلى المعلم الالتزام بإجراءات أى نموذج تدريس يتبعه.

- **مفهوم استراتيجيات التدريس :**

يشير الأدب التربوى إلى أن مصطلح استراتيجية *Strategy* فى أصله مصطلح عسكرى يعنى فن توظيف الإمكانات المتاحة، والاستفادة بها إلى

أقصى حد ممكن ، ثم ما لبث أن انتقل إلى ميدان التربية ، وشاع استخدامه ، حيث ارتبط بعمليتى التعليم والتعلم ، فظهر مصطلح استراتيجيات التدريس ، ومصطلح استراتيجيات التعلم٠وقد يتصور البعض أن استراتيجيات التدريس هى نفسها استراتيجيات التعلم ، وأن المصطلحين مترادفان ، لكن أصحاب هذا التصور مخطئون تماما ، فمع أن العلاقة بينهما جد وثيقة ، فإن ثمة فارقا بينهما يتضح بتعريف كل منهما٠

وتعرف الاستراتيجيات بشكل عام بأنها : طرق محددة لمعالجة مشكلة أو لمباشرة مهمة ما ، وهى أساليب عملية لتحقيق هدف معين ، وهى أيضا تدابير مرسومة للتحكم فى معلومات محددة ، والتعرف عليها. (Brown, ١٩٨٥, p. ٧٩) ٠

وتعرف استراتيجية التدريس *Teaching Strategy* - كما تشير الموسوعة العالمية فى التربية - بأنها : مجموعة التحركات أو الإجراءات التدريسية *Teaching Actions* ، أى أن استراتيجيات التدريس ترادف إجراءات التدريس . (Husen & Postlethwaite, ١٩٨٥, p. ٥١٤٨) ٠

وحول هذا التعريف تدور معظم تعريفات استراتيجيات التدريس فيعرفها (ممدوح سليمان ، ١٩٨٨ ، ص ١٣٠) بأنها : " مجموعة تحركات المعلم داخل حجرة الصف ، التى تحدث بشكل منظم ومتسلسل وتهدف إلى تحقيق الأهداف التدريسية المعدة مسبقا " ، ومفاد هذا التعريف أن المعلم قد يسير فى التدريس مستخدما لأسلوب أو أكثر من أساليب التدريس وفقا لطريقة تدريسه الخاصة المتبعة ، لكنه فى هذا وذاك لا يخرج عن إطار عام يحدد إجراءاته التدريسية العامة يعرف بالاستراتيجية . بينما يعرفها (حسن زيتون ، ١٩٩٩ ، ص ٢٨١) بأنها : " مجموعة من إجراءات التدريس المختارة سلفاً من قبل المعلم ، أو مصمم التدريس ، والتى يخطط لاستخدامها أثناء تنفيذ التدريس بما يحقق الأهداف التدريسية المرجوة بأقصى فاعلية ممكنة ، وفى ضوء الإمكانات المتاحة ". في حين يعرفها (ماهر إسماعيل صبري ، ٢٠٠٢ م ، ص ١٠٨) بأنها : مجموع الأساليب والفنيات ، والإجراءات التي يتبعها المعلم لتنفيذ عملية التدريس داخل حجرات الدراسة ، أو خارجها بشكل يضفي عليها المتعة والتشويق ويحقق أقصى قدر ممكن من الأهداف التعليمية بأقل قدر جهد ، وفى أقل وقت ممكن.

أما استراتيجيات التعلم *Strategies (Delivery) Learning* فقد عرفها (يوسف قطامى ، ونايفة قطامى ، ١٩٩٨ ص ١٦) بأنها : " الأسلوب

الذى سيتم وفقه تنظيم التعلم ، وتحديد نمطه (جمعيا ، أم فرديا أم تعاونياً) وبرمجة استخدام المصادر التعليمية المتوافرة ، وتشمل نوعين من المتغيرات : متغيرات الاستراتيجية المصغرة - *Micro* *Strategy Variables* وتتضمن تنظيم التعلم وفق عناصر محددة لمعالجة فكرة واحدة (مفهوم مبدأ ، علاقة) ، ومتغيرات الاستراتيجية الشاملة وتتضمن تنظيم عناصر محددة لجوانب التدريس التى ترتبط بأكثر من فكرة واحدة مثل : التدرج أو التركيب ، أو التلخيص (مراجعة نظرة عامة) للأفكار التى يتم تدريسها• ويوضح هذا التعريف طبيعة العلاقة والتداخل بين استراتيجيات التدريس واستراتيجيات التعلم•

كما تعرف استراتيجيات التعلم أيضاً بأنها : " مجموعة خطوات أو سلوكيات واعية يستخدمها المتعلم لكى تعينه على اكتساب المعلومات الجديدة ، وتخزينها ، والاحتفاظ بها ، واسترجاعها .

● منظومة المنهج وأهميتها :

لقد تبين على الصفحات السابقة أهمية مصطلح المنهج ، ومدى ارتباطه بالعديد من المصطلحات والمفاهيم الأخرى ، حيث سبقت الإشارة إلى أن المنهج ما هو إلا منظومة فرعية ضمن منظومة أكبر هى منظومة التعليم ، داخل منظومة أكبر اتساعا هى منظومة التربية .

ويمكن تحديد المفهوم المنظومي للمنهج (منظومة المنهج *Curriculum System*) بأنه : البناء الذى يحوى عدة عناصر ومكونات مترابطة متفاعلة تحقق أهداف المنهج. وتتكون منظومة المنهج من ستة عناصر هى : الأهداف ، والمحتوى ، وطرق التدريس ، والوسائل التعليمية والأنشطة المصاحبة ، والتقويم حيث يؤثر كل عنصر منها ، ويتأثر بباقى العناصر ، وتنطلق منظومة المنهج من الأهداف.

وسوف يتم الحديث عن منظومة المنهج ومكوناتها بشيء من التفصيل في الفصل الثاني من هذا الكتاب في إطار الحديث عن المنهج كجزء في منظومة التدريس .

● أهمية المنهج كمنظومة:

تمثل الرؤية المنظومية للمنهج أهمية كبرى في عمليتي التعليم والتعلم حيث تتجلى تلك الأهمية في أن المنهج كمنظومة يمثل :

◀ كيانا كليا مركبا من عدة عناصر ومكونات مترابطة متداخلة متفاعلة هي : أهداف المنهج ، والمحتوى ، وطرق التدريس والوسائل التعليمية والنشاط المصاحب ، والتقويم .

◄ نظاما متكاملا له مدخلات وعمليات ومخرجات تتفاعل فيما بينها من جهة وتتفاعل مع باقي عناصر ومكونات منظومة التعليم من جهة أخرى للعمل على تحقيق أهداف النظام التعليمي لأي مجتمع .

◄ مرآة تعكس فلسفة النظام التعليمي بأي مجتمع ، وقدرة هذا النظام على ترجمة متطلبات المجتمع واحتياجاته في تعليم أبنائه على النحو المطلوب.

◄ مؤشرا للحكم على جودة النظام التعليمي ، ومستوى الكفاية الداخلية والخارجية لهذا النظام ، فجودة منظومة المنهج وكفايتها في أي مجتمع تدل على جودة النظام التعليمي وكفايته في هذا المجتمع.

◄ مؤشرا للحكم على مدى مسايرة نظام التعليم بأي مجتمع لمستحدثات العلم والتكنولوجيا ، ومدى مواكبة هذا النظام للتوجهات العالمية الحديثة .

◄ مؤشرا للحكم على مدى التزام نظام التعليم لأي مجتمع بالعادات والتقاليد والأعراف والقيم المتأصلة في هذا المجتمع ، كما يعد مؤشرا صادقا للحكم على مدى تأثر نظام التعليم بمجتمع ما بنظم التعليم المعمول بها في مجتمعات أخرى.

◄ أداة مقننة تتيح لمنظومة التعليم القيام بدورها في توجيه وتطوير عمليتي التعليم والتعلم للوجهة المرغوبة ، ومن ثم التغلب على العوامل الخارجية التي تؤثر سلبيا على المتعلم فتوجه مخرجات تعلمه لاتجاهات غير مرغوبة.

◄ مكونا أساسيا لايمكن لمنظومة التعليم المدرسي أن تقوم بدونه.

✱✱✱✱✱✱✱

الفصل الثاني :

((منظومـــة التدريـــس))

- مفهوم التدريس بوصفه نظاما.

- خصائص منظومة التدريس.

- موقع التدريس في منظومة التعليم.

- التدريس ومنظومة المنهج .

- مكونات منظومة التدريس. (المعلم المتعلم – المنهج .

الفصل الثاني :

((منظومـــة التدريـــس))

يتناول الفصل الحالي تحديد مفهوم التدريس بوصفه نظاما وخصائص منظومة التدريس ، وموقعها في منظومتي التعليم ، والمنهج ، كما يتناول المعلم والمتعلم والمنهج كعناصر لمنظومة التدريس ، ثم يعرض لمدخلات وعمليات ومخرجات منظومة التدريس ، وذلك على النحو التالي :

● مفهوم التدريس بوصفه نظاما:

النظام أو المنظومـة System بوجـه عـام هـو بنـاء أو هيكـل لمجموعـة منظمـة مـن العناصر والمكونات التى تتفاعل فيما بينها لتحقيق هـدف محـدد أو لأداء مهام ووظائف محددة ، حيث يعرض النظام بوضوح العلاقات الداخلية بين الأجزاء والمكونات المختلفة مـن جهة ، والعلاقات بينها وبين النظام ككل من جهة أخرى . والنظام هو كل مركب من مجموعة عناصر لها وظائف ، وبينها علاقات تبادلية شبكية تتم وفق قوانين محددة ، حيث يؤدى هذا الكل المركب فى مجموعـه نشاطا هادفا له سماته المميزة وعلاقاته التبادلية مـع النـظم الأخـرى ، ويوجـد فى بعدين أحدهما مجـالى والآخر زمانى ، ويبنى على مدخلات ، وعمليات ، ومخرجات . ويعرف النظام أيضا بأنه مجموعة مـن العناصر المتداخلة المترابطة المتكاملة فيما بينها ، بحيث يؤثر كل منها فى الآخر ويتأثر بـه ، مـن أجـل أداء وظائف وأنشطة تكون محصلتها النهائية تحقيق الناتج الذى يراد تحقيقه من خلال هذا النظام. والنظام ليس مجموعة من العناصر الثابتة ، لكن عناصر النظام تتغير بتغير أهدافه ، وبتغير الظروف البيئية المحيطة بالنظام .

أما منظومـة (نظام) التدريس Teaching System فهي الإطار الكلى الذى يجمع عناصر عملية التدريس (معلـم – متعلـم – منهـج - بيئـة تدريس – تقويم ... الخ) ، ويوضح طبيعـة العلاقـة التداخلية التفاعلية التكاملية بين هذه العناصر، وتأثير كل منها على البناء الكلى لعمليـة التدريس. (ماهر إسماعيل صبري ، ٢٠٠٢م ، ص ص ٥٥٦ ، ٥٥٨) .

ويرجـع النظـر للتـدريس علـى أنـه منظومـة إلى سـيادة مـدخل أو أسـلوب النـظم Systems Approach علـى جميـع مناشـط الحيـاة في المجتمعـات الحديثة ، ذلك الأسلوب الذي يعرف بأنـه : طريقـة علميـة منظمـة لتوجيـه

الفكر الإنساني تجاه التحليل العلمي الدقيق للظواهر والمشكلات التي تواجهه حيث يعتمد على تعدد الأسباب والعوامل الكامنة خلف هذه الظواهر وتلك المشكلات ، وتداخل هذه العوامل والأسباب فيما بينها ، وتفاعلها بدرجات متفاوتة . وأسلوب النظم في التعليم يعني طريقة في العمل ، ومنهج في التفكير من خلال السير في خطوات منظمة يستخدم كل الإمكانات التي تقدمها التكنولوجيا ، وفق نظريات التعليم والتعلم بغرض تحقيق أهداف محددة ، ويمثل مدخل النظم إحدى الركائز والأسس التي قامت عليها تكنولوجيا التعليم بمفهومها الحديث .

ويؤكد (حسن زيتون ، ١٩٩٧م ، ص ص ٣٢-٣٣) على أن عملية التدريس تنطبق عليها جميع خصائص المنظومة ، لذا يجب النظر للتدريس على أنه منظومة لكونه :

◄ كلا مركبا من عدة عناصر أبرزها : المعلم ، والمتعلم ، والمادة الدراسية وغيرها من عناصر التدريس الأخرى .

◄ عملية هادفة تسعى لتحقيق أهداف محددة .

◄ ذا خصائص معينة تتيح حدودا افتراضية تفصله نسبيا عن غيره من الأنظمة الأخرى داخل المؤسسات التعليمية مثل : منظومة الإدارة التعليمية ، ومنظومة الإرشاد والتوجيه الطلابي .

◄ محاطا ببيئة تقع خارج حدوده ، تؤثر فيه ، وتتأثر به ، وهي بيئة الصف   (الفصل) Classroom Environment .

◄ له مدخلات ، وعمليات ، ومخرجات ، فضلا عن التغذية الراجعة التي تعمل على تحسين وتطوير جميع عناصر منظومته .

● خصائص منظومة التدريس :

تتسم عملية التدريس بصورتها المنظومية بعد خصائص أهمها أن تلك العملية :

● مقصودة :

فالتدريس عملية مقصودة لاتتم بصورة عرضية ، ومحور القصد في عملية التدريس هو الرغبة في نقل خبرات محددة من المعلم إلى المتعلم وفقا لقواعد ومواصفات محددة .

● هادفة :

فليس معقولا أن تتم عملية التدريس بلا أهداف ، فالأصل في منظومة التدريس أنها تنطلق بداية من مجموعة محددة من الأهداف توجه مسارها من أجل تحقيق هذه الأهداف .

المدخل للمناهج وطرق التدريس

● منظمة :

فالتدريس عملية ذات إجراءات وخطوات منظمة ، تسير وفقا لمراحل مرتبة تبدأ مـن التخطيـط للتدريس ، ثم تنفيذ التدريس ، وتنتهي بتقويم التدريس.

● إيجابية :

فعملية التدريس تسعى دائما لتحقيق نتائج مرغوبة في المتعلم لتنميـة جوانـب تعلمـه المعرفيـة والمهارية والوجدانية .

● دينامية :

فمنظومة التدريس تتكون مـن عناصـر متغيـرة بطبيعتهـا ، وليست قوالـب جامـدة ، فالمعلم ، والمتعلم ، بل وخبرات التعليم والتعلم في تغير وتطور مستمر ، لذا فإن التـدريس يجب أن يتواكب وجميع تلك التغييرات .

● تفاعلية :

إن عملية التدريس لاتتم على النحو المرغوب مالم تعتمد على أقصى درجات التفاعل بين جميـع عناصرها ، مما يحقق أقصى فائدة ممكنة .

● اتصالية :

فالتدريس في أصله عملية اتصال تعليمي بين طرفين أحدهما مرسـل والآخـر مسـتقبل ، حـول رسالة تعليميـة تمثلهـا الخبـرات التعليميـة ، ولاتتحقـق اتصاليـة التـدريس مـالم يحـدث حـوار فعـال ومتفاعل بين طرفي الاتصال   (المرسل ، والمستقبل) حول جميع تفصيلات الرسالة التعليمية .

● مرنه :

تتصف إجراءات عملية التدريس بقدر من المرونة ، فالمعلم لايعمل وفقا لقوالـب جامـدة ، بـل يمكنه التحرك بسهولة ، واختيار أنسب أساليب واستراتيجيات ومداخل التدريس للموقف التعليمـي ، والتي تمكنه من تحقيق أهداف عملية التدريس .

● متوازنة :

تتسم منظومة التدريس بالتوازن التام بين مدخلاتها ، وعملياتها ومخرجاتها ، كـما تتسـم أيضا بالتوازن بين جوانب نمـو المـتعلم : المعرفيـة والمهاريـة ، والوجدانيـة ، والاجتماعيـة ، والنفـسية ، لـكي يتحقق النمو الشامل والمتكامل لجميع تلك الجوانب لدى المتعلم .

● **متنوعة الطرق :**

فالتدريس لايتم وفقا لطريقة ، أو أسلوب ، أو مدخل ، أو استراتيجية واحدة هي الأفضل بعينها لجميع المواقف التدريسية ، وجميع فئات المتعلمين وجميع خبرات التعليم والتعلم ، لكن هناك طرق ومداخل واستراتيجيات وأساليب تدريس متنوعة ، يمكن للمعلم أن ينتقي من بينها ما يتفق وطبيعة الموقف التدريسي ، وما يتواكب وأسلوبه المميز في التدريس ، كما يمكن له أن ينوع بينها ، فينتقل من طريقة لأخرى في الموقف التدريس الواحد لكي يزيد من تشويق المتعلم وإيجابيته .

● **متعددة المصادر :**

عملية التدريس بصورتها المنظومية لاتعتمد على مصدر واحد للتعليم والتعلم ، بل تعتمد على مصادر متعددة ، منها ماهو بشري (المعلم الأخصائي ، الخبير ، الموجه ، ... الخ) ، ومنها ما هو غير بشري (الأجهزة الأدوات ، المواد والبرمجيات التعليمية ، الكتب ، .. الخ).

● **دائمة التقويم :**

من أهم خصائص منظومة التدريس أيضا أنها تحوي بين عناصرها تغذية راجعة تتيح الحكم على مدى جودة جميع عناصر المنظومة من : معلم ومتعلم ، ومنهج ، وبيئة تعليمية .. الخ ، ومدى قدرة كل عنصر من تلك العناصر على القيام بأدواره المنوطة به ، ومن ثم تحديد نقاط القصور والضعف ، تمهيدا لتلافيها ، أو علاجه.

ويمكن إجمال تلك الخصائص المميزة لمنظومة التدريس في الرسم التخطيطي الموضح بالشكل (١)

● موقع التدريس في منظومة التعليم :

لتحديد موقع عملية التدريس في منظومة التعليم ينبغي بداية التعرف بإيجاز على منظومة التعليم ومكوناتها ، وفي هذا الإطار تعرف منظومة (نظام) التعليم ببساطة شديدة بأنها: مجموعة من المكونات والعناصر التى تتفاعل فيما بينها بصورة مستمرة ، وتبدو مجتمعة فى تآلف وانسجام وتعمل من أجل تحقيق أهداف تعليمية محددة . ويتكون أى نظام تعليمى من خمسة عناصر أساسية هى :

١- مدخلات منظومة التعليم : Inputs

وتشمل جميع العناصر الداخلة فى نظام التعليم سواء كانت بشرية أو مادية ، أو معنوية ، كأهداف النظام التعليمى ، وبيئة النظام التعليمى

والتلميذ (المتعلم) بكافة خصائصه وسماته ، والمعلم بكافة قدراته وإمكاناته والمنهج بأهدافه ، ومحتواه ، وأساليب تدريسه ، ووسائله التعليمية ، وأنشطته الصفية ، وغير الصفية ، وأساليب تقويمه ، وكذلك الأفراد المعاونين والفنيين فى العملية التعليمية.

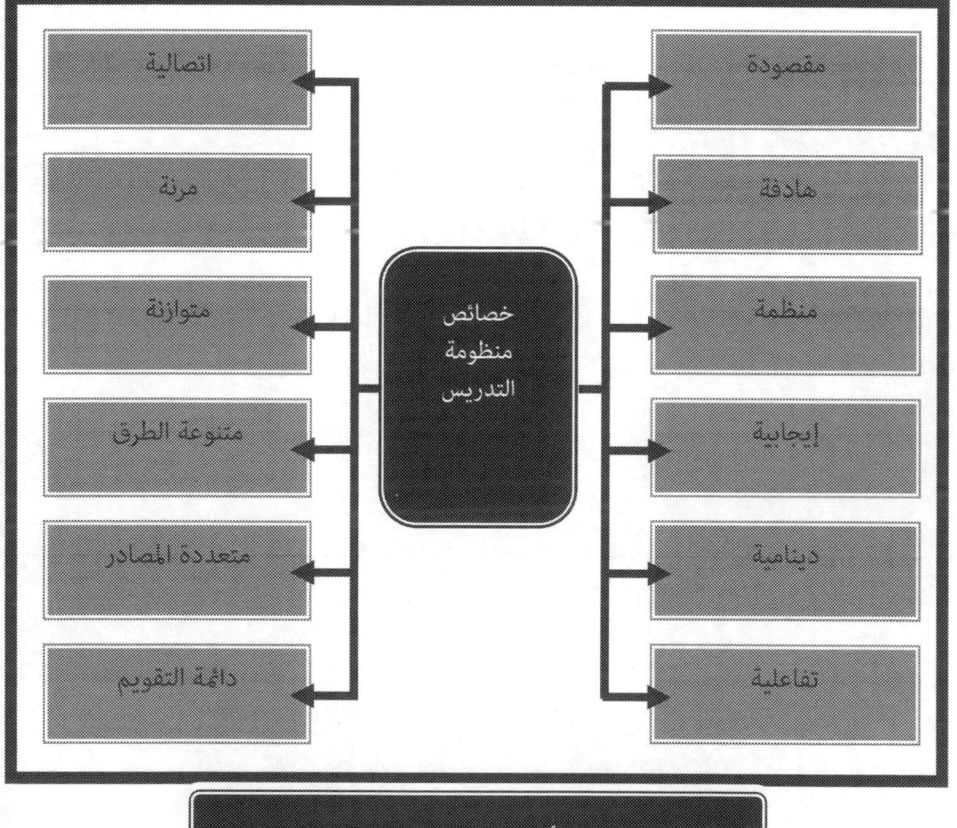

اتصالية — مرنة — متوازنة — متنوعة الطرق — متعددة المصادر — دائمة التقويم

خصائص منظومة التدريس

مقصودة — هادفة — منظمة — إيجابية — ديناميكية — تفاعلية

شكل (١) : أهم خصائص التدريس كمنظومة

٢- عمليات منظومة التعليم : Processes

وتشمل جميع الأساليب ، والتفاعلات ، والعلاقات ، والأنشطة التى تهدف إلى تحويل مدخلات منظومة التعليم بصورتها الأولى إلى مخرجات تتناسب وأهداف تلك المنظومة ، وخلال هذه المرحلة يتم القيام بالواجبات والإجراءات التى يتحقق من خلالها وصول النظام إلى أهدافه فعلا. ويتوقف نجاح النظام التعليمى على كفاءة عملياته ، وقـدرة هـذه

العمليات على الاستفادة من مدخلات النظام بالقدر المناسب ، ومن ثم إخراج النتائج والمخرجات المرغوبة لهذا النظام ، وتدخل طرق وأساليب واستراتيجيات التعليم والتعلم والإدارة التعليمية والمدرسية ، وعمليات التقويم فى نطاق عمليات النظام التعليمى.

٣- مخرجات منظومة التعليم : Outputs

وتشمل الإنجازات والنتائج النهائية التى يحققها النظام التعليمى متمثلة فى الأهداف التى تحققت لهذا النظام ، ومدى انعكاس تلك الأهداف على نمو المتعلم عقليا ، ومهاريا ، ووجدانيا ، والمخرجات هى الناتج الفعلى لعمليات أى منظومة تعليمية ، حيث تتحدد تلك المخرجات على ضوء أهداف النظام ووظائفه ، وتتوقف جودة تلك المخرجات على : نوعية المدخلات ، ومستوى دقة العمليات. وتتركز مخرجات النظم التعليمية عموما فى المخرجات البشرية متمثلة فى الأفراد خريجى تلك النظم.

٤- التغذية الراجعة لمنظومة التعليم : Feed Back

وتشمل المعلومات والبيانات المتعلقة بعناصر النظام التعليمى عموما والتى يتم من خلالها إجراء أية تعديلات ، أو توافقات ، أو تطويرات فى هذا النظام ، وغالبا ما يتم الحصول على هذه المعلومات ، وتلك البيانات من خلال وصف مخرجات النظام ، وتحليلها فى ضوء معايير خاصة مستقاه من أهداف النظام . بعبارة أخرى فإن التقويم فى أى نظام تعليمى هو الذى يعطى المؤشرات على مدى تحقق أهداف هذا النظام وإنجازها وهو الذى يبين الإيجابيات والسلبيات فى أى جزء من أجزاء النظام تمهيدا لاتخاذ القرارات والإجراءات المناسبة للتغلب على السلبيات. والتغذية الراجعة فى أى نظام تعليمى تشمل :

أ- تقويم مدخلات النظام :

حيث يهدف هذا النوع من التقويم إلى جمع معلومات عن جميع أنواع المدخلات الداخلة للنظام التعليمى ، وتحليل تلك المعلومات للعمل على انتقاء أفضل هذه المدخلات ، وتحسين نوعيتها.

ب- تقويم عمليات النظام :

ويهدف إلى مراقبة عمليات النظام التعليمى ، وتحديد مدى تفاعل وترابط وتكامل تلك العمليات ، وتحديد الصعوبات التى قد تواجه سير هذه العمليات وتفاعلها.

ج- تقويم مخرجات النظام :

ويهدف إلى تحديد التغيرات التى حدثت فى مخرجات النظام التعليمى الفعلية ، وذلك من خلال نموذج مخرجات معيارى مشتق من أهداف النظام يحدد إلى أى مدى تحققت تلك الأهداف ؟ ، وبأى مستوى ؟ ، ومدى التعديلات المرغوبة التى أحدثها النظام فى سلوك المتعلم.

٥- بيئة المنظومة التعليمية :

وتشمل الوسط المحيط بأى نظام تعليمى من : أبنية تعليمية وأثاث وتجهيزات تعليمية . كما تشمل الظروف الاجتماعية ، والاقتصادية والسياسية ، والثقافية ، والمادية المحيطة بالنظام ، وكذلك ظروف الطقس والمناخ ، والإضاءة المحيطة بموقع المؤسسات التعليمية ... وغير ذلك من العوامل.

ويرى البعض أن منظومة التعليم تتكون فقط من العناصر الثلاثة الأولى (المدخلات – العمليات – المخرجات). أما التغذية الراجعة ، وبيئة النظام فهما عاملان مؤثران على المنظومة أكثر من كونهما عناصر أو مكونات لتلك المنظومة . والشكل (٢) يوضح عناصر منظومة التعليم.

وهكذا تتضح أهمية التدريس من موقعه فى منظومة التعليم ، حيث يمثل مكونا مهما من مكونات تلك المنظومة ، ومدخلا من أهم مدخلاتها كما يمثل عملية من أهم عمليات تلك المنظومة ، فلا يمكن أن تقوم أية منظومة تعليمية دون عمليات التدريس ، ويرتبط التدريس بعلاقة دينامية مستمرة وباقي مكونات وعناصر منظومة التعليم ، فهو يؤثر فى تلك المكونات ، ويتأثر بها.

- **التدريس ومنظومة المنهج :**

يمثل المنهج أحد عناصر ومكونات منظومة التدريس ، فالتدريس كما سبق وأن أشرنا : معلم ، ومتعلم ، بينهما منهج . والمنهج فى حد ذاته يمثل منظومة تتكون من ستة عناصر ومكونات أساسية هي :

◄ أهداف المنهج .

◄ محتوى المنهج .

◄ طرق التدريس .

◄ الوسائل التعليمية المعينة .

◄ النشاط المصاحب للمنهج .

◄ تقويم المنهج .

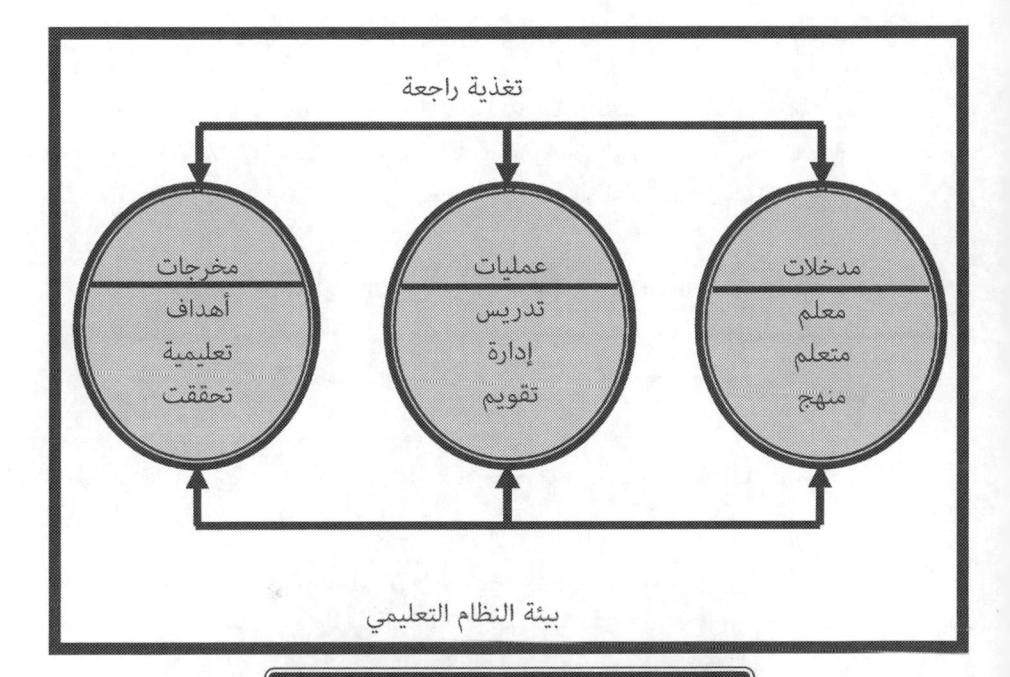

تغذية راجعة
مدخلات
معلم
متعلم
منهج
عمليات
تدريس
إدارة
تقويم
مخرجات
أهداف
تعليمية
تحققت
بيئة النظام التعليمي

شكل (٢) : مكونات منظومة التعليم

وترتبط تلك المكونات فيما بينها بعلاقة دينامية تفاعلية مستمرة ، حيث يؤثر كل منها في باقي العناصر الأخرى ، ويتأثر بها ، ويتضح ذلك جليا في الرسم التخطيطي المبين بالشكل (٣) .

وهكذا تتضح طبيعة العلاقة الوثيقة بين منظومتي : التدريس ، والمنهج حيث يمكن إيجاز تلك العلاقة في ثلاثة جوانب :

- الجانب الأول : أن منظومة التدريس ومنظومة المنهج كلاهما مكونان مرتبطان ارتباطا وثيقا بمنظومة التعليم .
- الجانب الثاني : أن منظومة المنهج تمثل في حد ذاتها أحد أهم مكونات وعناصر منظومة التدريس.
- الجانب الثالث : أن طرق التدريس تمثل أحد المكونات الستة لمنظومة المنهج ، والتي تتفاعل مع باقي المكونات لتحقيق أهداف المنهج .

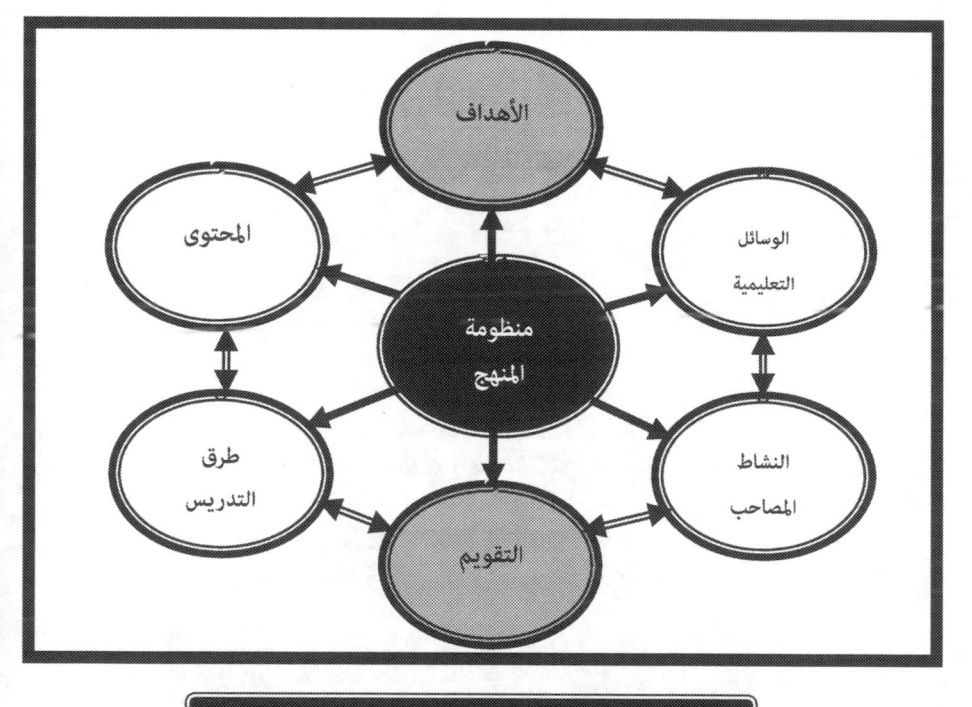

شكل (٣) : مكونات (عناصر) منظومة المنهج

- عناصر (مكونات) منظومة التدريس :

لقد سبقت الإشارة إلى أن عملية التدريس تمثل واحدة من أهم العمليات في أية منظومة تعليمية ، حيث يتوقف عليها - إلى حد كبير - تحقيق أهداف تلك المنظومة . وأن التدريس في حد ذاته يعد منظومة ، لها مدخلات وعمليات ، ومخرجات ، وتغذية راجعة ، وبيئة تدريس هي بيئة الصف .

وتمر منظومة التدريس بثلاث مراحل هى : التخطيط للتدريس وتنفيذ التدريس ، وتقويم التدريس ، حيث تمثل هذه المراحل أضلاع   مثلث يعرف بمثلث التدريس *Teaching Traingle* ، وبيان ذلك فى الشكل   (٤) :

وتتكون منظومة التدريس من عدة عناصر ومكونات هي :

١- المعلم : Teacher

ويمثـل أول وأهـم مكونــات منظومـة التـدريس ، فهـو محـور العمليـة التعليميـة ، حيث يعرف في شكلـه التقليدي بأنــه : شخص يقــوم بتعليــم

التلاميذ والمتعلمين من خلال عمليات التدريس . لكنه وفقا لنظرية الاتصال الحديثة هو : أحد أهم عناصر الاتصال التعليمى حيث يقوم بدور المرسل التعليمى الـذى يتفاعـل مـع المـستقبل (التلاميـذ) حول الرسالة التعليمية (المنهج).

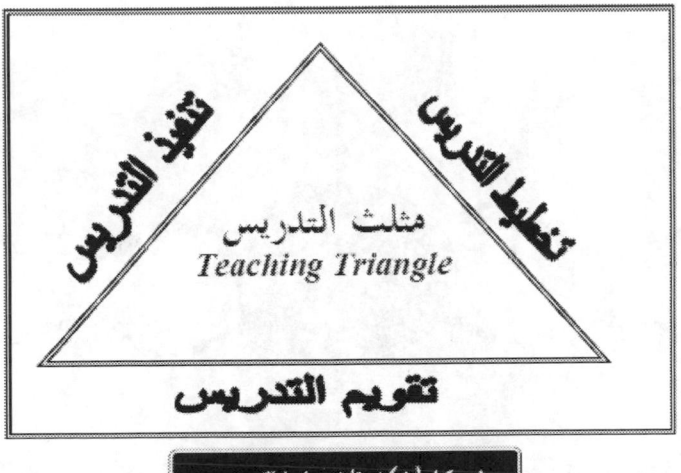

مثلث التدريس
Teaching Triangle

شكل (٤) : مثلث مراحل التدريس

وإذا سلمنا بأن الدور الأساسي للمعلم خلال عملية التدريس يكون بمثابة المرسـل Sender ، فإنـه يصبح بذلك المصدر الذى يبدأ الحوار التعليمي ، ويصوغ الرسالة التعليمية (خبرات التعليم والـتعلم) فى شكل رموز لفظيـة ، أو غير لفظية وفقا لما تقتضيه طبيعـة ومعطيـات الموقـف التعليمـي ، وقـد يكون المرسل إنسانا ، وقد يكون آلـة أو جهازا. ولايجب أن يكون دور المعلم دائمـا مرسـلا ، بـل إن طرائق التدريس الحديثة تنادي بتبـادل دوره بـين الإرسـال والاستقبال عـلى ضـوء مايفرضـه الموقـف التعليمي.

وعلى ذلك فإن مفهوم المعلم حديثا قد تجاوز الشخص القائم بالتدريس إلى مدى أعمق وأشـمل يعـرف بالمرسل التعليمى Instructional Sender وهو : أى شخص ، أو آلة ، أو جهاز تعليمى يقوم بإرسال أية رسالة

تعليمية لأية فئة من المتعلمين ، فيبدأ الحوار مع المتعلم حول مضمون الرسالة التعليمية ، ويكمل تفاعله مع المتعلم من خلال تلقي استفسارات وملاحظات وتساؤلات ذلك المتعلم حول مضمون تلك الرسالة ، ومن ثم الردعليها .

ولعل السبب الأساسي وراء تطور مفهوم المعلم هو تلك الثورة التكنولوجية ، وما تبعها من تطور كبير في تقنيات التعليم ، والوسائط التعليمية المتعددة والفائقة . وقد واكب ذلك ظهور بعض الآراء المشككة التي ادعت إمكانية تضاؤل ، بل إلغاء دور المعلم ، مع ظهور تلك التقنيات وشيوع استخدامها في عمليات التدريس والتعليم ، لكن هذا الادعاء باطل لامحالة ، فمهما تطورت تقنيات ووسائط التعليم ، فإنها لايمكن أن تلغي دور المعلم في عملية التدريس ، لأن وجودها ببساطة يدعم دور المعلم فيطور من أدائه التدريسي ، ويحقق المتعة والتشويق للمتعلم خلال عملية التدريس .

٢- المتعلم : **Student**

المتعلم هو عنصر من أهم عناصر العملية التعليمية عموما ، وعملية التدريس على وجه الخصوص ، بل هو العنصر الذى تقوم عليه منظومة التعليم ، وهو محور عملية التدريس ، وهو يقابل المستقبل كعنصر من عناصر منظومة الاتصال التعليمي . وتركز عملية التدريس حديثا على المتعلم كمحور أساسي لها ، تعمل من أجله باقي عناصر منظومة التدريس .

وإذا سلمنا بأن المتعلم يقوم بدور المستقبل أو المتلقى *Receiver* في عملية الاتصال التدريسي ، أو التعليمي عموما ، فإنه بذلك يكون ثانى أهم عناصر منظومة هذا النوع من الاتصال ، حيث يمثل الطرف الثانى لعملية الاتصال التدريسي ، والذى يتلقى خبرات المنهج المرسلة من المعلم ، فيقوم بفك رموز الرسالة التعليمية التى أرسلها المعلم ، ويفسرها تبعا لاستيعابه لها فإما أن يفسرها على النحو المقصود منها ، فتصل الفكرة أو الخبرة التعليمية إليه بوضوح ، وإما أن يخفق فى تفسيرها ، واستخلاص المعنى المقصود منها ؛ لأسباب قد تعود إلى المعلم ، أو إلى محتوى الرسالة التعليمية أو إلى المستقبل (المتعلم) ذاته ، وفى هذه الحالة يكون على المتعلم رد استفساراته حول الرسالة التعليمية إلى المعلم الذي قام بإرسالها ، ويستمر التفاعل بينهما حتى يتحقق الهدف من عملية الاتصال التدريسي .

وتتوقف طبيعة عملية التدريس على طبيعة المتعلم وخصائصه ، حيث يتحتم على المعلم اختيار طريقة التدريس التي تتناسب وخصائص المتعلم من حيث : قدراته ، واستعداداته ، وميوله ، ورغباته ، وقد يجد المعلم نفسه مضطرا لاختيار أكثر من طريقة في الموقف التعليمي الواحد بما يواكب الفروق الفردية بين المتعلمين ، لكي ينجح في استكمال عملية الاتصال التعليمي مع كافة المستويات العقلية المتباينة التي قد توجد لديه في حجرة الدرس .

ولكي يكون المتعلم قادرا على استكمال دوره ومهامه في منظومة الاتصال التدريسي فلابد له أن يكون : إيجابيا ، متفاعلا ، راغبا في التعليم والتعلم ، متعاونا ، مطيعا ، مقدرا لدور المعلم ورسالته ، مشاركا لمعلمه في عمليتي التعليم والتعلم ، منفذا لتوجيهاته ... إلى غير ذلك من الخصائص والسمات التي تؤثر في مسار منظومة التدريس ، ونتائجها .

٣ – المنهج :

المنهج هو ثالث مكون في منظومة التدريس ، وهو منظومة بحد ذاته كما سبق وأن بينا على صفحات سابقة من الكتاب الحالي ، وبالرجوع إلى الشكل (٣) يتضح أن منظومة المنهج تتكون من ستة مكونات هي :

أ - أهداف المنهج :

الهدف *Goal / Objective* عموما هو مصطلح عام يشير إلى القصد أو الطموح ، وهو تعبير عن رغبات وتوقعات المصممين ، أو المخططين لأى عمل ، ومقاصدهم التى يرجون الوصول إليها من خلال أعمالهم . ويعرفون الهدف أيضا بأنه تغيير مرغوب إحداثه فى سلوك فرد ما .

وتعرف الأهداف التربوية *Educational Goals* بأنها غايات ومقاصد ونتائج مرغوبة لأية مؤسسة ، أو برنامج تربوى يرجى تحقيقها.

أما الأهداف التعليمية *Instructional Objectives* فهى : التغييرات الإيجابية المرغوب إحداثها فى سلوك المتعلمين نتيجة مرورهم بخبرات تعليمية محددة تتولاها مؤسسات التعليم فى أية دولة . وهى مقاصد نظام التعليم ، أو مؤسسات التعليم ، أو برامج التعليم ، أو مناهج التعليم فى أى بلد.

وتشمل الأهداف التعليمية ثلاثة مجالات هي : الأهداف المعرفية *Cognitive Objectives* ، والأهداف المهارية *Psychomotor Objectives* ، والأهداف الوجدانية *Affective Objectives* .

وقد تكون الأهداف من النوع الذي لا يحتاج إلى وقت طويل لتحقيقها فتعرف بالأهداف قريبة المدى Short-term Objectives. ومن أمثلتها الأهداف التعليمية المعرفية خصوصا فى مستويات : التذكر ، والفهم حيث يمكن إكساب المتعلم ، أو الفرد معلومات كثيرة خلال موقف تعليمى واحد أو خلال عدة مواقف محدودة .

أما إذا كانت الأهداف التعليمية من نوع المقاصد والغايات والأهداف التى تستغرق ، أو تتطلب وقتا طويلا لتحقيقها فإنها تكون أهدافا بعيدة المدى Long-term Objectives . وتعد الأهداف الوجدانية فى العملية التعليمية مثالا على هذا النوع من الأهداف ، فتنمية الإتجاهات ، أو القيم مثلا لا يمكن أن تحدث فى موقف ، أو عدة مواقف تعليمية محدودة ، بل يحتاج إلى وقت طويل نسبيا .

ب - محتوى المنهج :

سبق تعريف المحتوى على صفحات الفصل الأول من الكتاب الحالى حيث تبين أن محتوى المنهج هو المضمون التفصيلى للمادة العلمية بموضوعاتها الرئيسة والفرعية ، التى يتم تقديمها للمتعلم في إطار مقرر دراسى معين ، لصف دراسى محدد . ويتحدد هذا المحتوى على ضوء أهداف المنهج ، حيث تكون المادة العلمية لهذا المحتوى ترجمة مباشرة للأهداف ، بل أيضا يتم عن طريقها تحقيق تلك الأهداف .

وإذا كان محتوى أي منهج دراسي يسعى إلى إكساب الدارسين له قدرا مناسبا من : المعلومات ، والمهارات العقلية ، والعملية ، والاجتماعية والميول ، والاتجاهات ، والقيم ، وأوجه التقدير ، وكذلك أساليب التفكير وأنماط السلوك الإيجابي ... إلى غير ذلك من نواتج ومخرجات التعلم المرغوبة ، فإن المادة العلمية لهذا المحتوى ينبغي أن تركز بشكل ، أو بآخر على مجموع الخبرات والنشاطات المنهجية التي تحقق ذلك .

وتمثل المعلومات القدر الأكبر من محتوى أي منهج دراسي ، حيث تشمل تلك المعلومات جميع مكونات البناء الهرمي للعلم في مجال تخصص المنهج وهي : الحقائق ، والمفاهيم ، والمبادئ (التعميمات) والقوانين والنظريات .

وإلى جانب تلك المكونات المعرفية يشمل محتوى المنهج أيضا : خبرات ، وأنشطة ، وتمارين ، وأسئلة ، وتجارب ، ورسوم توضيحية وصور ... وفقا لطبيعة الموضوعات التي يتناولها .

ج - طرق التدريس :

طرق التدريس هي المكون الثالث من مكونات منظومة أي منهج دراسي ، حيث يتم من خلالها نقل المادة العلمية لمحتوى المنهج إلى المتعلمين للعمل على تحقيق أهداف المنهج .

وكما سبق وأن بينا في الفصل الأول من الكتاب الحالي فإن طرق التدريس تتعدد بتعدد محور ارتكاز كل منها ، فهناك طرق تدريس محورها المعلم ، وهناك طرق محورها المتعلم ، وهناك طرق محورها المعلم والمتعلم معا ، حيث تدخل طرق : الإلقاء ، والمحاضرة ، والعروض العملية والتوضيحية في نطاق النوع الأول ، فيتحمل المعلم المسؤولية الإيجابية في نقل المادة العلمية ، ويكون دور المتعلم فقط هو التلقي والاستقبال . في حين تدخل طرق : حل المشكلات ، والتعلم بالاكتشاف ، والدراسة المعملية والتعليم البرنامجي ، والتعليم بالموديولات ، والتعليم بالكمبيوتر في نطاق النوع الثاني الذي يكون فيه المتعلم هو محور العملية التعليمية فيتحمل القدر الأكبر من الإيجابية في العملية التعليمية . أما طريقة الحوار والمناقشة فتدخل في نطاق النوع الثالث الذي يكون فيه المعلم والمتعلم معا هما محور العملية التعليمية .

د - الوسائل التعليمية المساعدة :

المكون الرابع من مكونات منظومة المنهج هو الوسائل التعليمية المساعدة للمعلم أو المتعلم خلال عمليتي التعليم والتعلم . وتعرف الوسائل التعليمية *Instructional Aids* من زاوية ضيقة بأنها : الأجهزة والأدوات والمواد التعليمية التى يستخدمها المعلم داخل حجرة الدرس لتيسر له نقل الخبرات التعليمية إلى المتعلم بسهولة ووضوح . وبصورة أكثر شمولا تعرف الوسائل التعليمية بأنها : كل ما يستخدمه المعلم والمتعلم من أجهزة وأدوات ، ومواد ، وأية مصادر أخرى داخل ، وخارج حجرة الدرس بهدف إكساب المتعلم خبرات تعليمية محددة بسهولة ، ويسر ، ووضوح مع الاقتصاد فى الوقت والجهد المبذول .

وحينما ترتبط الوسائل بعملية التعلم ، تلك العملية التى لا يشترط أن تتم من خلال عملية تعليم أو تدريس مقصود ، بل تتم بطريقة ذاتية ، فإنها في هذه الحالة تعرف بالوسائل التعلمية ، أو وسائل التعلم *Learning Aids* وهي : كل ما يستخدمه المتعلم من أجهزة ومواد ومصادر تعليمية داخل حجرة الدرس ، أو خارجها لتعينه فى اكتساب مزيد من الخبرات والمعارف حول موضوع محدد بطريقة ذاتية.

وقد تكون الوسائل المستخدمة وسائل تعليم وتعلم Learning-Instructional Aids في آن واحد ، فيمكن تعريفها عندئذ بأنها : مجموعة متكاملة من المواد ، والأدوات ، والأجهزة التعليمية التى يستخدمها المعلم والمتعلم لنقل محتوى معرفى ، أو الوصول إليه داخل حجرة الدراسة أو خارجها ، بهدف تحسين عمليتى التعليم والتعلم . وتعرف أيضا بأنها: مواد وأدوات تقنية ملائمة للمواقف التعليمية المختلفة ، يستخدمها المعلم والمتعلم بخبرة ومهارة لتحسين عمليتى التعليم والتعلم ، كما أنها تساعد فى نقل المعانى ، وتوضيح الأفكار ، وتحفز الطلاب لمزيد من المشاركة فى المواقف التعليمية ، وتجعل التعلم أفضل .

وترتبط الوسائل التعليمية ارتباطا وثيقا بباقى مكونات منظومة المنهج فهى تتحدد على ضوء الأهداف ، وطبيعة المحتوى ، وطبيعة المتعلم ، كما أنها تؤثر في طرق التدريس ، والنشاط المصاحب ، وأساليب التقويم وتتأثر بها .

هـ - النشاط المصاحب للمنهج :

تمثل الأنشطة المصاحبة للمنهج المكون الخامس من مكونات منظومة أي منهج دراسي ، حيث تسهم بدور كبير في تحقيق أهداف ذلك المنهج.

والنشاط Activity مصطلح عام يشير إلى أى عمل هادف يقوم به الفرد ، وهو يعنى الممارسة الصادقة لعمل من الأعمال . وتتنوع الأنشطة بتنوع مجالها ، فهناك أنشطة علمية ، وأنشطة معملية ، وأنشطة تعليمية وأنشطة صفية ، وأنشطة غير صفية ، وأنشطة ترفيهية.. الخ .

وتعرف أنشطة التعلم Learning Activities بأنها : متطلبات وأعمال يقوم بها المتعلم لتساعده في اكتساب وتنمية خبراته ، وهى أكثر من مجرد ملاحظة واستماع المعلم ، مثل : جمع معلومات ، وجمع عينات وأداء تجارب ، والقيام بزيارات ، وقراءة كتب ومجلات ، وعمل بحوث الخ.

أما الأنشطة التعليمية Instructional Activities فتعرف بأنها : أعمال ومهام يقوم بها المعلم والمتعلم معا ، داخل ، أو خارج جدران حجرة الدراسة والمدرسة بهدف إضفاء المتعة والتشويق على العملية التعليمية وتيسير نقل الخبرات التعليمية ، وتنميتها لدى المتعلم .

وبهذا التعريف يمكن أن نميز بين نوعين أساسيين من الأنشطة المصاحبة للمنهج هما :

● النشاط الصفي : Classroom Activity

و يشير إلى نوع من أنشطة التعليم والتعلم التى تتم بصورة نظامية داخل حجرات الدراسة فى المؤسسات التعليمية . والنشاط الصفي أو الأنشطة الصفية هى كل ما يقوم به المعلم أو المتعلم من أعمال وأفعال داخل حجرة الدراسة بهدف دعم عملية التدريس ، وزيادة فعاليتها فى إكساب المتعلم المزيد من الخبرات . ومن أمثلتها عرض عملي ، أو تجربة لإثبات أو تأكيد معلومات فى موضوع الدرس ، أو عرض شريط فيديو ، أو شريط صوتي به معلومات تدعم موضوع الدرس ، أو عمل مسابقة داخل حجرة الدرس بين فريقين من الطلاب حول موضوع الدرس... الخ .

● النشاط غيرالصفي : Non-Classroom Activity

وهو نوع من أنشطة التعليم والتعلم التى يقوم بها المعلم أو المتعلم بعيدا عن جدران حجرة الدراسة . والأنشطة غير الصفية هى كل ما يقوم به المعلم أو المتعلم من أعمال ، وأفعال خارج حجرة الدراسة بهدف دعم عملية التعلم ، وتدعيم الخبرات التعليمية للموضوعات المقررة بطريقة غير مباشرة. ومن أمثلة النشاط غير الصفي : القراءات الإضافية الحرة والرحلات الحرة ، والبحث فى مصادر تعلم خارجية كالدخول على شبكات الإنترنت لاكتساب معلومات إضافية حول موضوع ما .

والأنشطة التعليمية سواء كانت صفية ، أو غير صفية ، تدعم إلى حد كبير العملية التعليمية فتساعد على تحقيق أهدافها . والنشاط التعليمى هو جزء أساسى ، ومكون يصاحب أى منهج تعليمى ، فهو عنصر من عناصر منظومة المنهج يؤثر ويتأثر بباقى مكونات تلك المنظومة.

و - تقويم المنهج :

التقويم هو المكون السادس والأخير من مكونات منظومة المنهج وهو لايقل أهمية عن المكون الأول (أهداف المنهج) ، حيث يتم فى ضوئه الحكم على مدى صلاحية جميع مكونات وعناصر المنظومة وتحديد نقاط القوة والضعف فى كل مكون من مكونات المنهج ، ومن ثم العمل على تحسين وتطوير نقاط القصور هذه لتصبح نقاط قوة .

والتقويم Evaluation فى اللغة يعنى إصلاح الاعوجاج والقصور فى الشيء ، وتقويم المنهج Curriculum Evaluation يعني الحكم على مدى صلاحية ، وفعالية ، واتساق مكونات المنهج ، ومدى تحقيق تلك المكونات لأهداف المنهج .

وتركز خطورة عملية تقويم المنهج فيما يترتب عليها من قرارات وإجراءات للتغيير أو التطوير ، فإذا لم تكن عملية التقويم هذه على درجة عالية من الدقة والإتقان في أساليبها ووسائلها ، تأتي نتائجها حتما مضللة وغيرصحيحة ، الأمر الذي يترتب عليه اتخاذ قرارات وإجراءات خاطئة قد تضر بالمنهج ولاتفيده .

ويساعد تقويم المنهج عموما في اتخاذ خمسة أنواع من القرارات المرتبطة بالمنهج هي : (ماهر إسماعيل صبري ، ١٩٩٩م ، ص ١٤١) .

- القرارات الانتقائية . *Placement Decisions*
- القرارات البنائية (التكوينية) . *Formative Decisions*
- القرارات التشخيصية . *Diagnostic Decisions*
- القرارات التجميعية (النهائية) . *Summative Decisions*
- القرارات الإصلاحية (العلاجية). *Reformative Decisions*

وإذا كانت أساليب تقويم المنهج لابد وأن تتحدد على ضوء أهداف المنهج فإن الحكم على مدى صلاحية : أهداف ، ومحتوى المنهج وطرق تدريسه ووسائلة التعليمية ، وأنشطته المصاحبة ، وأدوات وأساليب تقويمه لايكون إلا من خلال عملية تقويم المنهج . وعلى ذلك فإن التقويم في منظومة المنهج شأنه شأن باقي مكونات تلك المنظومة ، يؤثر فيها ويتأثر بها .

٤ - بيئة التدريس (بيئة الصف) :

البيئة *Environment* مصطلح عام يشير إلى معانى عديدة تتوقف على مجال استخدامه . والبيئة عموما هي المحيط الذي يعيش فيه الكائن الحي بما يشمله هذا المحيط من عوامل وكائنات أخري ، ويستخدم مصطلح البيئة بصورة أكثر شمولية للإشارة إلى الغلاف الحيوى كاملا بكل عناصره لكن المفهوم الحديث للبيئة يتجاوز المحيط الحيوي إلى محيطين آخرين هما : المحيط الاجتماعي ، والمحيط التكنولوجي ، تلك المحيطات الثلاثة التي تتكون منها منظومة البيئة. ويختلف معني مصطلح البيئة قليلا في مجال علم الوراثة ، حيث يشير إلى المجموع الكلى لتأثيرات العوامل الخارجية علي أى كائن حي مقارنة مع تأثيرات العوامل الوراثية.

وتمثل بيئة النظام *System Environment* عنصرا ، ومكونا من عناصر ومكونات أي نظام ، حيث تعرف بأنها : الوسط المحيط بهذا النظام والعوامل الخارجية المحيطة به .

أما البيئة التعليمية *Instructional Environment* فهي المحيط الذي تتم فيه عمليتي التعليم والتعلم ، بما يشمله هذا المحيط من عوامل ومؤثرات يتوقف عليها مدى جودة مخرجات ، ونتائج كلتا العمليتين . وتتعدى البيئة التعليمية حدود المكان ، والموقع ، والمباني ، والتجهيزات والمرافق ، إلى العلاقات الاجتماعية ، والإنسانية ، ولغة الحوار ، وأسلوب التفاهم ، ومدى التعاون ، واحترام أراء الآخرين .. إلى غير ذلك من العوامل . كما تتعدى البيئة التعليمية محيط الهيئات ، والمؤسسات التعليمية من مدارس ، وجامعات إلى غيرها من المؤسسات الأخرى التي تؤثر مباشرة على العملية التعليمية ، كالأسرة ، والمؤسسات الدينية وجمعيات الشباب ، والنوادي ، ووسائل الإعلام .. وغيرها .

ولما كانت عملية التدريس تمثل منظومة ضمن المنظومات الفرعية لعملية التعليم بصفة عامة ، فإن هناك بيئة تدريس *Teaching Environment* ، تعرف ببيئة الصف ، أو بيئة حجرة الدراسة *Classroom Environment* ، وهي مكون من مكونات عملية التدريس وتشمل المحيط الحيوي ، والمحيط الاجتماعي ، والمحيط التكنولوجي التي تتم فيها منظومة التدريس ، بما تشمله تلك المحيطات من عوامل ومؤثرات تؤثر على نواتج ومخرجات التدريس .

وتضم بيئة الصف (بيئة التدريس) مجموعة من العناصر مثل : المباني الدراسية ، ومواصفات حجرات الدراسة من حيث : المساحة ونوعية المباني ، والتشطيبات ، والمرافق ، والدهانات ، والتهوية والإضاءة والأثاث من مقاعد وطاولات وخلافه ، وتجهيزات تلك الحجرات من الأجهزة والمواد والوسائل التعليمية اللازمة . كما تضم بيئة التدريس أيضا مواصفات المباني الكلية للمؤسسة التعليمية من حيث : الموقع العام ومدى مناسبة المبنى لعدد الدارسين (السعة) ، والمرافق من : ملاعب ودورات مياه مجهزة ، ومخازن ، ومعامل ، وورش للتدريب العملي وتجيزاتها من الأثاث والمعدات والأجهزة والأدوات والمواد والخامات اللازمة ... إلى غير ذلك من العوامل .

وتؤثر بيئة التدريس تأثيرا كبيرا في مدى جودة عملية التدريس ومدى جودة مخرجاتها ، حيث يتوقف مستوى تحقيق أهداف التدريس على عوامل من أهمها طبيعة البيئة المحيطة بعملية التدريس ، وخصائصها . وترتبط بيئة التدريس ارتباطا وثيقا بباقي عناصر ومكونات منظومة التدريس الأخرى ، فتؤثر في كل منها ، وتتأثر به .

٥- تقويم التدريس (التغذية الراجعة) :

تمثل التغذية الراجعة ، أو تقويم التدريس عنصرا ومكونا من أهم عناصر ومكونات منظومة التدريس ، حيث لايمكن إصدار الحكم على مدى جودة تلك المنظومة ومخرجاتها دون عملية تغذية راجعة متقنة ، كما لايمكن تعديل مسار التدريس ، ومعالجة أوجه القصور والضعف في أي من عناصره مالم يستند ذلك لعملية تقويم جيدة لمنظومة التدريس ، وهذا ماتتيحه التغذية الراجعة .

وتشمل التغذية الراجعة للتدريس تشخيص أي خلل ، أو قصور في كافة عناصر المنظومة من : معلم ، ومتعلم ، ومنهج ، وبيئة صف ، وكذلك طرق وأساليب وأدوات تقويم التدريس ذاتها .

وإذا كان التشخيص هو جزء أساسي من مهام التغذية الراجعة لعملية التدريس ، فإنه ليس الهدف النهائي لها ، حيث يتجاوز هدفها عملية التشخيص هذه إلى عملية العلاج ، والتحسين ، والتطوير لكافة عناصر منظومة التدريس ، بما يعدل دائما من مسارها إلى الاتجاه المرغوب ، وبما يحقق لتلك المنظومة أفضل النتائج ، وأجود المخرجات.

ويمكن إجمال مكونات منظومة التدريس في الشكل (٥) .

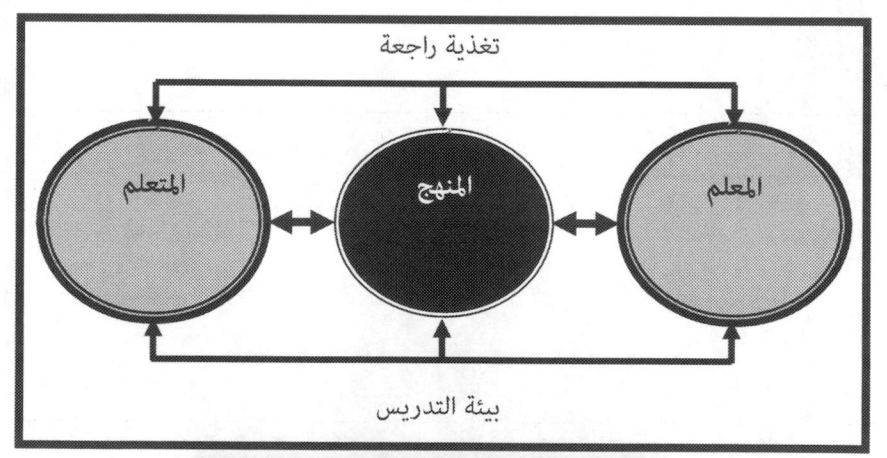

شكل (٥) : مكونات منظومة التدريس

****

الفصل الثالث :

((مهارات التخطيط للتدريس))

- مفهوم مهارات التدريس .

- مهارات التخطيط للتدريس.

- مفهوم التخطيط للتدريس.

- مفهوم تصميم التدريس.

- مبررات التخطيط للتدريس .

- مزايا التخطيط للتدريس

- أسس التخطيط للتدريس .

- معايير التخطيط للتدريس .

- مستويات التخطيط للتدريس.

- إعداد خطة الدروس اليومية .

الفصل الثالث :

((مهارات التخطيط للتدريس))

يتناول الفصل الحالي أهم مهارات تخطيط التدريس التي ينبغي لأي معلم أو معلمة التمكن منها ، حيث يعرض بداية لمفهوم مهارات التدريس عموما ، ثم يتناول مهارات تخطيط التدريس كمرحلة أولى من ثلاث مراحل تمثل ما يعرف بمثلث التدريس الذي سبق وأن أشرنا إليه على صفحات الفصل الثاني من الكتاب الحالي ، حيث يعرض لمفهوم تخطيط التدريس ، وعلاقة تخطيط التدريس بتصميم التدريس ، كما يتناول أهمية التخطيط للتدريس ، ومستوياته ، وخطواته ، وبيان ذلك على النحو التالي :

● **مفهوم مهارات التدريس :**

المهارات *Skills* في اللغة جمع مهارة ، والمهارة مشتقة من الفعل "مهـر" أى حـذق وبـرع . وقد وردت تعريفات عديدة للمهارة لكن معظم هذه التعريفات أجمعت على أن المهارة هـى : القـدرة على القيام بأى عمل من الأعمال بدرجة عالية مـن الدقـة والسـرعة مع الاقتصاد في الوقت والجهـد المبذول . وتتحدد المهارة بـشرطين مجتمعـين هـما : دقة الأداء وسرعتـه. وهناك أنواع عديـدة مـن المهارات أهمها : المهارات العقليـة والمهـارات العمليـة ، والمهارات الاجتماعيـة ، ومهـارات عمليـات العلم... الخ.

وإذا كانت عملية التدريس في أصلها عملية اتصال ، فإن لتلك العملية مهارات تعرف بمهارات الاتصال *Communiction Skills* ، وهى مجموعة المهارات التى ينبغى توافرها لـدى طرفي عمليـة الاتصال (المرسل والمستقبل) ، والتـى تـضمن إتمـام عمليـة الاتصال التدريسي بنجاح وتحقيـق أهدافها. ومن أهم مهارات الاتصال الخاصة بالمرسل التدريسي : مهارة تحديد هدف الرسالة ، ومهـارة اختيار المحتوى المناسب للرسالة ومهارة صياغة مضمون الرسالة ، ومهارة تركيـز الرسالة ، ومهـارة اختيار أفضل وسيلة وأسلوب لإرسـال الرسالة ، ومهارة متابعة وصول الرسالة للمستقبل ومهـارة الحوار مع المستقبل حول مضمون الرسالة ، ومهارة إقناع المستقبل بمضمون الرسالة ، ومهارة تقويم نتائج الرسالة على المستقبل. وعلى الجانب الآخر هناك مهارات اتصال خاصة بالمستقبل خلال عمليـة التدريس من أهمها : المهارة في تلقى الرسالة ، والمهارة في فك رموز الرسالة وفهم مدلولها ، والمهارة في إجراء حوار إيجابى مع المرسل حول الرسالة ، ومهارة إبداء الرأى في مضمون الرسالة ، ومهارة اكتساب الخبرات التى تنطوى عليها الرسالة..الخ.

وعلى ضوء ماسبق يمكن تعريف مهارات التدريس Teaching Skills بأنها : مجموعة المهارات التى ينبغى توافرها فى المعلم ، أو من يقوم بالتدريس عموما لكى يتمكن من التخطيط لعملية التدريس ، وتنفيذها وتقويمها بنجاح وفعالية . وتضم مهارات التدريس : مهارات التخطيط للتدريس (صياغة أهداف الدروس سلوكيا ، وتحديد الوسائل التعليمية التى سوف يستخدمها أثناء تنفيذ الدروس ، وتحديد المدخل التمهيدى المناسب للدروس ، وصياغة عناصر الدروس ، وتنظيم عناصر الدروس وإعداد أسئلة لتقويم الدروس ، وتحديد مجموعة مراجع للدروس) وتظهر هذه المهارات فى إعداد خطة جيدة للدروس يتم تسجيلها فى دفتر تحضير الدروس الخاص بالمعلم. ومهارات تنفيذ التدريس (مهارة التمهيد للدروس ومهارة تبسيط محتوى الدروس ، ومهارة التنقل المنطقى بين عناصر الدروس ، ومهارة الاستخدام الفعال للوسائل التعليمية أثناء الشرح ومهارة توجيه الأسئلة ، ومهارة استقبال الأسئلة والإجابة عنها ، ومهارة تنويع المثيرات داخل حجرة الدراسة ، ومهارة إدارة حجرة الدراسة ومهارات التفاعل اللفظى ، ومهارات التفاعل غير اللفظى داخل حجرة الدراسة ومهارة الغلق). كما تضم أيضا مهارات تقويم التدريس (مهارة التقويم التمهيدى ، ومهارة التقويم البنائى ، ومهارة التقويم النهائى لنتائج عملية التدريس فى المتعلمين ، ومهارة الحكم على مدى جودة التفاعل أثناء التدريس ، ومدى إيجابية المتعلمين ، ومهارة التقويم الذاتى ومهارات تقويم كل عنصر من عناصر الدرس ، والحكم عليه ، وتحديد مواطن القصور فيه ...الخ) . وتعد مهارات التدريس فى أصلها مهارات اتصال تعليمى بين طرفين يقوم فيها المعلم بدور المرسل غالبا ، والمتعلم بدور المستقبل فى كثير من الأحيان ، حول رسالة يمثلها المنهج التعليمى. (ماهر إسماعيل صبري ، ٢٠٠٢م ، ص ص ٥٣٣ - ٥٣٥) . والشكل (٦) يوضح بإيجاز مهارات التدريس والعلاقة فيمابينها :

● مهارات التخطيط للتدريس :

تمثل مهارات التخطيط للتدريس المجال الأول من مهارات التدريس عموما ، حيث تركز تلك المهارات على إجراءات وخطوات إعداد مخططات التدريس ، الأمر الذي يستلزم بالضرورة التوقف أولا عند مفهوم التخطيط وتخطيط التدريس ، ثم بيان الفارق بين تخطيط التدريس وتصميم التدريس ثم بيان مبررات التخطيط للتدريس كتدليل على أهمية تخطيط التدريس ، ثم بيان أسس ومعايير التخطيط للتدريس ، ثم عرض أهم خطوات وإجراءات التخطيط للتدريس ، وإعداد خطط الدروس اليومية ، وذلك على النحو التالي:

مهارات
تقويم
التدريس

مهارات
تخطيط
التدريس

مهارات
تنفيذ
التدريس

مهارات التدريـــس

شكل (٦): مهارات التدريس والعلاقة بينها

● **أولا : مفهوم التخطيط للتدريس :**

في إطار التعرف على مهارات تخطيط التدريس ينبغي بداية التعرف على مفهو التخطيط ، وتخطيط التدريس .

والتخطيط Planning مصطلح عام يشير إلى : الربط بين الوسائل والغايات . بمعنى وضع الخطة التفصيلية اللازمة للربط بين الإجراءات والوسائل المستخدمة لتحقيق الغايات المستهدفة . وبعبارة أخرى فإن التخطيط هـو : عمليـة رسم الخطوات والإجراءات ، وتحديد المتطلبـات والتجهيـزات التي تلزم تنفيذ أي عمل من الأعمال بما في ذلك العقبات المتوقعة ، والحلول المقترحة لمثل هـذه العقبـات. ويتوقف نجاح أي عمل في تحقيق أهدافه على مدى جودة ودقة التخطيط الذي يـسبق تنفيذ هـذا العمل والتخطيط عمليـة غاية في الأهمية للمجال التعليمي كمـا هـو لأي مجال آخـر فـلا يمكـن أن نتصور نظاما تعليميا دون تخطيط ، أو نتخيل تنفيذ مـنهج تعليمـي دون تخطيط ، أو حتى تنفيذ درس يومـي بسيط دون تخطيط أو تطبيق منظومة تكنولوجيا التعليم دون تخطيط . إن التخطيط ببساطة هو الدليل الإجرائي الذي يسترشد به الفرد عند تنفيذ أي عمل أو أية مهمة . وتحتاج عمليـة التخطيط لمهارات فائقة ، فليس أي فرد يمكنه التخطيط لأي عمل ما لم يكن متخصصا وخبيرا.

المدخل للمناهج وطرق التدريس

ويعرف القائم بعملية التخطيط بالمخطط Planner ، وهو يشير إلى الشخص الـذى يقوم بالتخطيط لأى عمل من الأعمال فى أى مجال من المجالات . حيث يجب أن يمتلك هذا الشخص قدرا كبيرا من : الخبرة فى مجاله ، وسعة الأفق ، والمرونة ، والوعى بحاجات وتطلعات المجتمع ورغبات وميول الأفراد ... إلى غير ذلك من السمات.

أما تخطيط التدريس Teaching Planning ، أو التخطيط للتدريس فهو : عملية تستهدف إعداد مخطط تفصيلي لأهداف ، وإجراءات وأساليب ووسائل ، وأنشطة التدريس التي ينبغي الالتزام بها عند تنفيذ عملية التدريس . وخلال هذه العملية يكون على المعلم تحديد الأهداف التي يرمي إلى تحقيقها في نهاية الموقف التدريسي تحديداً إجرائيا دقيقا وتحديد الإجراءات التفصيلية للتدريس بما فيها الوسائل التعليمية المعينة والأنشطة المصاحبة ، وأساليب التقويم ، وذلك قبل قيامه بتنفيذ عملية التدريس . ويتوقف نجاح عملية التدريس في تحقيق أهدافها على جـودة ودقة التخطيط للتدريس . ويمثل التخطيط للتدريس أول وأهم المهارات التي يجب على المعلم اكتسابها ، بل وإتقانها ، حيث يتطلب ذلك منه التدريب والممارسة والإطلاع بشكل دائم .

ويقوم المعلم دائما بمهام التخطيط للتدريس ، لذا فإنه يضطلع بدور مخطط التدريس Teaching Planner ، حيث لايمكن له تنفيذ مهام هذا الدور مالم يمتلك المستوى اللازم من مهارات التخطيط عموما ، وتخطيط التدريس على وجه الخصوص .

● ثانيا : مفهوم تصميم التدريس :

يرتبط مفهوم تخطيط التدريس بمفهوم آخر شاع في الآونة الأخيرة هـو مفهـوم تصميم التدريس ، ولبيان طبيعة العلاقة بين المصطلحين يجب التوقف عند مفهـوم التصميم Design بشكل عام ، حيث يشير هـذا المصطلح إلى عملية تخطيط علـى المستويين : المحدود ، والشامل ، ويتم خلالها وضع تصور علمي دقيق لكيفية تنفيـذ عمل ، أو مهمة ، أو مشروع ، أو برنامج ما. ويمثل التصميم أحد مكونات منظومة تكنولوجيا التعليم ومجالا مهما من مجالاتها إلى جانب مجالات أخرى هي : التطوير ، والتقويم والاستخدام والإدارة ، تلك المجالات التي تنطلق مـن نظريـة وتطبيق وترتبط فيما بينها بعلاقة تأثير وتأثر . ويشمل مجال التصميم كأحد مجالات تكنولوجيــا التعليم أربعة محاور هـي : تصميم النظم التعليميــة ، وتصميم

الرسائل التعليمية ، والاستراتيجيات التعليمية ، وخصائص المتعلم . ويعرف التصميم في مجال التعليم بأنه : عملية تحديد شروط التعلم ، ورسم إجراءات وعناصر العملية التعليمية على ضوء الأهداف المراد تحقيقها .

وعلى ذلك يمكن تعريف تصميم التدريس Teaching Design بأنه : عملية تخطيط للتدريس تستهدف رسم الخطوط والإجراءات العامة والتفصيلية لعناصر وخطوات التدريس ، تنطلق من مبادئ ونظريات ونماذج التدريس ، وتحدد كيفية تنفيذ عملية التدريس على النحو الذي يحقق الأهداف المرجوة . ويعرف تصميم التدريس أيضا بأنه : نموذج إجرائي لتنفيذ عملية التدريس ، ينطلق من نظرية محددة ، ويشرح الخطوات والإجراءات التفصيلية لسير عملية التدريس في مسارها نحو تحقيق الأهداف المنوطة بها.

ويكون مصمم التدريس Teaching Designer هو الشخص الذي يخطط لإجراءات عملية التدريس ، ويضع تصميما لها ينطلق من نظرية   أو نموذج تدريسي محدد . حيث يطلق هذا المصطلح غالبا على المعلم للدور الكبير الذي يبذله في وضع تصميم للمواقف التدريسية ، وتهيئة حجرة الدراسة ، وتوفير الوسائل التعليمية ، وتخطيط أسلوب العمل على النحو الذي يضمن إنجاح العملية التعليمية.

وهكذا يتضح أن عملية تصميم التدريس لاتختلف عن عملية تخطيط التدريس كثيرا ، لكن الفارق بينهما يتضح في أن :

◄ التخطيط للتدريس عملية سابقة على تصميم التدريس ، بمعنى أن خطة التدريس هي التي يتحدد على ضوئها التصميم المناسب للموقف التدريسي .

◄ التخطيط للتدريس يتناول الخطوط العامة ، والأطر الرئيسة ، أما تصميم التدريس فيضع الخطوات ، والإجراءات ، والملامح التفصيلية الدقيقة لكيفية تنفيذ التدريس وفق نظرية تدريسية ، أو نموجا تدريسيا محددا .

◄ تصميم التدريس يمثل أحد مستويات التخطيط للتدريس ، بل يمثل أدق هذه المستويات ، وأكثرها تفصيلا . فالمعلم حينما يخطط لتدريس موضوع ما لفئة ما من المتعلمين ، فإنه يحدد طبيعة : الموضوع وطبيعة الخبرات التي يشملها ، وطبيعة المتعلمين ، وخصائصهم العقلية والنفسية والبدنية ، والأهداف التي يجب أن يحققها بعد تدريسه لهذا الموضوع والوسائل والأنشطة المتاحة لديه لعملية التدريس ، وأساليب التقويم

وأدواته التي يعتمد عليها في تقويم التدريس ، حتى إذا وصل إلى كل ذلك يمكنه وضع التصميم المناسب لكيفية تنفيذ عملية التدريس على ضوء مؤشرات عملية التخطيط للتدريس المشار إليها.

والمعلم حين يقوم بدور المخطط ، والمصمم للتدريس يشبه المهندس المعماري الذي يبني بناءا ما ، فهو يقوم في البداية بعملية تخطيط للبناء من حيث : طبيعة المبنى ، والهدف منه ، وموقعه ، ومساحته ، وعدد الطوابق المطلوبة ، وطبيعة الأرض التي يبنى عليها ، وطبيعة مواد البناء المتاحة وخصائصها ... الخ . ثم يقوم على ضوء ذلك بوصع التصميم المناسب للمبني ، في صورة لوحات تبين التفصيلات الدقيقة الداخلية لهذا المبنى ، أو نموذج مجسم (ماكيت) يبين الشكل النهائي الذي سيكون عليه المبني بعد تنفيذه .

- **ثالثا : أهمية التخطيط للتدريس :**

قد يسأل سائل : هل التخطيط ضرورة لعملية التدريس ؟ ، وهل يمكن أن تتم عملية التدريس كما نرجو دون تخطيط محكم لها ؟ ، ولماذ نخطط للتدريس ؟ ... مثل هذه التساؤلات تشير إلى معنى واحد هو دواعي ومبررات عملية تخطيط التدريس ، التي تؤكد أهمية تلك العملية .

وفي إطار التدليل على أهمية التخطيط للتدريس تجدر الإشارة إلى خصائص عملية التدريس التي تم عرضها على صفحات الفصل الثاني من الكتاب الحالي ، والتي تؤكد أن عملية التدريس ماهي إلا منظومة تتسم بسمات من أهمها أنها: هادفة ، إيجابية ، منظمة ، دينامية ، متفاعلة، متعددة المصادر ، متنوعة الأساليب ، دائمة التقويم ... إلى غير ذلك من الخصائص التي لايمكن أن تتحقق مالم تستند عملية التدريس هذه لعملية تخطيط متقنة.

وقد يتصور البعض أن عملية التخطيط للتدريس ، والتدرب على مهاراتها ينبغي أن تقتصر على المعلمين الجدد ، أو بالأحرى على الطلاب المعلمين الذين يدرسون بكليات ومعاهد إعداد المعلمين ، لكن أصحاب هذا التصور مخطئون في زعمهم هذا ، إذ أن التمكن من مهارات التخطيط للتدريس يعد سمة من أهم السمات التي يجب أن يمتاز بها المعلم في كل زمان ومكان ، سواء كان هذا المعلم جديدا ، أم قديما كما أن خبرة المعلم الميدانية لسنوات عديدة تسهم في صقل مهاراته التدريسية بما فيها مهارات التخطيط للتدريس .

- **مبررات ودواعي تخطيط التدريس :**

هناك العديد من الدواعي والمبررات التي تجعل من التخطيط للتدريس ضرورة لاغنى عنها ، من أهمها :

- علمية التدريس : فالنظر إلى عملية التدريس على أنها علم له أسسه وقواعده ، ومبادؤه ، ونظرياته ، تقتضي على القائم بالتدريس الانطلاق دائما وأبدا من عملية تخطيط متكاملة لهذا العمل ، فلايمكن أن تقوم منظومة أي علم دون تخطيط .
- منظومية التدريس : لقد أدى تطور علم التدريس ، وارتباطه بالمفهوم الحديث لتكنولوجيا التعليم إلى حتمية تطبيق مدخل النظم على عملية التدريس ، الأمر الذي استلزم ضرورة الانطلاق في تلك العملية من عملية تخطيط متقنة . فالتدريس عملية منظمة ، ليست عشوائية ، لها مدخلات ، وعمليات ، ومخرجات محددة .
- تصميمية التدريس : أدى ظهور العديد من نظريات ، ونماذج واستراتيجيات ، ومداخل التدريس إلى حتمية الاهتمام بتصميم التدريس حيث أصبح من الضروري لتحقيق النجاح لأية عملية تدريس انطلاق تلك العملية من عملية تخطيط موسعة تنتهي بوضع تصميم مناسب يبين كافة الخطوات التفصيلية لتلك العملية .
- واقعية التدريس : تنادى التوجهات الحديثة في التربية بضرورة ربط التدريس بواقع المتعلم ، فالتدريس الناجح هو الذي ينطلق من الواقع وللواقع . وأولى خطوات واقعية التدريس تستلزم الانطلاق من دراسة الواقع المحيط بجميع عناصر منظومة التدريس ، حتى يتم التخطيط على النحو الذي يتطابق مع الإمكانات المتاحة ، ومتطلبات الواقع ومن ثم تكون خطة التدريس ممكنة التنفيذ ، وأهدافها ممكنة التحقق .
- فنية التدريس : إن النظر للتدريس على أنه فن ، إلى جانب أنه علم من المبرررات التي تدعو لحتمية انطلاق تلك العملية من عملية تخطيط على أعلى مستوى ، فالفن الناجح عموما لاينفك عن التخطيط والتصميم بل إن عمليتي التخطيط والتصميم حديثا ينتميان إلى الفنون إن لم يكونا قاسما مشتركا من إجراءات وخطوات تنفيذ جميع الفنون.
- جودة التدريس : من أهم المبررات والدواعي التي تدعو لانطلاق عملية التدريس من عملية تخطيط متقنة ، ماتنادي به التوجهات الحديثة في علم التدريس من ضرورة مطابقة مواصفات جميع عناصر منظومة التدريس لمعايير الجودة الشاملة المتعارف عليها عالميا ، هذا الأمر الذي لا ، ولن يتحقق ما لم تنطلق أية عملية تدريس من عملية تخطيط وتصميم على أعلى المستويات .

- عالمية التدريس : يرتبط بجودة التدريس مبرر آخر هو عالمية التدريس بمعنى أن منظومة التدريس في أي مجتمع لم تعد بمعزل عن العالم خصوصا في ظل النظام العالمي الجديد ، وعصر الثقافات المفتوحة . ولكي تأخذ منظومة التدريس بأي مجتمع موقعها ، وتحدد مكانتها بين دول العالم ، لابد من الأخذ بمعايير الجودة الشاملة لتلك العملية على المستوى العالمي ، بما فيها معايير جودة عمليتي تخطيط وتصميم التدريس .

- **مزايا التخطيط للتدريس :**

إلى جانب المبررات والدواعي السابقة التي تدلل على حتمية تخطيط التدريس ، هناك العديد من المزايا التي تحققها عملية التخطيط للتدريس للمعلم كمسؤول أول عن تنفيذ تلك العملية ، تلك المزايا التي تؤكد الأهمية الكبيرة لتخطيط أية عملية تدريس ، من أهم هذه المزايا أن التخطيط للتدريس : (يس قنديل ، ١٩٩٨م ، ص ص ١٢٧ -١٢٨).

- يؤكد للمعلم وغيره من العاملين في المهن الأخرى أن التدريس عملية علمية لها أسسها ومتخصصوها ، ومن ثم يلغي الفكرة التي سادت عن التدريس لزمن طويل ، والتي مفادها أن : التدريس مهنة من لامهنة له وأن عمل المعلم يمكن أن يقوم به أي شخص يرغب في ذلك .

- يحول عمل المعلم إلى نسق من الخطوات المنظمة ، المترابطة المصممة لتحقيق أهداف إجرائية جزئية ، في إطار الأهداف العامة لنظام التعليم ، الأمر الذي يجعل عملية التدريس بعيدة كل البعد عن العشوائية ، والارتجالية .

- يساعد المعلم على تجنب المواقف الطارئة ، والمحرجة التي قد تواجهه داخل حجرة الدراسة ، كما يتيح للمعلم حسن التصرف في مثل هذه المواقف ، تلك المواقف التي ترجع أسبابها غالبا إلى الدخول لعالم التدريس اليومي دون تصور مسبق لأحداث ذلك العالم ومفاجآته .

- يؤدي إلى نمو خبرات المعلم العلمية والمهنية بصفة دورية مستمرة وذلك لمروره بخبرات متنوعة أثناء قيامه بتخطيط الدروس اليومية تلك الخبرات التي تتباين عاما بعد عام ، وتختلف باختلاف المقررات التي يقوم المعلم بتدريسها ، وما يستتبع تلك المقررات من تغير في أهداف المنهج ، ومحتواه ، فضلا عن التغير في مشكلات الواقع الاجتماعي للمتعلم ، والأحداث الجارية ذات الصلة بمجريات عملية التدريس .

◄ يؤدي إلى وضوح الرؤية أمام المعلم ، حيث يساعده على تحديد دقيق لخبرات المتعلمين السابقة ، وأهداف التعليم الحالية ، ومن ثم يتيح له وضع أفضل تصميم ، ورسم أنسب الإجراءات لتنفيذ التدريس وتقويمه.

◄ يساعد المعلم على اكتشاف عيوب المنهج الدراسي ، وتحديد نقاط القصور والضعف في : أهداف المنهج ، ومحتواه ، وأنشطته المصاحبة ووسائله المعينة ، وطرق تدريسه ، وأساليب وفنيات تقويمه ، الأمر الذي يساعده في تحسين ، وعلاج تلك النقاط ، ومشاركته الفعالة مع المعنيين بتطوير المنهج .

● أسس التخطيط للتدريس :
عند قيام المعلم بالتخطيط للتدريس عليه الاستناد لمجموعة من الأسس من أهمها :
١- الخبرة في التخطيط للتدريس :

إذا لم يكن لدى المعلم الحد الأدنى من الخبرة في التخطيط عموما والتخطيط للتدريس على وجه الخصوص ، فإنه لن يستطيع بالطبع القيام بتلك العملية ، وإن فعل فإن النتيجة الحتمية ستكون الفشل بلا ريب . لذا فإن من الأسس الضرورية تزويد المعلم قبل وأثناء الخدمة بالقدر اللازم من الخبرة حول : مفهوم التخطيط للتدريس ، وأهميته ، ومبرراته ، ومستوياته وإجراءاته ... الخ ، حتى يمكنه القيام بتلك العملية على النحو المطلوب . وعلى المعلم أن يكسب نفسه تلك الخبرة من خلال : القراءة والاطلاع على الكتب والمراجع المتخصصة ، وحضور الندوات ، والمؤتمرات ، وورش العمل ، وبرامج التدريب التي تتناول كيفية ممارسة مهارات التخطيط للتدريس ، كما أن عليه أيضا الاستفادة من خبرات زملائه المعلمين القدامى خصوصا ذوي الخبرة منهم ، ومن خبرات الموجهين ، وخبراء التعليم والمتخصصين في تخطيط وتصميم التدريس . وعلى المعلم الذي يمتلك الحد الأدنى من الخبرة في التخطيط للتدريس أن ينمي تلك الخبرة ويطورها بشكل مستمر .

٢- الإلمام بالمستويات المتدرجة للأهداف التعليمية :

سبقت الإشارة - على صفحات الفصل الثاني من الكتاب الحالي في معرض الحديث عن الأهداف كأول مكونات منظومة المنهج - إلى أن هناك مستويات متعددة ومتدرجة للأهداف التعليمية ، وأن أول خطوة في إطار التخطيط الجيد للتدريس هي التحديد الدقيق لتلك الأهداف ، ولن

يتم ذلك بالطبع مالم تكن لدى المعلم القدرة على تمييـز هـذه المـستويات المتعـددة مـن الأهـداف ، والوعي بتدرج تلك المستويات من العمومية إلى الإجرائية ، ومن الشمول إلى التحديد ، وإدراك مـدى العلاقة والارتباط فيما بينها.

والأهداف التعليمية تتدرج في خط متصل يبدأ تصاعديا من الأهداف الإجرائية للدروس اليوميـة ، وينتهي بالغايات العامة للتربية ، وذلك وفقا للتسلسل التصاعدي التالي :

◄ أهداف الدروس اليومية .

◄ أهداف الوحدات الدراسية .

◄ أهداف المواد الدراسية .

◄ أهداف الصفوف الدراسية .

◄ أهداف المراحل التعليمية .

◄ الأهداف العامة للتعليم .

◄ غايات التربية .

والشكل (٧) يوضح تدرج الأهداف التعليمية ، حيث يتضح أن جميع هذه المـستويات المتدرجة للأهداف تختلف في درجة عموميتها لكنها لاتختلف في النـوع ، كمـا أنهـا تـرتبط فيمـا بينهـا بعلاقـة وطيدة متسلسلة ، فكل منها يتحدد على ضوء مـا يـسبقه في مـستوى العموميـة ، وإن تحققـت الأهداف في أي منها يكون ذلك مؤشرا لتحقيق الأهداف في المستوى الأعلى عمومية فتحقيق أهداف الدروس اليومية يؤدي إلى تحقيق أهداف الوحدات الدراسية وتحقيق أهداف الوحدات يـؤدي إلى تحقيق أهدف المواد وتحقيق أهداف المواد يؤدي إلى تحقيق أهداف الصفوف ..... وهكذا.

٣- التفريق بين الأهداف قريبة المدى و بعيدة المدى :

إن أخطـر مرحلـة مـن مراحـل التخطـيط للتـدريس هـي مرحلـة تحديـد الأهداف ، حيث يتحدد على ضـوئها بـاقي المراحـل والخطـوات الأخـرى ليـس فقـط لخطـة التدريس ، بل أيضا إجراءات تنفيذ التدريس وتقويمـه ، لـذا فـإن مـن أسـس تخطيط التدريس أن يمتلك المعلم القدرة على التفريق بين طبيعة الأهداف قريبة المدى التي تتحقق في وقت زمني محدود والأهداف بعيدة المدى التي تحتاج لتحقيقها إلى فترة زمنية طويلة . وعلى المعلم أن يعي ذلك الفارق بين هذين النوعين من الأهداف التعليمية عند صياغة أهداف التدريس فليس مـن المنطقـي مـثلا أن يصوغ المعلم هدفـا بعيد المدى مثل : إعداد المتعلم للمواطنـــة الـصالحــة في

مجتمعه ، أو إكساب المتعلم مهارات التفكير العلمي ، أو إكسابه المهارات العملية اللازمة للتعامل مع الأجهزة التعليمية .... الخ عند تخطيطه لدرس يومي واحد عن تلوث البيئة مثلا . فتلك أهداف تحتاج لوقت طويل ودروس عديدة ، ومواقف تعليمية متنوعة لكي تتحقق .

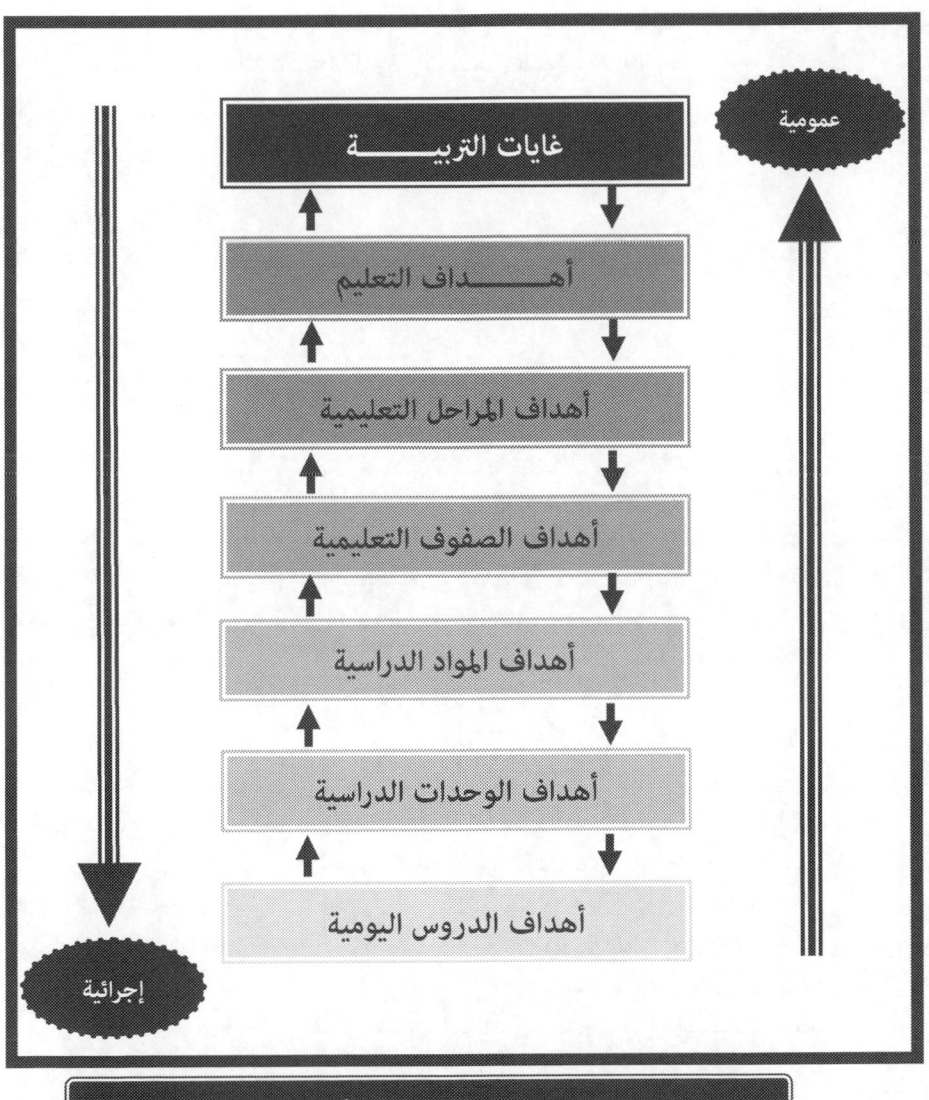

شكل (٧) : تدرج مستويات الأهداف التعليمية

٤- التمييز بين تصنيفات الأهداف التعليمية :

هناك تصنيفات عديدة للأهداف التعليمية ، لكن أكثرها شيوعا واستخداما في الميدان التربوي والتعليمي هو تصنيف " بلوم Bloom " وزملاؤه ، ومع أن هناك بعض الاعتراضات التي ظهرت مؤخرا على هذا التصنيف ، إلا أنه قام على كم هائل من الدراسات والبحوث الواسعة في مجال التربية ، كما أن هذا التصنيف يسير وفق نسق تربوي منطقي ونفسي حيث يرتكز هذا التصنيف على إمكانية وصف نواتج التعلم في صورة تغيرات سلوكية مرغوبة لدى المتعلم .

ويصنف بلوم وزملاؤه الأهداف التعليمية إلى ثلاثة مجالات رئيسة تمثل جوانب النمو المختلفة في المتعلم ، هذه المجالات هي :

أ – المجال المعرفي : Cognitive Domain

ويشمل الأهداف التعليمية المتعلقة بجوانب النمو المعرفية والعقلية لدى المتعلم ، والتي تتعامل مع عمليات التعرف على المعلومات ، واسترجاعها والتي تستهدف إنماء القدرات والمهارات العقلية ، ويعد هذا الجانب من أهم مجالات الأهداف في العملية التعليمية ، حيث يتم التركيز عليه بشكل أساسي في التدريس .

ويتم تصنيف الأهداف التعليمية في المجال المعرفي إلى ستة مستويات هي : (حسن زيتون ، كمال زيتون ، ١٩٩٥م ، ص ص ٦٢-٨٣).

(١) المعرفة (التذكر) : Knowledge

ويقصد به القدرة على تذكر المعلومات (أو المعارف) سواء بالتعرف عليها ، أو باستدعائها من الذاكرة بنفس صورتها ، أو بشكل مقارب جداً للذي سبق به تعلمها من قبل .

وتشمل المعرفة عدداً من المستويات الفرعية منها :

◄ معرفة المصطلحات والحقائق المرتبطة بالمادة الدراسية.

◄ معرفة طرق التعامل مع الخصوصيات من : المصطلحات ، والرموز والعلامات ، والتتابعات ، والتصنيفات ، والتقسيمات .

◄ معرفة العموميات والمجردات من : مبادئ ، وتعميمات ، ونظريات وتراكيب.

ويمثل هذا المستوى أدنى مستويات المجال المعرفي ، والمعرفة والتحصيل عند هذا المستوى تُعد أدنى المخرجات التعليمية في المجال المعرفي.

(٢) الاستيعاب (الفهم) : Comprehension

ويقصد به القدرة على إدراك المعاني ، ويظهر ذلك بترجمـة الأفكار مـن صـورة إلى أخـرى ، وتفسيرها ، وشرحها بإسهاب أو بإيجاز ، والتنبؤ من خلالها (أي الأفكار) بنتائج وآثار معينة بناء على المسارات والاتجاهات المتضمنة في هذه الأفكار ، ويشمل الفهم عدداً من المستويات الفرعية منها:

الترجمة : وتتضمن ترجمة الأفكار من صورة إلى أخرى مثل : ترجمة مـشكلة واردة في عبارات مجردة إلى عبارات أقل تجريداً كالتعبير عن مشكلة التلوث بلغة التلميـذ الخاصـة ، وتلخيص مـادة اتصالية كمقال ، أو قصة ، أو محاضرة من صورتها المسهبة إلى صورة أكـثر إيجازاً   أو توضيح تعميـم مجـرد بمثال يوضحه ، أو ترجمة الخرائط والجداول والرسوم التخطيطية إلى صورة لفظية ، أو العكس .

التفسير : ويقصد به قدرة الفرد على إدراك العلاقات الموجودة بين الأفكار المتـضمنة في مـادة تعليميـة ليخرج منها بنظرة كلية عما تتضمنه من معاني.

التقدير الاستقرائي : ويعني قدرة الفرد على أن يتبين اتجاهات محددة من مجموعة مـن الملاحظـات أو البيانات المعطاة له ، ثم يستخدم هذه الاتجاهات في الوصول إلى توقعات أو تنبـؤات محتملـة ، مثل التنبؤ بمقدار الزيادة   أو النقص في إنتاج القمح بعد عشر سنوات من الآن في مصر ، أو التنبؤ بحالة الطقس غداً في بلدة ما إذا ما أعطي مجموعة من البيانات عن الـضغط ودرجـات الحـرارة والـسحب وسرعة الرياح.

(٣) التطبيق : Application

ويعني قدرة الفرد على استخدام معلومات مجردة في حل مشكلة   أو التعامـل مـع موقـف جديد عليه. وهذه المعلومات المجردة قد تكون في صورة إجراءات ، أو قواعد ، أو مبادئ ، أو قوانين ، أو نظريات من التي سبق تعلمها على مستوى التذكر والاستيعاب .

(٤) التحليل : Analysis

ويعني قدرة الفرد على الفحص المدقق لمادة تعليمية مـا ، وتجزئتهـا إلى عناصـرها ، وتحديـد مـا بينها من علاقات ، وفهم البناء التنظيمي لها   وقد تكون المـادة التعليميـة نـص أدبي ، أو علمـي ، أو تاريخي ، أو عمل فني أو خريطة ، أو تجربة علميـة إلى غـير ذلـك مـن صـور المـادة التعليميـة. كـما يتضمن التحليل قدرة الفرد على تجزئة مشكلة ما إلى مركباتها وعناصرها للتمييز بين المعلومـات التـي لها علاقة بها .

(٥) التركيب : Synthesis

وهو عكس التحليل ويعني القدرة على تجميع الأجزاء لتكوين كل متكامل ذي معنى ، أو تأليف شيء جديد من عناصر أو جزئيات ، وهذه القدرة العقلية تتضمن إنتاجاً فكرياً ابتكارياً ، مثل كتابة قصة أو قصيدة شعرية ، أو موضوع تعبير أو عمل فني تشكيلي جديد ، أو ما يكتشفه الفرد من معلومات جديدة (مثل الفروض والقوانين والمبادئ) وخطط العمل لحل مشكلة ما ، أو لإجراء تجربة علمية.

(٦) التقويم : Evaluation

ويعني القدرة على إصدار حكم على موضوع ما ، مثل الحكم على أفكار مطروحة في مادة تعليمية مقروءة ، أو مسموعة ، أو على عمل فني أو أدبي كقصيدة شعرية ، أو قصة ، أو لوحة تشكيلية ، أو على حل لمشكلة معينة.

ب – المجال المهاري (النفسحركي): Psychomotor Domain

ويشمل الأهداف التعليمية المتعلقة بجوانب النمو النفسية الحركية التي تتطلب تآزر حسي حركي ، كمراحل تعليم وتعلم المهارات العملية واليدوية مثلا ، ويتم تصنيف الأهداف التعليمية في هذا المجال إلى خمسة مستويات هي : (ماهر إسماعيل صبري ، ١٩٩٩م ، ص ١٢٤) .

(١) التعرف : Identification

ويشمل الجوانب المعرفية المرتبطة بالأداء ، أو المرتبطة بالمهارات والجوانب الحسحركية ، وفي هذا المستوى يجب على المتعلم اكتساب القدر اللازم من المعارف اللازمة للأداء .

(٢) التقليد : Imitation

ويشمل قدرة المتعلم على محاكاة الحركات والأداءات كما يفعلها المعلم أو أي شخص آخر لديه المهارة .

(٣) الممارسة : Performance

ويطلق على هذا المستوى أيضا التناول ، حيث يشمل قدرة المتعلم على أداء الحركات والأنشطة العملية وفق توجيهات وتعليمات محددة وتحت إشراف وتوجيه من المعلم ، أو الشخص الذي يمتلك المهارة .

(٤) الإتقان : Mastery

ويشمل قدرة المتعلم على التنسيق الحسي الحركي لما يقوم به من أداءات ، مع زيادة سرعة الأداء ، دون الوقوع في أخطاء ، أي يمكنه أداء

المهارة بسرعة ودقة ، دون الحاجة إلى توجيه وإرشاد ، أي يصبح الأداء آليا (أتوماتيكيا) .

(٥) الإبداع : **Creation**

وهو أرقي مستويات الأهداف في الجانب المهاري ، حيث يشمل قدرة المتعلم على تجاوز حد الإتقان في أداء المهارات إلى حد الابتكار والإبداع كأن يؤدي المهارة بخطوات أقل ، أو بطرق مبتكرة ، تزيد من دقة وسرعة الأداء .

ج - المجال الوجداني (الانفعالي) : **Affective Domain**

ويشمل الأهداف التعليمية المرتبطة بجوانب النمو العاطفية للمتعلم من ميول ، واتجاهات ، وقيم ، وأوجه تقدير ... الخ . ومن أشهر تصنيفات الأهداف في هذا المجال تصنيف " كراثوهل Krathwohl " وزملاؤه الذين وضعوا خمسة مستويات للأهداف في هذا المجال هي :

(١) الاستقبال : **Receiving**

يشير الاستقبال إلى استعداد المتعلم للاهتمام بظاهرة معينة ، أو مثير معين والانتباه له ، مثل نشاط تعليمي في الفصل ، أو القراءة في الكتاب المقرر ، أو قضية من القضايا البيئية أو الاجتماعية ، ويختص الاستقبال من الناحية التدريسية بإثارة اهتمام المتعلم ، وجذب انتباهه ، وتوجيهه وتتراوح نواتج التعلم الوجدانية في هذا المستوى من الوعي البسيط بوجود أشياء معينة ، إلى الاهتمام الانتقائي من جانب المتعلم ، ويمثل الاستقبال أقل مستويات نواتج التعلم الوجدانية (الانفعالية) .

(٢) الاستجابة : **Responding**

تشير الاستجابة إلى المشاركة الإيجابية من جانب المتعلم ، ويتطلب ذلك مستوى أعلى من مجرد الاهتمام بظاهرة معينة أو نشاط معين ، إذ تتطلب الاستجابة التفاعل مع الموقف أو الظاهرة بصورة أو بأخرى والمتعلم عند هذا المستوى يؤكد الموافقة على الاستجابة (قراءة نص معين) والرغبة في الاستجابة (القراءة للاستمتاع ، والمستويات العليا لهذا المستوى تتضمن الأهداف التربوية المرتبطة بالميول).

(٣) التقييم (إعطاء القيمة) : **Valuing**

يشير هذا المستوى إلى القيمة التي يعطيها المتعلم لشيء معين أو ظاهرة معينة ، أو سلوك معين ، ويتفاوت هذا من مجرد التقبل البسيط للقيمة (أي الرغبة في تحسين مهارات العمل مع الجماعة) إلى المستويات

الأكثر تعقيداً والتزاماً (يتحمل المسئولية للعمل الفعال للجماعة) ، وتقوم عملية إعطاء القيمة على أساس استيعاب مجموعة من القيم ، ويعبر عن دلالتها في السلوك الظاهر للمتعلم .

وترتبط نواتج التعلم الوجدانية في هذا المستوى بالسلوك الذي يتصف بالاتساق والثبات ، وبدرجة كافية تمكن من التعرف على القيمة ، وتقع الأهداف التربوية الخاصة بالاتجاهات وأوجه التقدير في هذا المستوى.

(٤) التنظيم (التنظيم القيمي) : Organization

يدل التنظيم القيمي على الجمع بين أكثر من قيمة ، وحل التناقضات بينها ، والبدء في بناء قيمي يتصف بالاتساق الداخلي ، ويلاحظ أن التأكيد هنا يكون على : مقارنة ، وارتباط ، وتحليل القيم ، وتتعلق نواتج التعلم الوجدانية في هذا المستوى بالقيمة كمدرك معين ، مثل إدراك مسؤولية كل فرد في تحسين العلاقات الإنسانية كما تتعلق بنظام القيمة ، مثل إعداد خطة مهنية تشبع حاجته إلى كل من الأمن الاقتصادي والاجتماعي ، وتقع في هذه الفئة تلك الأهداف التي تتناول فلسفة معينة في الحياة .

(٥) التمييز بنظام قيمي مركب: Characterization by Value

يتكون لدى الفرد عند هذا المستوى من الجانب الوجداني نظاماً قيمياً مركباً . يضبط سلوكه ، ويوجهه لفترة طويلة ، ويؤدي إلى تكوين أسلوب في الحياة مميز له . ويتصف السلوك في هذه الحالة بأنه ممتد وشامل وثابت بحيث يسهل التنبؤ به ، وتشمل نواتج التعلم الوجدانية لهذا المستوى من الأهداف مدى واسع من الأنشطة التي تركز على الصفات المميزة للفرد وتقع في هذا المستوى الأهداف التربوية التي تتناول الأنماط العامة لتكيف المتعلم شخصياً واجتماعياً وعاطفياً .

ويمكن إجمال تصنيفات الأهداف التعليمية في المجالات الثلاثة في الرسم التخطيطي الموضح بالشكل (٨) ، حيث يجب على المعلم عند التخطيط للتدريس مراعاة التوازن ، والشمول ، والتكامل بين جميع مستويات تلك الأهداف التعليمية في خطط التدريس ، وذلك وفقا لما تفرضه طبيعة الموقف التعليمي ومعطياته ، والإمكانات المتاحة لتنفيذه .

٥- صياغة الأهداف التعليمية صياغة سلوكية :

لقد سبقت الإشارة إلى أن الأهداف التعليمية هي صياغات لغوية تصف التغييرات المرغوب إحداثها في سلوك المتعلم بجوانبه : المعرفية والمهارية

والوجدانية ، ومن ثم فإن التأكد من تحقق هذه الأهداف يستلزم صياغتها- عند التخطيط للتدريس خصوصا على مستوى الدروس اليومية -صياغة سلوكية . والهدف السلوكى أو الإجرائى Behavior Objective هو: هدف مصاغ صياغة إجرائية تحدد مستوى التغيير المراد إحداثه معرفيا أو مهاريا ، أو وجدانيا فى الفرد ، حيث يجب أن يظهر ذلك فى سلوكه ويمكن قياسه وتقويمه .

تصنيف الأهداف التعليمية

أهداف مهارية *Psychomotor Domain*	أهداف وجدانية *Affective Domain*	أهداف معرفية *Cognitive Domain*
تعرف Identification	استقبال Receiving	معرفة *Knowledge*
تقليد *Imitation*	استجابة Responding	فهم *Comprehension*
ممارسة Performance	تقييم Valuation	تطبيق Application
إتقان Mastery	تنظيم Organization	تحليل Analysis
إبداع Creation	تمييز *Characterization*	تركيب Synthesis
		تقويم *Evaluation*

شكل (٨) : تصنيف مجالات الأهداف التعليمية

وتصاغ الأهداف السلوكية وفقا للمعادلة التالية : أن + فعل سلوكى + المتعلم (الفرد) + المعلومة أو الخبرة + معيار (مستوى) الأداء المطلوب .

ولكي تكون صياغة الأهداف السلوكية صحيحة لابد من الاعتماد على أفعال سلوكية تظهر بالفعل في سلوك المتعلم ، فيمكن الحكم على مدى تحققها ، حيث توجدأفعال سلوكية مناسبة لكل مستوى من مستويات الأهداف التعليمية التي سبقت الإشارة إليها في معرض حديثنا عن تصنيفات الأهداف ومن أمثلة هذه الأفعال لمستوى التذكر : يذكر ، يعرف يتعرف على يسمي ، يتلو ، يكتب ، يحدد ، يعرض ، يصف ، يختار ، يعدد . ومن أمثلتها لمستوى الفهم : يلخص ، يميز ، يستنتج ، يعيد ترتيب ، يناقش يفسر، يشرح ، يبين بالرسم ، يعلل . ومن أمثلتها لمستوى التطبيق : يطبق يجرب ، يجري تجربة ، يحل مسألة . ومن أمثلتها لمستوى التحليل : يبرهن على صحة ، يقارن ، يحلل ، يفك ، يجزئ . ومن أمثلتها لمستوى التركيب : يصمم ، يركب ، يجمع ، يعيد بناء ، يعيد ترتيب ، يشيد . ومن أمثلتها لمستوى التقويم : يقوم ، يقييم ، يصدر حكما ، ينقد ، يشخص .... إلى غير ذلك من الأهداف السلوكية الأخرى .

وتمتاز الأهداف السلوكية بعدة مزايا من أهمها أن تلك الأهداف :

- تركز على سلوك المتعلم : فالأهداف السلوكية تركز على سلوك المتعلم أكثر من تركيزها على سلوك المعلم كما في المثال : أن يوضح المتعلم حكم دخول كان وأخواتها على الجملة الإسمية .....

- تحدد مستوى الأداء في سلوك المتعلم :كما في المثال : أن يشرح المتعلم نتائج الحملة الفرنسية على مصر شرحا مفصلا .

- تركز على نواتج التعلم : فالأهداف السلوكية تركز على ناتج التعلم أكثر من تركيزها على عمليات التعلم ذاتها ، كما في المثال : أن يستخدم المتعلم الآلة الحاسبة في إجراء عمليات ضرب الكسور العشرية بدقة . أو : أن يستخدم المتعلم الترمومتر المئوي في قياس درجات حرارة المواد المختلفة بدقة .

- لاتصف أكثر من ناتج تعليمي واحد : وهذا واضح في أن هذه الأهداف تعتمد على أفعال سلوكية محددة كل منها ينطوي على ناتج تعلم واحد ، كما في المثال : أن يضع المتعلم عنوانا مناسبا يمثل الفكرة الرئيسة التي يدور حولها نص يقرأه .

- تخضع للقياس والتقويم : حيث يمكن الحكم إجرائيا على مدى تحققها لذا يجب على المعلم عند صياغتها عدم استخدام أفعال غير سلوكية ، لاتظهر مباشرة في سلوك المتعلم ، فيصعب قياسها والحكم عليها مثل : يدرك ، يعتقد ، ينوي ، يظن .. الخ . كما في الأمثلة : أن يجري المتعلم

تجربة تحقق قانون هوك عمليا بشكل دقيق ، وأن يرسم المتعلم خريطة تبين موقع مصر الجغرافي رسمادقيقا ، وأن يشرح المتعلم آلية الهضم فى الجهاز الهضمى للإنسان شرحا دقيقا... إلخ .

٦- دراسة خصائص المتعلم وحاجاته :

من أهم الأسس التي ينبغي للمعلم الاستناد إليها عند تخطيطه للتدريس قدرته على دراسة خصائص المتعلمين وحاجاتهم ، فلا يمكن أن نتصور التخطيط للتدريس بمعزل عن خصائص المتعلم وحاجاته ، ولا يمكن تجاهل هذا الجانب الجوهري عند بناء مخططات ، وتصميمات التدريس لأية فئة من المتعلمين ، ولا عجب في ذلك فالتدريس لايتم دون متعلم ، كما أنه يستهدف تحقيق أهدافه في هذا المتعلم .

ولما كان المتعلم يحيا في بيئة متغيرة تمثل جزءا من مجتمع مستمر في التغيير، فإن هذا المتعلم هو الآخر متغير في خصائصه وحاجاته ، فتلميذ اليوم مثلا يختلف اختلافا كبيرا عن تلميذ الأمس في : الميول ، والحاجات والمشكلات ، والقدرات ، والاستعدادات ، والاتجاهات ، والرغبات.

ومن المؤكد أن خصائص المتعلم وحاجاته تختلف من مجتمع لآخر ومن بيئة لأخرى في المجتمع الواحد ، بل من مرحلة عمرية لأخرى للمتعلمين في البيئة الواحدة ، والمتعلم كائن نامي ، يتعرض لتغيرات وتغييرات مستمرة في جوانب عديدة : بداية من الجوانب الجسمية ومرورا بالجوانب العقلية ، والجوانب الاجتماعية ، والجوانب المهارية وانتهاءا بالجوانب الانفعالية ، والميول ، والرغبات. وكل مرحلة من مراحل نمو المتعلم لها خصائصها التي تميزها ، ولها حاجاتها التي يجب إشباعها تلك الخصائص والحاجات التي تمثل منطلقا مهما لعمليتي : تخطيط وتصميم التدريس .

وقد أظهرت البحوث والدراسات أن عملية نمو المتعلم - بمراحلها المختلفة - تمتاز بخصائص أساسية مهمة ، هذه الخصائص ترتبط بالتدريس ارتباطا وثيقا ، لذا يجب على المعلم متابعتها ، والإلمام بها ، والاطلاع على كل جديد ومستجد منها ، عند تخطيطه ، أو تصميمه للتدريس ، فلكل مرحلة نمو مايناسبها من : طرق ، وأساليب ، ونماذج ، واستراتيجيات ومداخل التدريس ، بل لكل فئة من المتعلمين مايناسبها ، فالتدريس للأسوياء يختلف عنه للمعاقين ، بل إن التدريس لكل فئة من المعاقين يختلف عن التدريس للفئات الأخرى ، وفقا لنوع الإعاقة ، كما أن التدريس للموهوبين والفائقين يختلف عنه للعاديين من المتعلمين .... وهكذا .

ومجمل القول إن خصائص المتعلم وحاجاته تمثل منطلقا من أهم أسس ومنطلقات تخطيط التدريس ، الأمر الذي يحتم على القائم بعملية التخطيط هذه متابعة التغييرات التي قد تطرأ على خصائص المتعلم وحاجاته وذلك في كل مرحلة من مراحل نموه المختلفة ، وفي كل جانب من جوانب هذا النمو. وعلينا أن نعي تماما أن التدريس الذي يخطط له بعيدا عن قدرات وميول ، واتجاهات ، واستعدادات ، ورغبات ، وحاجات المتعلمين الفعلية لا يمكن أن يحقق أهدافه في هؤلاء المتعلمين مهما كان من جودة وإتقان.

ولعل تقسيم السلم التعليمي إلى مراحل تعليمية يرتكز إلى اختلاف خصائص النمو من مرحلة لأخرى ، إلا أن هذا التقسيم يقوم على الخصائص العامة للنمو في كل مرحلة ، الأمر الذي يتطلب مرونة وتنوعا في تخطيط التدريس لكل مرحلة ، بما يتلاءم والاختلافات بين جوانب النمو في الفرد الواحد من ناحية ، وبين الأفراد وبعضهم البعض من ناحية أخرى.

٧- دراسة الإمكانات المتاحة للتدريس :

ينبغي أن ينطلق المعلم في تخطيطه للتدريس من دراسة فاحصة للإمكانات المتاحة ، محاولا تحقيق أقصى استفادة ممكنة مما هو متاح لديه من تلك الإمكانات ، سواء كانت هذه الإمكانات مادية ، أو بشرية .

ودراسة الإمكانات المتاحة للتدريس تمكن المعلم من سد مواطن القصور في تلك الإمكانات ، فيحاول إيجاد البدائل قدر المستطاع ، وتطويع ماهو متوافر لديه من إمكانات فعلية بما يتناسب ومتطلبات المواقف التعليمية المختلفة .

وإذا قام المعلم بالتخطيط للتدريس بمعزل عن دراسة الواقع الميداني لمنظومة التدريس بما هو متوافر لها فعليا من إمكانات ، فإن تخطيطه هذا لن يتسم بالموضوعية ، فتأتي خطط التدريس بعيدة عن الواقعية ، ومن ثم يصعب تنفيذها على أرض الواقع ، الأمر الذي يؤدي حتما إلى الإخفاق في تحقيق أهداف التدريس .

ويجب على القائم بتخطيط التدريس دراسة الإمكانات المتاحة لكل مراحل ومستويات التخطيط، كما أن عليه متابعة ماقد يستجد من تغيير وتطوير لتلك الإمكانات بصورة مستمرة ، حتى يطوع خطط التدريس على

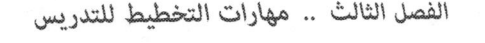
ضوء ماهو متاح من تلك الإمكانات . ويمكن تلخيص أسس تخطيط التدريس في الرسم التخطيطي الموضح بالشكل (٩) :

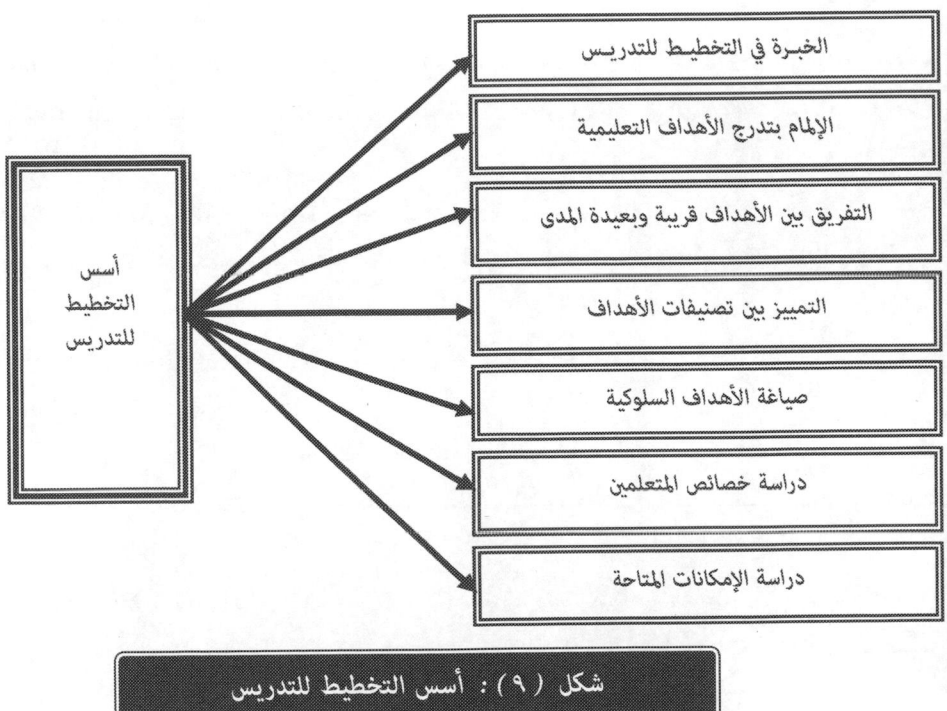

الخبرة في التخطيط للتدريس

الإلمام بتدرج الأهداف التعليمية

التفريق بين الأهداف قريبة وبعيدة المدى

التمييز بين تصنيفات الأهداف

صياغة الأهداف السلوكية

دراسة خصائص المتعلمين

دراسة الإمكانات المتاحة

أسس التخطيط للتدريس

شكل (٩) : أسس التخطيط للتدريس

● معايير التخطيط الناجح للتدريس :

يرتكز نجاح عملية التخطيط للتدريس على عدة معايير من أهمها :

١- واقعية التخطيط :

فالتخطيط الجيد عموما ينبغي أن يبدأ من الواقع ، وكذلك الحال في تخطيط التدريس ، حيث يجب أن ينطلق ذلك التخطيط من الواقع الفعلي لعناصر ومكونات منظومة التدريس ، بما هو متاح لها من إمكانات مستهدفا تغيير هذا الواقع ، وتطويره إلى الأفضل . وواقعية التخطيط للتدريس تعني ببساطة انطلاقه من الواقع وللواقع .

٢- توظيف الإمكانات المتاحة :

من أهم معايير التخطيط الجيد للتدريس حسن توظيف جميع الإمكانات المتاحة للموقف التدريسي – مهما كانت تلك الإمكانات – بما يحقق أقصى استفادة ممكنة منها .

٣- تعددية البدائل :

التخطيط الجيد لعملية التدريس ينبغي أن يعتمد على بـدائل متعـددة فيمـا يتعلـق بخطـوات وإجراءات التدريس ، فلا يجب أن تبنى خطة التدريس على خيار واحد لايجد المعلم بدا مـن تنفيذه بصرف النظر عن إيجابيته ، أو سلبيته فتعدد البدائل أمام المعلم في خطـة التـدريس يتيـح لـه حريـة التحرك ، والاختيار عند التنفيذ بما يتلاءم وطبيعة معطيات الموقف التعليمي .

٤- ترتيب الأولويات المتاحة :

على القائم بالتخطيط للتدريس أن يرتب أولوياته وفقا لما هو متاح لديه من بدائل وإمكانـات ، بمعنى أن يبدأ بالأهم ، فالمهم ، فقليل الأهمية. وعند ترتيب الأولويات في تخطيط التـدريس ينبغـي على المعلم مراعـاة أمرين : الأمر الأول هو : الترتيب الزمني للأولويات ، ويعني تركيز التخطيط علـى ما هو عاجل جدا ومطلوب بإلحاح ، يليه الأقل إلحاحا وذلك وفق خطـة زمنيـة محـددة . أمـا الأمـر الثاني فهو : ترتيب معطيات وبدائل الموقف التدريسي وفقا لأهميتها النسبية ، بمعنى تركيز التخطيط على ماهو متاح وموجود بالفعل ، قبل تركيزه على ما هو غير موجود ، وكذلك البـدء بالبـسيط الـذي لايكلف قدرا كبيرا من الجهد والمال ، يليه التركيز على الصعب والمكلف .

٥- شمولية التخطيط :

شمولية التخطيط للتدريس من المعايير التي تقاس بها جودة تلك العمليـة ، وشمول التخطيط يعني اهتمام خطة التدريس بجميع جوانب وعناصر العملية التعليمية ، واهتمامها بجميع جوانـب النمو المختلفة في المتعلم : المعرفية ، والمهارية ، والوجدانية ، والنفسية ، والاجتماعية...الخ.

٦- تكاملية التخطيط :

يرتبط بشمول التخطيط معيار آخر تقاس به مدى جودة التخطيط للتدريس ، هو تكامل خطـط التدريس ، فلا ينبغي أن تعمل كل خطوة أو جزء في خطة التـدريس بمعـزل عـن بـاقي الخطـوات والأجزاء .

٧- استمرارية التخطيط :

التخطيط للتدريس عملية مستمرة ، غير منتهية ، فالمعلم يخطط كل عـام لمقرراتـه التـي يقـوم بتدريـسها ، ثـم يقـوم بتخطـيط التـدريس للوحـدات

الدراسية التي تشملها تلك المقررات ، ثم يعود فيخطط لتدريس الدروس اليومية التي تضمها تلك الوحدات .

٨- مرونة التخطيط :

إن عملية التخطيط للتدريس ينبغي ألا تنتهي إلى خطط تدريسية جامدة ، بإجراءات وخطوات ثابتة لاتقبل التغيير والتعديل ، بل يجب أن تنتهي لخطط تدريسية مرنة ، تسمح للمعلم بقدر مناسب من الحرية عند التنفيذ ، والتعديل ، والتبديل وفقا لمعطيات الموقف التدريسي .

٩- قابلية التنفيذ :

من أهم معايير جودة التخطيط للتدريس أن تكون خطة التدريس التي انتهى إليها التخطيط قابلة للتنفيذ على أرض الواقع ، فقد يخطط المعلم للتدريس على أعلى المستويات ، فيصل إلى خطة تدريس مثالية لكنها لاتقبل التنفيذ في الواقع الفعلي لعملية التدريس . وعلى المعلم أن يعي الفارق بين التخطيط للتدريس على مستوى الواقع ، والتخطيط للتدريس على المستوى المثالي (ماينبغي أن يكون) . والقاعدة هنا تقول إن التخطيط الذي ينطلق من الواقع ينتهي لمخططات يمكن تنفيذها في الواقع ، والعكس صحيح .

١٠ - قابلية التقويم :

إن التخطيط الجيد للتدريس يصل إلى خطط تدريسية قابلة للتقويم يمكن الحكم على مدى تحقق أهدافها بسهولة . وكلما كانت خطط التدريس إجرائية كلما أمكن إخضاعها للتقويم والتعديل والإصلاح .

ويمكن إجمال معايير التخطيط الجيد للتدريس في الشكل (١٠) :

- مستويات التخطيط للتدريس ومهاراته :

يرى البعض أن التخطيط للتدريس ما هو إلا تخطيط للدروس اليومية فقط ، لكن أصحاب هذا الرأي مخطئون ، فالتخطيط للدروس اليومية يمثل أحد مستويات التخطيط للتدريس عموما ، تلك المستويات التي تم تحديدها في ثلاثة مستويات هي : التخطيط لمقرر دراسي (على مستوى عام كامل ، أو فصل دراسي) ، والتخطيط لوحدة دراسية مكونة من عدة دروس ، وأخيرا التخطيط للدروس اليومية .

والملاحظ أن المستويات الثلاثة لتخطيط التدريس تختلف في درجة العمومية ، فيكون أكثرها عمومية التخطيط لمقرر دراسي ، ثم التخطيط

لوحدة دراسية ، ثم التخطيط لدرس يومي . كما تختلف مستويات التخطيط للتدريس هـذه في درجة الإجرائية ، حيث يكون أكثرها إجرائية التخطيط للدروس ، ثم التخطيط للوحـدات ، وأخيرا التخطيط للمقررات .

ويتم التخطيط للتدريس في كل مستوى وفقا لمجموعـة مـن الخطـوات والإجراءات التـي تستلزم مجموعة من المهارات ، وبيان ذلك فيما يلي :

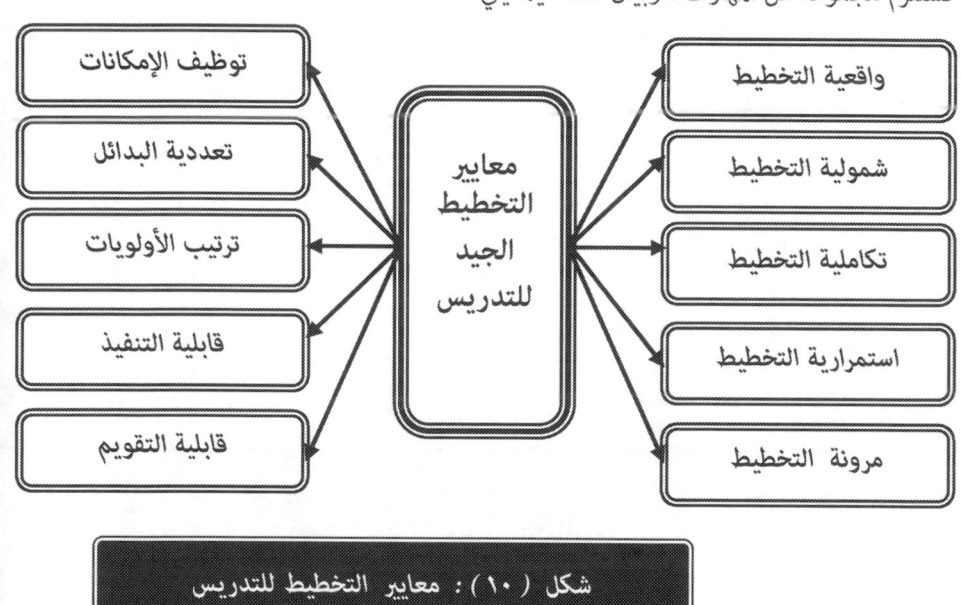

	معايير التخطيط الجيد للتدريس	
توظيف الإمكانات		واقعية التخطيط
تعددية البدائل		شمولية التخطيط
ترتيب الأولويات		تكاملية التخطيط
قابلية التنفيذ		استمرارية التخطيط
قابلية التقويم		مرونة التخطيط

شكل (١٠) : معايير التخطيط للتدريس

١- خطوات التخطيط للتدريس وإجراءاته :

عند التخطيط للتدريس على أي مستوى من مستويات التخطيط الثلاثة المشار إليها ، يجب على المعلم أو القائم بالتخطيط الاسترشاد بمجموعة من الخطوات والإجراءات التي يمكن صياغتها في شكل تساؤلات هي :

أ – لماذا ندرس ؟ :

هذا هو السؤال الأول الذي ينبغي على المعلم أن يسأله لنفسه وهـو بصدد التخطيط للتـدريس ، حيـث يشير إلى الأهداف التي يجب وضعها في خطة التدريس ، والتي ينبغي تحقيقها في المتعلم بعد التـدريس . وعـلى المعلم هنا أن يصوغ أهداف تدريسه بشكل إجرائي سلوكي ، يتناسب والأهداف العامة لمادة تخصصه ، وأهداف التعليم في المرحلة التعليمية التي يعمل بها وعليه أيضا مراعاة واقعية أهدافه ، وملاءمتها لطبيعة المتعلم

وطبيعة الموضوعات المزمع تدريسها ، والإمكانات المتاحة للتدريس ، هذا فضلا عن مراعاة شمول تلك الأهداف وتنوعها ، وتكاملها .

ب – ماذا ندرس ؟ :

هذا هو السؤال الثاني الذي يجب على المعلم أن يطرحه على نفسه وهو بصد التخطيط للتدريس ، حيث يشير إلى خبرات التعليم والتعلم التي ينبغي تضمينها بخطة التدريس ، تمهيدا لتقديمها للمتعلم خلال تنفيذ التدريس وفي هذه الخطوة يكون على المعلم فحص المحتوى العلمي المزمع تدريسه لتحديد أوجه التعلم المراد نقلها للمتعلم ، كما يكون عليه تسجيل العناصر الرئيسة لموضوع الدرس في خطة التدريس بدفتر تحضير الدروس اليومية وترتيبها ترتيبا منطقيا متتابعا ، كما يكون عليه أيضا دعم هذا المحتوى العلمي بمزيد من القراءات الموسعة ذات الصلة .

ج – كيف ندرس ؟ :

وهو سؤال مهم جدا يجب على المعلم أن يسأله لنفسه عند قيامه بالتخطيط للتدريس ، حيث يشير هذا السؤال إلى : تحديد طرق وأساليب التدريس المناسبة ، ورسم استراتيجيات تنفيذها داخل حجرة الدرس ، وتحديد الوسائل التعليمية المساعدة ، والأنشطة التعليمية المصاحبة للتدريس ، تلك الجوانب التي يتم تحديدها والمفاضلة بينها على ضوء أهداف التدريس ومحتوى المنهج موضع التدريس ، وبما يتلاءم وطبيعة معطيات الموقف التدريسي . وخلال هذه الخطوة يكون على المعلم تسجيل إجراءات سيره لتدريس الدرس على الصورة المتوقع منه اتباعها عند تنفيذ التدريس .

د – أين ندرس ؟ :

على المعلم عند تخطيطه للتدريس أن يحدد الأماكن المناسبة لتنفيذ دروسه ، أو لعرض مواد وخبرات التعلم ، فإذا كان الدرس المزمع تنفيذه عاديا حدد لذلك حجرة الدراسة المعتادة ، وإذا كان درسا عمليا حدد المعمل أو ورشة العمل المناسبة ، وإذا كان درسا ميدانيا حدد رحلة أو زيارة ميدانية للأماكن الطبيعية ذات الصلة بموضوع الدرس . وعلى المعلم تسجيل ذلك في دفتر تخطيط الدروس اليومية .

هـ - متى ندرس ؟ :

عند التخطيط للتدريس أيضا يجب على المعلم تحديد التوقيت المناسب والوقت اللازم لتنفيذ التدريس ، فلكل خطة تدريسية خطة زمنية مناسبة . وعلى المعلم عند تخطيط التدريس توزيع عدد الحصص

المخصصة على الموضوعات المقررة ، حتى يمكنه إعداد خطة التدريس بشكل يتلاءم والخطة الزمنية المتاحة .

٢- مهارات التخطيط للتدريس :

انطلاقا من أسس تخطيط التدريس التي سبق عرضها ، وامتدادا لخطوات وإجراءات التخطيط للتدريس المشار إليها ، هناك مجموعة من المهارات التي يجب على المعلم التمكن منها لكي يستطيع التخطيط لتدريسه على نحو جيد ، هذه المهارات هي :

أ – مهارات التخطيط لتدريس مقرر دراسي :

وتشمل مهارات :

◄ تحديد أهداف تدريس المقرر .

◄ تحديد الخطة الزمنية لتدريس المقرر .

◄ تحديد جوانب التعلم التي يركز عليها محتوى المقرر .

◄ تحديد طرق وأساليب التدريس المناسبة لموضوعات المقرر.

◄ تحديد الوسائل التعليمية المساعدة في تدريس المقرر .

◄ تحديد الأنشطة المصاحبة لتدريس موضوعات المقرر .

◄ تحديد وسائل وأساليب تقويم تدريس المقرر .

◄ تحديد المراجع والكتب الإضافية التي تدعم تدريس محتوى المقرر .

ب – مهارات التخطيط لتدريس وحدة دراسية :

وتشمل مهارات :

◄ تحديد أهداف تدريس الوحدة .

◄ تحديد الخطة الزمنية لتدريس الوحدة .

◄ تحديد خبرات التعلم في الوحدة ، وتنظيمها.

◄ تحديد المدخل المناسب لتدريس موضوعات الوحدة .

◄ تحديد طرق وأساليب التدريس المناسبة لموضوعات الوحدة .

◄ تحديد الوسائل التعليمية المساعدة في تدريس موضوعات الوحدة .

◄ تحديد الأنشطة المصاحبة لتدريس موضوعات الوحدة .

◄ تحديد وسائل وأساليب تقويم تدريس الوحدة .

◄ تحديد المراجع والكتب الإضافية التي تدعم تدريس محتوى الوحدة .

والملاحظ أن مهارات التخطيط لتدريس وحدة دراسية تكاد تكون هي نفس مهارات التخطيط لتدريس مقرر دراسي ، الأمر الذي يؤكد أن مهارات التخطيط للتدريس واحدة وإن اختلفت مستوياته.

ويرى البعض أن تلك المهارات الخاصة بـالتخطيط لتـدريس الوحدات الدراسية هـي نفسها خطوات لتخطيط الوحدات التعليمية عموما ، سواء كانت وحدات المادة Subject-matter Units التي ترتكـز عـلى محـور أو موضوع معين مـن موضوعات المـادة الدراسية ، أم وحدات الخـبرة Experience Units التي ترتكز على حاجات المعلم الأساسية .

ج - مهارات التخطيط لتدريس درس يومي :

وتشمل مهارات :

◄ تحديد موضوع (عنوان) الدرس .

◄ تحديد أهداف الدرس تحديدا إجرائيا (سلوكيا) .

◄ تحديد الوسائل التعليمية المساعدة لتدريس الدرس .

◄ تحديد المدخل المناسب للتمهيد (للتقديم) للدرس .

◄ تحديد خبرات التعلم في الدرس (عناصر الدرس) ، وتنظيمها   وترتيبها منطقيا .

◄ رسم استراتيجية السير في تدريس الدرس .

◄ تحديد الأنشطة المصاحبة لتدريس الدرس .

◄ تحديد وسائل وأساليب تقويم تدريس الدرس (تشخيصيا ، وبنائيا   ونهائيا) .

◄ تحديد التكليفات (الواجبات) المنزلية .

◄ تحديد المراجع والكتب الإضافية التي تدعم تدريس محتوى الدرس .

● إعداد خطة الدروس اليومية :

يقوم المعلم بالتخطيط للدروس اليومية ، حيث يسجل خطة كل درس في الدفتر الخاص بتحضير الدروس ، وهناك العديد من النماذج والتصميمات لدفاتر تحضير الدروس ، لكنها تتفق جميعها عـلى البيانات الخاصة بنوعين رئيسين مـن مكونات خطة التـدريس هـما : (وزارة المعارف السعودية ١٤١٨هـ ، ص ص ١١٢- ١١٦)

١- المكونات الروتينية لخطة التدريس :

هناك بعض البيانات الروتينية التي يجب على المعلم استكمالها في نموذج تخطيط الدروس بدفتر تحضير الدروس اليومية ، حيث تعد هذه البيانات ضرورية لاستكمال الشكل العام لخطـة التـدريس ، و هي :

أ - عنوان (موضوع) الدرس :

حيـث يجـب كتابـة موضـوع أو عنوان الـدرس في خطـة التـدريس ، مـع مراعاة صياغة هذا العنوان بـشكل واضح يـنم عـن موضوع الـدرس ومجالـــــه

وقد يكون عنوان الدرس عبارة عن كلمة واحدة مثل : الطرح ، الـضرب القـسمة ، الحـال ، الفاعـل ، الهضم ، التنفس .. الخ . وقد يكون جملة قصيرة أو طويلة مثل : كان وأخواتها ، نظرية فيثـاغورث ، التمثيل الضوئي في النبات ... الـخ . وقد يكون العنوان في صـيغة سـؤال مثـل : مـا أسـباب التلـوث الضوضائي ؟ ، ما نتائج استنزاف موارد البيئة ، ما التفاعل الكيميائي ؟ .. الخ.

ب - تاريخ بداية خطة التدريس ونهايتها :

حيث يجب على المعلم أن يسجل في دفتر تحضير الـدروس : اليـوم والتـاريخ المزمـع بـدء تنفيذ خطة الدرس فيه ، وكذلك اليوم والتاريخ المتوقع انتهاء تنفيذ الخطة فيه ، إضافة إلى المواعيد المتوقع تنفيذ الخطة التدريسية فيها من اليوم الدراسي.

ج - الزمن المستغرق لتنفيذ الخطة :

وهو مكون مهم لكل خطة تدريس ، حيث يجب على المعلم تسجيل الزمن الكلي المتوقع لتنفيذ خطة التدريس ، وذلك بعدد من الدقائق ، أو الحصص الدراسية ، على أن يخصص لكل جزء من خطة التدريس الزمن المناسب لها بشكل متوازن .

د - بيانات الدارسين :

وتشمل بيانات الصف الدراسي المزمع تنفيذ خطة التـدريس لطلابه وكـذلك الفـصل الـدراسي ورقمه ، والشعبة أو التخصص إن وجد . كأن نكتب على سبيل المثال : الصف الأول متوسط أو ثانوي ، فصل أولى/ أول .

٢- المكونات الفنية لخطة التدريس :

إلى جانب المكونات الروتينية لخطة التدريس ، هنـاك مكونـات ، أو عناصـر أخـرى مهمـة جـدا يجب تسجيلها في خطط التدريس بدفتر تحضير الدروس اليومية ، هـذه المكونـات تعـرف بالمكونـات الفنية ، وتشمل :

أ - أهداف الدرس :

حيث يجب على المعلم تسجيل أهداف درسه في خطة التدريس بحيث يصوغ هـذه الأهـداف صياغة سلوكية على النحو الذي سبق وأن بيناه في معرض حديثنا عن الأهداف السلوكية كأحد أسـس التخطيط للتدريس .

وقد يتصور البعض أن عملية صياغة الأهداف وتحديـدها عمليـة بـسيطة ميسرة ، لكنها عملية تحتاج لمهارة فائقـة ، ذلـك لأن تحديـد أهـداف الـدرس

على نحو دقيق يرسم للمعلم طريقه جيدا عند استكمال باقي أجزاء خطة التدريس ، وعند تنفيذها .

ب - الوسائل التعليمية المعينة للتدريس :

حيث يجب على المعلم أن يحدد في خطة التدريس المواد والأجهزة والأدوات التعليمية التي يحتاج إليها عند تنفيذ خطة الدرس ، وغير ذلك من الوسائل التعليمية الأخرى التي تضفي المتعة والتشويق على عملية التدريس وتيسر تنفيذها ، وتحقق أهدافها . ويجب أن تكون الوسائل التعليمية المختارة للتدريس منطلقة من أهدف الدرس ، كما يجب أن تكون مناسبة لموضوع الدرس ، ولطبيعة المتعلمين ... إلى غير ذلك من الشروط .

ج - إجراءات (استراتيجية)التدريس :

حيث يجب على المعلم تحديد استراتيجية التدريس المناسبة لمعطيات وعناصر الموقف التدريسي ، بما تشمله من طرق وأساليب ومداخل ونماذج تدريسية ، وبما تتضمنه من إجراءات تفصيلية لكيفية السير في التدريس . وبالطبع لايتم ذلك بمعزل عن أهداف التدريس ، وطبيعة موضوع الدرس وخصائص المتعلمين ، والإمكانات المتاحة للتدريس .

د - تقويم التدريس :

على المعلم أيضا أن يحدد في خطة تدريسه وسائل وأساليب تقويم التدريس ، حيث يركز على وضع مجموعة من الأسئلة والفقرات التي تقيس نواتج ومخرجات التعلم المراد تحقيقها في المتعلمين ، والتي تعبر عنها أهداف الدرس ، على أن يكون ذلك في جميع مراحل الدرس ، قبليا لتشخيص الخبرة السابقة للمتعلم حول موضوع الدرس ، وبنائيا بين كل عنصر وآخر من عناصر الدرس ، ونهائيا للحكم على مدى تحقق أهداف الدرس في المتعلمين . ويجب أن يكون تقويم التدريس مرتبطا بأهداف الدرس ومحتواه ، ملائما لطبيعة المتعلمين وخصائصهم .

هـ الواجبات المنزلية :

حيث يجب على المعلم أن يحدد في خطة التدريس كل ما يرى تكليف طلابه به من : أنشطة ، وتمرينات ، وأسئلة ، وبحوث ، وقراءات ... الى غير ذلك من أعمال تتعلق بما درسوه أو سيدرسونه من موضوعات للقيام به خارج حجرة الدرس ، بل خارج المؤسسة التعليمية . وتتعدد أهداف هذه الواجبات ، فقد تهدف إلى المران والتمكن من خبرات

التعلم ، وقد تهدف إلى حفز المتعلمين على التفكير ، ودفعهم لمزيد من التعلم .

و - زمن التدريس :

تخطيط التدريس عمل مرهون بالزمن ، فإذا كان لكل خطة تدريس زمن كلي يلزم لتنفيذها ، فإن ثمة جانب آخر مهم هو توزيع زمن الدرس بالتوازن على أجزاء خطة التدريس ، حتى لايستنفذ أحد أجزائها الوقت المخصص لأجزاء أخرى ، فيجد المعلم نفسه في نهاية الحصة دون أن يحقق شيئا من خطة تدريسه .

وفيما يلي نموذجين من نماذج تدوين خطط الدروس اليومية :

نموذج تدوين الدروس اليومية وفقا لدليل المعلم بالمملكة العربية السعودية

عنوان الدرس :	تاريخ الدرس	الحصة	الفصل	الزمن الكلي
ملاحظات خاصة :				

أهداف الدرس	إجراءات التدريس	المواد التعليمية	تقويم التعلم	زمن التدريس

الواجبات المنزلية :
ملاحظات حول خطة التدريس :

نموذج تدوين الدروس اليومية وفقا لنظام التعليم المصري

اليوم	التاريخ	الحصة	الفصل	إجراءات التدريس
				أولا : عنوان الوحدة (إن وجد ..) ثانيا : عنوان الدرس (..........) ثالثا : أهداف الدرس (تصاغ صياغة سلوكية ....). رابعا : تحديد الوسائل التعليمية التي يعتمد عليها المعلم في تدريس الدرس. خامسا : التمهيد لموضوع الدرس (سؤال أو طرفة أو حدث جاري ....) . سادسا : تدوين عناصر الدرس بشكل متسلسل منطقيا سابعا : تدوين الرسوم التوضيحية إن وجدت . ثامنا : تدوين أسئلة للتقويم البنائي ضمن عناصر الدرس . تاسعا : تدوين أسئلة شاملة لتقويم تعلم الدرس في نهاية الحصة . عاشرا : تحيد الأنشطة والتمرينات التي يتم تكليف المتعلمين بها كواجبات منزلية . حادي عشر : تدوين بعض المراجع للقراءة الإضافية حول موضوع الدرس .

****

الفصل الرابع :
((مهارات تنفيذ التدريس))

- التهيئة للدرس.

- العرض الجيد لخبرات الدرس.

- التفاعل اللفظي وغير اللفظي.

- إثارة دافعية المتعلم (تنويع المثيرات).

- توجيه الأسئلة واستقبالها .

- أنماط إدارة حجرة الدراس .

- غلق (إتمام) الدرس .

- حسن التصرف في المواقف الصعبة والمحرجة داخل حجرة الدرس .

الفصل الرابع :

((مهارات تنفيذ للتدريس))

يتناول الفصل الحالي الجانب الثاني من مهارات التدريس ، حيث يعرض لمهارات تنفيذ التدريس ، تلك المهارات التي تبدأ داخل حجرة الدراسة ، والتي يعتمد عليها المعلم لتنفيذ خطة التدريس السابق إعدادها في مرحلة التخطيط للتدريس ، فيتناول مهارة التمهيد (التهيئة) للدرس ومهارات التفاعل اللفظي وغير اللفظي أثناء التدريس ، ومهارة تنويع المثيرات داخل حجرة الدراسة ، ومهارة حفز المتعلمين لمزيد من التعلم ومهارة توجيه واستقبال الأسئلة ، ومهارة إدارة حجرة الدراسة ، ومهارة غلق (إتمام) الدرس ، ومهارة مواجهة المواقف الصعبة والمحرجة داخل حجرة الدراسة . وبيان ذلك فيما يلي :

- مفهوم مهارات تنفيذ التدريس :

تعرف مهارات تنفيذ التدريس بأنها : أحد أهم مجالات مهارات التدريس بوجه عام ، حيث تشمل مجموعة المهارات التي ينبغي للمعلم امتلاكها كي يمكنه تنفيذ مراحل وإجراءات خطة التدريس . وتضم مهارات تنفيذ التدريس المهارات التالية :

- مهارة التمهيد للدرس .
- مهارة العرض الجيد لخبرات الدرس .
- مهارات التفاعل : اللفظى ، وغير اللفظى داخل حجرة الدرس.
- مهارة توجيه الأسئلة الصفية واستقبالها .
- مهارة إثارة دافعية االمتعلم (تنويع المثيرات) داخل حجرة الدرس.
- مهارات إدارة حجرة الصف .
- مهارة غلق (إتمام) الدرس .
- مهارة حسن التصرف في المواقف الصعبة والمحرجة داخل حجرة الدرس .

وفيما يلي شرح موجز لكل من هذه المهارات :

- **مهارة التمهيد (التهيئة) للدرس :**

التمهيد للتدريس مهارة من المهارات التي يجب على المعلم التمكن منها ، حيث يجب عليه تهيئة المتعلمين لموضوع الدرس ، بشكل مشوق يجذب انتباههم ، ويحفزهم لاستقبال موضوع هذا الدرس ، والتفاعل معه .

وهناك مسميات عديدة لهذه المهارة منها : افتتاحية الدرس ، أو مقدمة الدرس ، أو التقديم للدرس ، أو التمهيد للدرس ، أو التهيئة للدرس لكن مدلول جميع هذه المسميات واحد ، حيث يشير إلى كل ما يقوله ، أو يفعله المعلم بهدف إعداد المتعلمين وتهيئتهم ذهنيا وانفعاليا ونفسا لاستقبال درس جديد ، أو عنصر جديد من عناصر الدرس الواحد .

وقد يظن البعض أن التمهيد للتدريس يكون فقط في بداية الدرس لكن هذا الظن ليس صحيحا ، فقد يحتاج المعلم لتهيئة المتعلمين في كل عنصر من عناصر الدرس الواحد ، في الموقف التدريسي الواحد ، كما قد يحتاج لتهيئة وتمهيد عند استخدام الوسائل التعليمية المساعدة في تدريس الدرس . وعلى ذلك يمكن أن تكون التهيئة للتدريس : افتتاحية في بداية التدريس فقط ، كما يمكن أن تكون مرحلية في أكثر من موقف أو لأكثر من إجراء في الموقف التدريسي الواحد .

وتهدف عملية التمهيد الجيد للتدريس إلى :

◀ تشويق المتعلم لتعلم خبرات أو موضوعات جديدة .

◀ تهيئة قنوات الاستقبال لدى المتعلم لتلقي رموز الرسالة التدريسية .

◀ حفز المتعلم لمزيد من الإيجابية والدافعية أثناء التعليم والتعلم .

◀ تزويد المتعلم برؤية واضحة عما هو مطلوب التركيز عليه أثناء التدريس.

◀ إتاحة الفرصة للمتعلم كي يربط بين خبرات التدريس السابقة ، وخبراته الجديدة ، أو اللاحقة .

وهناك أربعة أنواع من التمهيد للتدريس هي :

أ - التمهيد الافتتاحي :

ويشمل أقوال ، أو أفعال ، أو أنشطة يقوم بها المعلم في بداية عملية التدريس ليهيئ المتعلمين لاستقبال موضوع الدرس الجديد .

ب _ التمهيد الانتقالي :

ويشمل تهيئة المتعلم للانتقال التدريجي من خبرة لأخرى ، ومن عنصر لآخر ، ومن جزء لآخر في الموقف التدريسي الواحد ، وذلك بشكل منطقي متسلسل .

ج - التمهيد التوجيهي :

وهو نوع من التمهيد للتدريس يستهدف تشويق المتعلم ، وتركيز انتباهه لموضوع الدرس الجديد ، أو لجزء من هذا الدرس ، حيث يكون ذلك من

خلال الدخول إلى موضوع الدرس من : سؤال ، أو نشاط ، أو حدث يكون موضع اهتمام المتعلمين .

د - التمهيد التقويمي :

وهو نوع من التمهيد للتدريس يستهدف تحديد خبرة المتعلم السابقة حول موضوع الدرس الجديد ، أو جزء منه قبل تدريسه ، أو تحديد خبرة ذلك المتعلم اللاحقة في جزء تم تدريسه قبل الانتقال إلى جزء آخر من الدرس . وغالبا ما يتم هذا النوع من التمهيد عن طريق أسئلة يوجهها المعلم للمتعلم .

ومن الواضح أن هناك تداخل وتفاعل بين تلك الأنواع من التمهيد للتدريس ، حيث يمكن للمعلم الاعتماد عليها مجتمعة ، أو على أحدها ، أو بعضها في عملية التدريس ، وفقا لمهارة المعلم في هذا الأمر ، وعلى ضوء ماتفرضه طبيعة الموقف التدريسي ومعطياته .

- أساليب التمهيد للتدريس :

يمكن التمهيد للتدريس عبر أساليب عديدة ، من أهمها :

أ - استخدام الطرائف :

الطرائف *Wonders / Witticisms* هي : مواقف ، وأحداث غير مألوفة وغير معتادة تثير دهشة الفرد ، ومن ثم تجذب انتباهه لأمر محدد ، وتثير تفكيره لمزيد من الخبرات حول هذا الأمر٠ وعلى سبيل المثال يمكن للمعلم أن يمهد لدرسه بأن يعرض إحدى الطرائف المرتبطة بموضوع الدرس على المتعلمين ، كأن يقول مثلا : صدق أو لاتصدق .... الأرانب حملت أبقارا !!!!! ... كتمهيد لدرس عن : تأجير الأرحام ، أو درس عن الهندسة الوراثية وتحسين الإنتاج الحيواني حيث تشير هذه الطرفة إلى إمكانية زرع أجنة الأبقار من السلالات النادرة في أرحام الأرانب مما ييسر نقل أعداد كبيرة منها لجميع أنحاء العالم فيتم نقل هذه الأجنة إلى أرحام الأبقار هناك .

ب - استخدام الألغاز :

الألغاز *Puzzles* مصطلح عام يشير إلي تمارين ، أو مشكلات أو مواقف محيرة تثير التفكير ، وتتطلب حلا ، أو قرارا محددا ، وتتسم بالطرافة والتشويق . والألغاز في مجملها طرائف ، لكن الطرائف ليست بالضرورة ألغازا . ويمكن للمعلم أن يمهد لدرسه باستخدام أحد الألغاز المثيرة ذات الصلة بموضوع الدرس .

ج - عرض اللعب والتجارب المثيرة :

يمكن أن يكون التمهيد للتدريس عن طريق قيام المعلم بعرض لعبة مبسطة ، أو تجربة طريفة أمام المتعلمين ، كاللعب العلمية ، واللغوية المثيرة للتفكير .

د - استخدام القصص والحكايات :

يمكن للمعلم أن يمهد لدرسه من خلال عرض قصة ، أو حكاية موجزة لها صلة بموضوع الـدرس ، بشرط أن تكون مشوقة ، ويتم عرضها أمام المتعلمين بأسلوب درامي مؤثر يجذب انتباههم .

هـ - عرض مواد تعليمية :

قد يكون التمهيد للتدريس عن طريق عرض مادة تعليمية مناسبة كعرض فيلم تعليمي قصير ، أو جزء من فيلم له صلة بموضوع الدرس ، أو عرض اسطوانة كمبيوتر عليها مشاهد ، أو لقطات ، أو خبرات مبرمجة ذات صلة بموضوع الدرس .

و - الاستشهاد بمواقف وأحداث جارية :

يمكن للمعلم أن يمهد لدرسه من خلال عرض موقف أو حدث جاري كأن يستشهد مثلا بانتشار حالات الإصابة بأمراض فيروسية خطيرة في بعض دول العالم : كالأيـدز ، وانفلـونزا الطيـور ، والالتهاب الرئوي المعروف باسم   (سارس) ، كمدخل لتدريس موضوع عن : الفيروسات وقدرتها على التحور أو درس عن الأمراض الفيروسية الخطيرة .

ز - طرح أسئلة مثيرة :

يمكن أن يكون التمهيد للتدريس من خلال طرح سؤال ، أو مجموعة أسئلة مثيرة ، ومشوقة ، لها علاقة بموضوع الدرس .وعلى المعلم أن يختار من بين هـذه الأسـاليب والوسائل للتمهيـد للتـدريس ، أحدها ، أو بعضها وفقا لطبيعة الموقف التدريسي ، ومعطياته .

● مهارة العرض الجيد لخبرات الدرس :

عندما يمهد المعلم جيدا لموضوع درسه ، فإنه يكون بذلك قد هيأ المتعلمين جيدا لاستقبال هـذا الدرس ، الأمر الذي يستلزم ضرورة بقاء هؤلاء المتعلمين على نفس درجـة التشـويق والتهيئـة لـضمان متابعتهم لباقي أجزاء الدرس ، ولن يتحقق ذلك بالطبع مالم تكن لدى المعلم مهارة عرض المعلومات ، ومهارة اختيار أفضل طرق وأساليب التدريس المناسبة لعرض خبرات التدريس عرضا جيدا .

وتشمل مهارة العرض الجيد لخبرات التدريس مجموعة من المهارات الفرعية بيانها فيمايلي : (انظر : محمد زياد حمدان ، ١٩٩٩م ، ص ص ١٤٦ - ١٤٨ ، ماهر إسماعيل صبري ، محب الرافعي ، ٢٠٠١م ، ص ص ٢٣٥-٢٣٦) .

أ- مهارات عرض معلومات الدرس :

وتشمل :

- **مهارة انتقاء المعلومات المهمة :** فعلى المعلم تصفية المعلومات التي يجب تقديمها للمتعلم ، وانتقاء أهم هذه المعلومات لتقديمها إليه ، وعليه أيضا ترتيب أولوياته فيما يتعلق بتلك المعلومات ، فيبدأ بالأهم فالمهم .
- **مهارة التأكد من صحة المعلومات وعدم زيفها :** على المعلم أيضا التأكد من مدى صحة المعلومات التي يقدمها للمتعلم خلال عملية التدريس في نطاق محتوى المنهج ، فكثيرا ماترد مغالطات وأخطاء علمية في محتوى بعض المناهج ، نتيجة أخطاء في الطباعة ، أو في المراجعة النهائية ، وهنا يكون علىالمعلم فحص تلك المعلومات وكشف ما بها من أخطاء ، والعمل على تصويبها قبل تقديمها للمتعلمين .
- **مهارة تدقيق المصطلحات الواردة بمعلومات التدريس :** من مهارات المعلم في عرض المعلومات خلال التدريس التركيز على تدقيق المصطلحات الواردة بمحتوى التدريس نطقا ، وكتابة ، وتعريفا لكي يستطيع المتعلم التمييز بينها ، وعدم الخلط بين مدلولاتها .
- **مهارة الموازنة بين المعلومات الحديثة والقديمة :** عندما يقوم المعلم بعرض المعلومات على المتعلمين ينبغي عليه الموازنة بين الحديث والقديم بين واقع المعلومة وماضيها ، فإذا كان بصدد تناول معلومة حديثة حول تكنولوجيا الحاسبات مثلا ، فيمكن له عرض واقع هذه المعلومة الحالي مع الإشارة إلى بداية المعلومة ، وكيف تطورت حتى صارت على وضعها الحالي . وذلك على قدر المستطاع ، وعلى ضوء ما لدى المعلم من خبرة حول تلك المعلومة .
- **مهارة التمكن من معلومات التدريس :** لن يستطيع المعلم أن يشرح المعلومات الواردة بمحتوى التدريس للمتعلمين مالم يكن متمكنا من تلك المعلومات ، فاهما لها ، مستوعبا لمفرداتها ، مدركا للعلاقة بين أجزائها . ولايمكن للمعلم أن يحقق ذلك إلا عن طريق القراءة والاطلاع بشكل مستمر في مجال تخصصه ، وفي مجالات ثقافية متنوعة.

◄ **مهارة تحديد الخبرة السابقة حول معلومات التدريس** :عندما يقرر المعلم تدريس أحد الموضوعات للمتعلمين في أي مستوى ، أو صف دراسي يجب عليه بداية تحديد الخبرة السابقة لهؤلاء المتعلمين حول هذا الموضوع ، حيث يفيد هذا الإجراء في : تحديد مدى حاجة هؤلاء المتعلمين لدراسة هذا الموضوع . وتحديد نقطة البداية لدى المتعلم والتي يحدد المعلم على ضوئها مستوى المعلومات اللازمة له . وتحديد أنماط الفهم البديل (التصورات والمفاهيم الخاطئة) لدى المتعلمين حول الموضوع المزمع تدريسه ، ومن ثم العمل على تصويب تلك الأنماط خلال التدريس .

◄ **مهارة تنظيم معلومات التدريس وترتيبها منطقيا** :على المعلم أن ينظم عناصر الدرس ، ويرتبها في تسلسل منطقي يبدأ بالسهل ، ويتدرج إلى الصعب ، وفي تتابع يبدأ بالبسيط ثم يتصاعد شيئا فشيئا إلى المعقد والمركب ، كما يكون على المعلم أيضا تدريج خبرات التدريس لتبدأ من المحسوسات ، وتنتهي إلى المجردات .

◄ **مهارة الربط بين معلومات التدريس** : قد ينظم المعلم معلومات درسه ويرتبها ، لكنه لايربط بينها ، ومن ثم يفتقد تدريسه للترابط بين الخبرات وللرؤية الكلية للموضوع الذي يقوم بتدريسه ، الأمر الذي يستلزم منه مهارة فائقة في ربط أفكار ومعلومات التدريس السابقة واللاحقة في الموقف التدريسي الواحد من جهة ، وبين المواقف التدريسية المتعددة من جهة أخرى .

◄ **مهارة التركيز على المفاهيم والمبادئ الأساسية** : عندما يعرض المعلم معلومات التدريس على المتعلمين يجب عليه إجمال المعلومات والحقائق الجزئية الدقيقة للموضوع ، للخروج منه بمفاهيم أو مبادئ أساسية تفيد المتعلم في فهم وتفسير معلومات ، أو خبرات أخرى في موضوعات سابقة أو لاحقة .

◄ **مهارة ربط معلومات التدريس بالواقع** :على المعلم ضرورة ربط معلومات وخبرات التدريس بواقع المتعلم ومشكلات حياته اليومية ، حيث يفيد هذا الإجراء في :إضفاء الواقعية على التدريس . وإضفاء المعنى على مايتعلمه المتعلم . وتحقيق قدر من المتعة للمتعلم خلال تعلمه من التدريس . وفهم المتعلم لواقعه بشكل أكثر عمقا . وفهم المتعلم لمشكلات حياته اليومية . وتدريب المتعلم على تطبيق ماتعلمه في حل مشكلات واقعه .

ب- مهارة اختيار طرق وأساليب التدريس المناسبة :

وتشمل :

◄ مراعاة الخطوات العامة للتدريس الصفى .

◄ مناسبة طرق وأساليب التدريس للخطوات العامة للتدريس الصفى.

◄ تنويع طرق وأساليب التدريس .

◄ مناسبة طرق وأساليب التدريس لطبيعة الموضوع .

◄ مناسبة طرق وأساليب التدريس للوسائل والمصادر الإدراكية للمتعلمين.

◄ كفاية المعلم التطبيقية لطرق وأساليب التدريس .

◄ تركيز المعلم على الطرق والأساليب غير المباشرة فى التدريس .

◄ توقيت استعمال طرق وأساليب التدريس خلال الحصة.

◄ تشجيع طرق وأساليب التدريس للتفاعل الصفى.

◄ تدريج طرق وأساليب التدريس من المحسوس إلى اللامحسوس .

● مهارة التفاعل اللفظي وغير اللفظي :

سبقت الإشارة إلى عملية التفاعل داخل حجرة الدراسة ، وأشكالها ونوعيها : اللفظي ، وغير اللفظي . ولأهمية هذه المهارة رأينا الحديث عنها بشيء من التفصيل كإحدى مهارات تنفيذ التدريس داخل حجرات الدراسة . وإذا كنا قد اتفقنا على أن عملية التدريس ما هي إلا عملية اتصال تعليمي تتم بين المعلم والمتعلمين داخل حجرات الدرس   أو خارجها حول الرسالة التعليمية ، فإن هذا الاتصال يأخذ أحد نمطين :

أ - الاتصال اللفظي : **Verbal Communication**

وهو نوع من الاتصال التعليمي يقوم فيه المرسل التعليمي بإرسال رسالته إلى المستقبل عن طريق الكلام الملفوظ ، والحديث المباشر ويمكن أن يرد المستقبل على رسالة المرسل أيضا بطريقة لفظية. ولا يشترط أن يرد المستقبل على الرسالة بنفس الطريقة التي استخدمها المرسل. ويمثل الاتصال اللفظي أهم أنواع الاتصال في مجال التعليم لكنة يتوقف علي اللباقة ، والقدرة اللغوية لدى المرسل خصوصا.

ويمثل الأداء اللفظي للمعلم مهارة مهمة جدا لتنفيذ التدريس ، يتوقف عليها نجاح عملية الاتصال في الموقف التعليمي ، حيث يشمل : مستوى أدائه اللغوى ، ومدى صحة لغته ، واستقامة تراكيبه اللغوية المنطوقة والمفردات اللغوية التى يستخدمها داخل حجرة الدراسة. كما يشمل السلوك اللفظى للمعلم ما يعرف بالتفاعل اللفظى داخل حجرة الدراسة والذى يشمل : كلام المعلم ، وكلام المتعلم ، والسلوك اللفظى المشترك.

ومن أهم وأشهر أدوات تحليل التفاعل اللفظي للحكم على هذه المهارة أداة " فلاندرز " ، وهى قائمة تشمل عشر فئات سلوكية ، موزعة على أربعة محاور رئيسة ، يمكن من خلالها تحليل التفاعل اللفظى داخل حجرة الدراسة بين المعلم ، والمتعلم ، ومن ثم تقويم مستوى هذا التفاعل وبيانها فيما يلى : (محمد زياد حمدان ، ١٩٩٩، ص ٣٨).

حديث المعلم غير المباشر ويشمل :

◄ قبول مشاعر التلاميذ : يقبل ، ويستوضح المعلم شعور التلاميذ بلهجة مقبولة غير ناقدة سواء كان شعور التلاميذ سلبيا أو إيجابيا.

◄ مديح ، وتشجيع التلاميذ : يمتدح ، أو يشجع المعلم أى سلوك أو عمل للتلاميذ ، ويحث على استمراره.

◄ قبول ، واستعمال أفكار التلاميذ : يوضح ، ويعيد المعلم بلغته صياغة أو تطوير أفكار التلاميذ ، مضيفا عليها أفكارا خاصة به .

◄ توجيه الأسئلة للتلاميذ : يسأل المعلم أسئلة حول محتوى مادة ، أو إجراء صفى معين بقصد إجابة التلاميذ على ذلك.

حديث المعلم المباشر ويشمل :

◄ إلقاء المعلم ، أو محاضرته : والتي يعطى خلالها حقائق ومعلومات المادة الدراسية ، معبرا عن آرائه ، مستفسرا بأسئلة مفتوحة ، يتولى فى الغالب الإجابة عنها بنفسه .

◄ إعطاء الأوامر ، والتوجيهات : يوجه المعلم أوامره وتوجيهاته للتلاميذ بحيث يتوقع إطاعتهم لها ، أو استجابتهم لمتطلباتها.

◄ نقد المعلم لتلاميذه وتبريره لسلطته : ويحوى عبارات ناقدة تهدف إلى تغيير سلوك التلاميذ السلبى ، أو غير المستحب ، أو تفسير المعلم وتبريره لتصرف ، أو سلوك قام به مع التلاميذ.

حديث المتعلمين البناء ويشمل :

◄ إجابات التلاميذ : وتضم أية إجابة من التلاميذ لسؤال ، أو استفسار من المعلم.

◄ مبادرات التلاميذ : وتحوى أية مبادرة مثل : إجابة لسؤال ، أو سؤال يبادر به التلاميذ دون طلب المعلم ، أو إشارة منه.

حديث المتعلمين غير البناء (غالبا) :

◄ فوضى التلاميذ ، أو هدوؤهم : تمثل هذه الحالات السكوت العام ، أو الهدوء ، أو فوضى الفصل بصفة عامة التى لا يسمع ، أو يفهم بالضبط ما

يقوله المتكلم خلالها ، ويشير ذلك إلى الأحاديث الجانبية للمتعلمين وهمهماتهم اللفظية غير المفهومة .

ب - الاتصال غير اللفظي : Non-Verbal Communication

وهو النوع الآخر من الاتصال الذي يرسل فيه المرسل رسالته معتمدا علـي رموز وحركات غير لفظية ، أي بطرق لا يستخدم فيها الكلمات المنطوقة ، مثل الكلمات المكتوبة ، والرسوم ، واللوحات ، والصور والرموز البصرية عموما ، والإشارات ، وحركات الجسم ، وتعبيرات الوجه والإيماءات ، ونظرات العينين .. إلي غير ذلك . والاتصال غير اللفظي هو أقدم أنواع الاتصال بين البشر، حيث استخدم الإنسان وسائل هذا النوع من إشارات وإيماءات وحركات وغيرها في التفاهم مع بنى جنسه ، قبل أن يعرف اللغة اللفظية . ويؤدى الاتصال غير اللفظي دورا مهما في العملية التعليمية ، حيث يؤدى إلي تنويع مثيرات المواقف التعليمية كما سبق وأن أوضحنا ، مما يزيد فعالية تلك المواقف ، ويزيد من تفاعل المتعلم ومشاركته بصورة أكثر إيجابية في العملية التعليمية.

وإذا كان التفاعل اللفظى داخل حجرات الدراسة يمثل أحد جوانب مهارات تنفيذ التدريس التي حظيت باهتمام كبير فى الأدب التربوى فإن الجانب الذى لا يقل عنه أهمية هو التفاعل غير اللفظى داخل حجرة الدرس والذى يشمل ما يصدر عن المعلم من : حركات ، وإشارات وإيماءات وتعبيرات وجهه ، ولحظات صمته ، وابتسامته ، أو عبوسه .. وغير ذلك من أشكال التفاعل غير اللفظى التى تؤثر إلى حد كبير ، وتكمل أنماط التفاعل اللفظى فى إدارة حجرة الدرس على النحو المرغوب.

وكما أن هناك أدوات لتحليل التفاعل اللفظى ، فإن هناك أيضا أدوات لتحليل التفاعل غير اللفظى للحكم على تلك المهارة ، من أهمها أداة " جالاوى " التي توصل إليها عام ١٩٦٢م نتيجة أبحاثه خلال دراساته العليا آنذاك . وقد استخدم جالاوى أداة فلاندرز اللفظية السابقة ليبنى على أساسها فئات أداته الجديدة غير اللفظية. وفى الواقع فإن الأداة الحالية هى وسيلة ملاحظة مزدوجة ، تقوم على استخدام أنواع التفاعل اللفظى لفلاندرز ، وأنواع التفاعل غير اللفظى لجالاوى فى آن واحد. ويتلخص الأمر بالنسبة للمعلم ، أو الملاحظ عند استعمالهما لهذه الأداة (المزدوجة) فى وضع شرطة مائلة (/) بجانب السلوك اللفظى الذى تتصل به الحركة ، أو التعبير غير اللفظى الإيجابى ، وشرطة أفقية (-) بجانب السلوك اللفظى الذى تتصل به الحركة أو التعبير غير اللفظى السلبى. والجدول التالي يوضح ذلك : (محمد زياد حمدان ، ١٩٩٩م ، ص ص ١٢٦-١٢٨) .

أداة جالاوى لتحليل التفاعل الصفى غير اللفظى.

فئات فلاندرز اللفظية	فئات جالاوى غير اللفظية
١- قبول مشاعر التلاميذ .	١- * ______
٢- مديح ، وتشجيع التلاميذ .	٢- توافق – عدم توافق .
٣- قبول ، واستعمال أفكار التلاميذ .	٣- تنفيذ – اعتراف .
٤- توجيه الأسئلة للتلاميذ .	٤- اهتمام – جفاء .
٥- الإلقاء ، أو المحاضرة .	٥- استجابة – إهمال .
٦- إعطاء الأوامر ، والتوجيهات .	٦- اندماج – نبذ .
٧- نقد المعلم للتلاميذ ، وتبريراته لسلطته	٧- حزم – قسوة .
٨- إجابات التلاميذ .	٨- انتباه – تجاهل .
٩- مبادرات التلاميذ .	٩- انتباه – تجاهل .
١٠- فوضى التلاميذ ، أو هدوؤهم .	١٠- ارتياح – تضايق .

وعلى المعلم في إطار تحقيق أقصى درجات التفاعل خلال الموقف التدريسي أن يوازن بمهارة بين : أنماط التفاعل اللفظي ، وأنماط التفاعل غير اللفظي مع المتعلمين داخل حجرة الدرس .

- **مهارة إثارة دافعية المتعلم (تنويع المثيرات) :**

من الثابت علميا أن سير أي عمل على وتيرة واحدة دون تغيير يؤدي إلى نوع من الملل للمشاركين في هذا العمل ، كذلك الحال في عملية التدريس ، فالمعلم الذي ينفذ عملية التدريس بنمط واحد دون تنويع ، أو تغيير يصاب هو بالملل قبل أن يصيب المتعلمين بالنصيب الأكبر من هذا الملل ، ومن ثم يبقى لزاما على هذا المعلم أن ينوع في أحداث ومجريات كل موقف تدريسي ، بما يضمن جذب انتباه المتعلم دائما إليه ، وحفز هذا المتعلم للمشاركة الإيجابية في مجريات الموقف التدريسي ، ولن يتحقق ذلك للمعلم مالم يكن متمكنا من مهارة تنويع المثيرات داخل حجرة الدرس أثناء التدريس.

وتعرف مهارة تنويع المثيرات بأنها : قدرة المعلم على حشد الموقف التدريسي داخل حجرة الدرس بأفعال ، وأقوال ، وتصرفات ، وتحركات تستهدف استحوازه على اهتمام المتعلمين ، وتركيز انتباههم لموضوع الدرس ، وتجعل من الصعب على هؤلاء المتعلمين الانصراف عما يقوله المعلم .

ولا يمكن لمعلم أن يتقن مهارة تنويع المثيرات أثناء التدريس ما لم يتمكن من جميع الطرق والأساليب اللازمة لذلك ، وفي مقدمتها ما يلي :

أ - تنويع بيئة التدريس :

المقصود هنا ببيئة التدريس المكان الذي تتم فيه عملية التدريس والتنويع الذي نقصده في تلك البيئة هو التغيير من حيث : التناغم بين التدريس داخل الحجرات المغلقة ، والتدريس في الأماكن المفتوحة والتنقل في التدريس بين الحجرات المغلقة المختلفة (حجرة الصف المعمل ورش الأنشطة المختلفة ، .... الخ) ، كما نقصد بتنويع بيئة التدريس أيضا تغيير ملامح حجرة الدرس الواحدة (المعتادة) من خلال : تعديل وضع الأثاث ، وضع ستائر على النوافذ ، تغيير ألوان الدهانات لجدران الحجرة وإن كان ذلك غير ممكن ، وليس من مهام المعلم فأضعف الإيمان أن ينوع تلك البيئة بتعليق لوحات تعليمية ، أو خرائط على جدران الفصل .

ب- تنويع مظهر المعلم :

إذا كان اهتمام المعلم بأناقة مظهره ، وتناسق ملبسه ، سمة من أهم سماته الشخصية المرغوبة ، فإن الأهم من ذلك هو عدم الثبات على ملبس واحد يرتديه كل يوم أمام المتعلمين مهما كان هذا الملبس أنيقا ، حيث يجب عليه التغيير والتنويع في ملبسه - على قدر إمكاناته - بما لايخل بالأناقة والوقار .

ج - تنويع تحركات المعلم :

على المعلم ألا يتقيد بالوقوف في مكان واحد داخل حجرة الدرس طوال الموقف التدريسي ، لكن عليه أن يتحرك بشكل رزين واثق بين صفوف المتعلمين على قدر ماتتيحه له مساحة حجرة الدراسة ، أو المكان المخصص للتدريس ، فهذا أسلوب من أساليب تنويع المثيرات أثناء التدريس ، يساعد على جذب انتباه المتعلم ، والتحول ببصره لمتابعة المعلم في الموقع الذي يتواجد به . لكن يجب على المعلم ألا تكون حركاته عشوائية غير مدروسة أو حركات عصبية سريعة بين الذهاب والإياب لأن ذلك يؤدي بالطبع إلى تشتيت انتباه المتعلمين ، مما ينعكس سلبا على مشاركتهم الإيجابية في مجريات الموقف التدريسي . كما يجب على المعلم أن يتجنب الوقوف كثيرا أو لمدة طويلة إلى جوار أحد المتعلمين بالتحديد ، بمعني أن المعلم في تحركاته يجب أن يشعر كل متعلم من المتعلمين أنه إلى جواره .

د- تنويع أساليب تركيز الانتباه :

من أهم أساليب تنويع المثيرات أثناء التدريس قيام المعلم بتوجيه انتباه المتعلم لما يقول ، أو يفعل من إجراءات التدريس ، حيث يمكن أن يتم ذلك بطريقتين :

(١) التعبيرات اللفظية :

وفي هذه الطريقة يستخدم المعلم تعبيرات لفظية لتوجيه انتباه المتعلمين كأن يقول مثلا :

◄ انتبه لما نقول .

◄ أنصت لما يقرأ عليك .

◄ انظر هذه الصورة .

◄ لاحظ الفرق بين كذا وكذا .

◄ حاول التركيز جيدا معي في الجزء التالي .

إلى غير ذلك من التعبيرات المتعلقة بتركيز انتباه المتعلم .

(٢) التعبيرات غير اللفظية :

وفي هذه الطريقة يستخدم المعلم تعبيرات غير لفظية وإيماءات مثل :

◄ تعبيرات الوجه .

◄ تعبيرات النظر بالعينين .

◄ تعبيرات حركات الأصابع واليدين .

◄ تعبيرات حركات الرأس للقبول أو الرفض .

وقد يظن البعض أن التعبيرات غير اللفظية ليست بنفس القدر من الأهمية للتعبيرات اللفظية في تركيز انتباه المتعلمين خلال التدريس لكنها على نفس درجة الأهمية إن لم تزد ، حيث يجب على المعلم أن يوازن بين استخدامه لهذه ، واستخدامه لتلك .

هـ - تنويع نمط الحديث :

من أساليب تنويع المثيرات أثناء التدريس أيضا قيام المعلم بتنويع وتغيير نمط الحديث أثناء التدريس ، فلاتكون طبقات صوته واحدة طوال زمن الدرس ، لكن يجب أن ينوع بين ارتفاع طبقات صوته ، وانخفاضها بين الحديث بحدة وشدة وانفعال ، والحديث بهدوء ، وذلك وفقا لما تقتضيه طبيعة الموقف التدريسي ، وعلى المعلم أن يدرك التوقيت المناسب لكل نمط من هذه الأنماط ، فلكل مقام مقال كما يقولون فلاينفعل ويعلو بطبقات صوته إلى حد الصياح ، أو الصراخ في موقف لايستدعي ذلك ، ولايخضع ويخنع وتنخفض طبقات صوته في موقف يحتاج إلى عكس ذلك . وعلى المعلم أن يدرك أهمية تنويع نمط حديثه في جذب انتباه المتعلم ، فلو كان المتعلم قد فقد التركيز والانتباه في

متابعة المعلم وهو يتحدث بصوت هادئ ثم رفع المعلم صوته في موقف يحتاج إلى ذلك ، فإن المتعلم يعود إلى تركيزه وانتباهه ، ويتحقق ذلك أيضا عندما يغير المعلم من الحديث بصوت عال إلى الحديث بصوت هادئ .

و - توظيف لحظات الصمت :

يرتبط بتغيير نمط الحديث لدى المعلم أثناء التدريس أسلوب آخر من أساليب تنويع المثيرات هو : لحظات الصمت التي تتخلل كلام المعلم حيث يجب عليه توظيف لحظات صمته توظيفا جيدا لخدمة التفاعل بين المعلم والمتعلم خلال التدريس ، فالمعلم حينما يصمت عن الكلام للحظات بشكل مفاجئ فإنه يعالج بعض سلبيات الموقف التدريسي مثل : امتناع المتعلمين عن الحديث الجانبي فيما بينهم أثناء شرح المعلم للدرس ، تركيز انتباه المتعلم الذي فقد متابعة شرح المعلم ، وعودته لمتابعة الدرس ، إعادة النظام والانضباط بين المتعلمين خشية أن يكون صمت المعلم دليلا على سخطه عليهم ، وغضبه منهم . كما أن لحظات الصمت التي يقوم بها المعلم تتيح له بعض الراحة من الكلام لكي يستطيع متابعة الشرح ، وتتيح في الوقت نفسة الفرصة للمتعلمين كي يلتقطوا أنفاسهم ثم يعودوا ثانية لمتابعة المعلم ، فضلا عن أن صمته هذا قد يعد تمهيدا أو تهيئة لنقطة جديدة من نقاط الدرس ، هذا إلى جانب أن لحظات الصمت التي تتخلل شرح المعلم تجزئ المعلومات فتجعل من اليسير على المتعلم متابعة تعلمها ، وفهمها .

ز - تنويع مستوى التفاعل :

يتم التفاعل بين المعلم والمتعلمين داخل حجرة التدريس أثناء شرح الدرس وفقا لمستويين هما :

(١) التفاعل الفردي :

ويحدث بين فرد وآخر ، حيث يمكن أن يتم بأحد ثلاثة أشكال هي :

- تفاعل المعلم مع متعلم : وفي هذه الحالة يكون الكلام ، أو الحوار التدريسي بين المعلم ومتعلم واحد ، وفي اتجاه واحد من المعلم إلى المتعلم ، مثلما يحدث عندما يوجه المعلم سؤالا للمتعلم .
- تفاعل المتعلم مع المعلم : وفي هذه الحالة يكون الحوار التدريسي بين أحد المتعلمين والمعلم حيث يكون مسار الحوار من المتعلم إلى المعلم ، مثلما يحدث عندما يوجه المتعلم سؤالا ، أو استفسارا إلى المعلم .

◄ تفاعل المتعلم مع المتعلم : وفي هذه الحالة يكون الحوار التعليمي بين أحد المتعلمين ، وزميل له في حجرة الدرس ، ويكون مسار الحوار هنا إما من المتعلم الأول إلى المتعلم الثاني ، وإما العكس ، مثلما يحدث عندما يأمر المعلم أحد المتعلمين أن يوجه سؤالا لزميله ، أو يجيب عن سؤال طرحه زميل له .

(٢) التفاعل الجمعي :

ويأخذ هذا المستوى من التفاعل التدريسي شكلا واحد هـو التفاعـل بيـن المعلـم ، ومجمـوع المتعلمين ، حيث يكون مسار الحوار من المعلم إلى جميع المتعلمين .

وعلى المعلم الماهر أن يجمع بين مستويات هذا التفاعل وأشـكاله   وأن ينـوع بينهـا في الموقـف التدريسي الواحد ، لأن ذلك يتيح له تنويع مثيرات التدريس ، مما ينعكس إيجابيا على زيادة إيجابية المتعلم ومـشاركته الفعالـة للمعلم في الموقـف التدريسـي . والـشكل (١١) يلخـص جميـع هـذه المستويات:

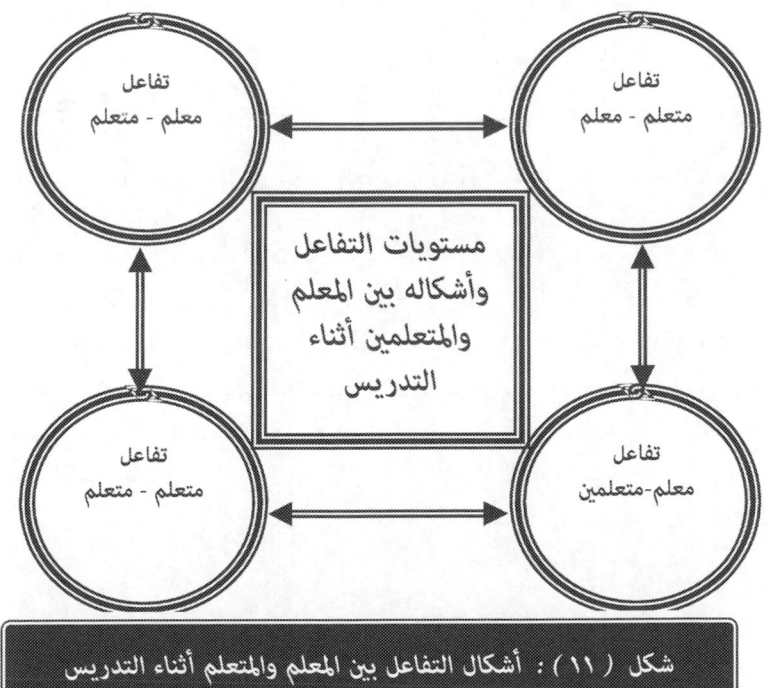

مستويات التفاعل وأشكاله بين المعلم والمتعلمين أثناء التدريس

تفاعل معلم - متعلم

تفاعل متعلم - معلم

تفاعل متعلم - متعلم

تفاعل معلم - متعلمين

شكل (١١) : أشكال التفاعل بين المعلم والمتعلم أثناء التدريس

ح - تنويع الاتصال بحواس المتعلم :

تزداد فعالية الموقف التدريسي كلما استطاع المعلم خلال هذا الموقف مخاطبة أكثر من حاسة من الحواس المجردة لدى المتعلم وحبذا لواستطاع تنويع خبرات ووسائل الموقف التدريسي لتخاطب في المتعلم جميع هذه الحواس من : سمع ، وبصر ، وشم ، ولمس ، وتذوق بالإضافة إلى الحاسة السادسة وهي : الحدس (التوقع) .

والمعلوم أن حواس المتعلم هي نوافذ عقله التي يطل بها على الحياة ومن ثم فهو يتعامل من خلالها مع كل مايصادفه من خبرات ، أي أن تلك الحواس تمثل قنوات التعليم والتعلم لدى هذا المتعلم ، فكلما تعددت هذه القنوات كان مردود المتعلم ومحصوله أكثر من المعارف والخبرات .

وقد أثبتت البحوث والدراسات أن هناك تفاوتا في نسبة تعلم المتعلم عن طريق حواسه المختلفة ، تتراوح هذه النسبة من (٧٥%) للتعليم عن طريق حاسة البصر ، و(١٣%) عن طريق السمع ، و (٦ %) عن طريق اللمس ، و (٣ %) عن طريق كل من : التذوق ، والشم . وهذه النسب تقريبية ليست قاطعة . (ماهر إسماعيل صبري ، ١٩٩٩م ، ص ٢٦) .

ط - تنويع أساليب حفز المتعلم :

الحفز *Motivation* ، أو التعزيز *Reinforcement* هو عملية تستهدف تدعيم سلوك الكائن الحي , أو دفعه لإصدار استجابة محددة لمثير ما وتكرار تلك الاستجابة كلما تعرض للمثير . وحفز المتعلم يعني تدعيم وتعزيز تعلمه ، حيث يوجد نوعين أساسيين لهذا الحفز هما :

(١) الحفز الإيجابي : **Positive Motivation**

وهو ذلك النوع من الحفز الذي يقدمه المعلم فيجعل سلوك المتعلم أو استجابته لمثير تعليمي ، أو موقف تدريسي ما ، أكثر إغراء لهذا المتعلم كحصوله علي مكافأة ، أو حافز مادي ، أو معنوي عندما يصدر استجابة مرغوبة في الموقف التدريسي.

(٢) الحفز السلبي : Negative Motivation

وهو النوع الآخر من الحفز ، والذي يخضع خلاله المتعلم لقسر وإكراه من المعلم ، كالعقاب البدني ، والعقاب المالي , والعقاب الاجتماعي المعنوي , حيث يضطر المتعلم إلى السلوك بطريقه معينه تفاديا لعقاب المعلم ٠ ويقال أيضا إن الحفز السلبي هو منع الثواب عن المتعلم عندما يسلك بطريقه مرغوبة ٠

ويتم حفز المتعلمين بحوافز مادية ، أو معنوية ، حيث يجب على المعلم أن ينوع بين استخدامه للحوافز المعنوية ، والمادية ، والإيجابية وأحيانا السلبية (العقاب) ، وإن كانت البحوث تؤكد محدودية تأثيرها في دفع المتعلم لمزيد من التعلم ، مقارنة بـالحوافز الإيجابية ، لكـن يبقى مبدأ الثواب والعقاب من أهم المبادئ التربوية عموما ، والتدريسية على وجه الخصوص .

وتضم مهارة تنويع أساليب حفز المتعلم العديد من الجوانب والمهام مثل : (محمد زياد حمدان ، ١٩٩٩م ، ص ص ١٥٤-١٥٥) .

◄ التركيز على استعمال الوسائل الإيجابية للتعزيز.

◄ موافقة التعزيز كما ونوعا لحاجات المتعلمين .

◄ التنويع في وسائل التعزيز المستعملة .

◄ مراعاة العلمية ، والموضوعية في التعزيز .

◄ تعزيز التعلم حال حدوثه (التعزيز الفوري للمتعلم) .

◄ استعمال الأقران في التعزيز .

● **مهارة استخدام الأسئلة الصفية :**

استخدام الأسئلة الصفية خلال عملية التدريس من أهم مهارات تنفيذ التدريس التي يجب على المعلم إتقانها ، حيث تشمل هذه المهارة أربع مهارات فرعية هي :

أ - مهارة تحديد أسئلة التدريس :

حيث يجب أن تكون الأسئلة التي يحددها المعلم لعملية التدريس في إطار درس محدد :

◄ مرتبطة بأهداف الدرس .

◄ مرتبطة بموضوع الدرس .

◄ شاملة لكل عناصر الدرس .

◄ شاملة لجوانب التعلم المختلفة في المتعلم .

◄ متوازنة في قياس معظم العمليات العقلية الدنيا والعليا لدى المتعلم .

◄ مناسبة لمستوى المتعلم العقلي .

◄ متنوعة بما يناسب المستويات العقلية المتباينة للمتعلمين .

◄ محفزة لتفكير المتعلمين ، مثيرة لانتباههم .

◄ تفتح المجال للمتعلم للمزيد من البحث والتنقيب عن خبرات التعلم .

ب - مهارة صياغة أسئلة التدريس :

حيث يجب على المعلم أن يصوغ أسئلة التدريس التي حددها صياغة:

◄ إجرائية تحدد بدقة المطلوب إنجازه من المتعلم .

◄ واضحة لا لبس ، أو تورية فيها .

◄ صحيحة من الناحية اللغوية والعلمية .

◄ موجزة قدر الإمكان .

◄ تراعي التنوع بين النمطين : المقالي ، والموضوعي .

◄ تراعي التنوع بين أدوات الاستفهام المختلفة (ماذا ؟ ، لماذا ؟ كيف متى ؟ ، أين ؟ ، .... الخ) .

◄ تراعي التوازن بين الأسئلة المفتوحة ، والأسئلة المغلقة .

◄ توازي بين الأسئلة البسيطة ، والأسئلة المركبة .

◄ تراعي التدرج المنطقي ، والتوازن بين السهولة والصعوبة .

ج - مهارة توجيه أسئلة التدريس :

قيام المعلم بطرح أسئلة التدريس على المتعلمين داخل حجرات الدراسة عملية تحتاج إلى مهارة ، حيث يجب عليه مراعاة :

◄ تنويع طرق توجيه الأسئلة (شفويا ، وتحريريا ، وعمليا) .

◄ تنويع مستويات الأسئلة المطروحة .

◄ طرح الأسئلة في الوقت المناسب .

◄ طرح الأسئلة في الموقع المناسب من الدرس .

◄ التوازن في طرح الأسئلة قبل ، وأثناء ، وبعد الدرس .

◄ عدم تجاوز الوقت المسموح به لطرح الأسئلة على حساب الزمن المحدد للدرس .

◄ توزيع الأسئلة المطروحة على أكبر عدد من الدارسين .

◄ عدم التركيز في طرح الأسئلة على بعض الدارسين بغرض الاهتمام   أو العقاب .

◄ عدم تجاهل أحد الدارسين ، أو بعضهم من حيث توجيه أسئلة إليه.

◄ تشجيع جميع الدارسين على المشاركة في الإجابة عن الأسئلة المطروحة .

◄ تشجيع الحوار الهادف بين الدارسين خلال الإجابة عن الأسئلة المطروحة.

◄ التمهيد المحفز للسؤال قبل طرحه على المتعلمين كأن يقول مثلا : مين العبقري اللي يقدر يجاوب على السؤال اللي جاي ده ؟ ، أو يقول : السؤال اللي جاي ده سؤال مهم ممكن يكون سؤال امتحانات.

- الابتعاد قدر الإمكان عن الأسئلة المحبطة للمتعلمين ، أو التي تشعرهم بالعجز .
- التنويع بين طرح السؤال أولا ثم اختيار المجيب ، واختيار أحد المتعلمين أولا ليطرح عليه السؤال .
- طرح السؤال - الشفوي خصوصا- بأكثر من صيغة لكي يتفاعل معه جميع الدارسين على اختلاف مستوياتهم العقلية .
- إتاحة الوقت الكافي للمتعلمين لاستيعاب السؤال ، والتفكير في الإجابة
- تلقي أكثر من إجابة للسؤال حتي يتيح مشاركة أكبر عدد من المتعلمين ولكي يثبت المعلومة المرتبطة بإجابة السؤال لديهم .
- إعطاء المتعلم الذي يجيب عن السؤال بعض الكلمات المفتاحية التي تساعدة على الإجابة ، أو تعديل صياغته لبعض كلمات الإجابة .
- عدم توبيخ أو إهانة المتعلم إذا لم يستطع الإجابة ، وعدم التهكم عليه عندما يجيب بإجابات خاطئة .
- استخدام عبارات المدح والثناء ، ووسائل التعزيز الأخرى لتدعيم إجابات المتعلمين الصحيحة ، ومن ثم حفزهم للمشاركة في الإجابة .

د - مهارة استقبال أسئلة التدريس :

إضافة إلى المهارات السابقة هناك مهارة أخرى على قدر كبير من الأهمية ينبغي على المعلم التمكن منها في إطار مهارات استخدام أسئلة التدريس ، هذه المهارة هي مهارة استقبال أسئلة المتعلمين المرتبطة بالتدريس حيث يجب على المعلم أن :

- يشجع المتعلمين على طرح تساؤلاتهم عن موضوع الدرس .
- يتيح الفرصة لأي متعلم أن يطرح سؤاله .
- يتجنب لوم ، أو توبيخ أي متعلم يتعثر في صياغة سؤاله ، أو يطرحه بأسلوب ركيك ، أو بعبارات غير واضحة .
- يساعد المتعلم في صياغة سؤاله بشكل صحيح كأن يقول مثلا : أنت تقصد كذا وكذا .. ويقدم هو السؤال بصيغته الصحيحة .
- يستخدم عبارات المديح والثناء لإثابة المتعلم الذي يطرح سؤالا جيدا
- يستقبل أسئلة المتعلم بهدوء واهتمام .
- يطرح السؤال على المتعلمين ليشاركهم التفكير ، وليشاركوه الإجابة خصوصا عندما يكون سؤال المتعلم صعبا ، أو مفاجئا للمعلم .
- يقدم الإجابة المناسبة عن سؤال المتعلم ، فإن كانت الإجابة تحتاج لتفصيلات كثيرة ، قدم موجزا لها ، ثم يقول للمتعلم هناك تفصيلات أخرى كثيرة يمكننا شرحها في حصة احتياطي ، أو في الفسحة ، أو بعد الحصة إن أردت ذلك .

- يتجنب تقديم إجابات خاطئة عن أسئلة المتعلمين بحجة الحفاظ على هيبته ووضعه ، فالأكرم له أن يعتذر بلطف للمتعلم بدلا من تضليله .
- تكون إجاباته عن أسئلة المتعلمين بمثابة حفز لتفكيرهم لطرح المزيد من تلك الأسئلة .
- تكون إجاباته مقنعة للمتعلم الذي طرح السؤال ، ولغيره من المتعلمين .
- يوجه المتعلم لمصادر ومراجع يمكنه عن طريقها الاستزادة من المعلومات حول موضوع سؤاله .

والحقيقة أن استخدام الأسئلة في عملية تنفيذ التدريس يعود بفوائد ومزايا عديدة على المتعلم ، والعملية التعليمية ككل ، فهو يساعد في :

- تنويع المثيرات أثناء التدريس ، مما يحفز المتعلم لمزيد من التعلم .
- حفز المتعلم على التفكير .
- إلقاء جزء من مسؤلية العملية التعليمية على المتعلم ، مما يزيد إيجابيته .
- الحكم على مدى جودة مسار عملية التدريس ، ومدى متابعة المتعلم وفهمه لعناصر الدرس ، والمعلومات الواردة بها .
- تثبيت المعلومات في أذهان المتعلمين .
- تدريب المتعلمين على مواجهة المواقف الصعبة .
- تدريب المتعلمين على التفكير العلمي وحل المشكلات .
- دفع المتعلمين للمزيد من الاطلاع ، والاكتشاف ، والاستقصاء .

- مهارة إدارة حجرة الصف :

تعد إدارة الصف ، أو إدارة حجرة الدرس *Classroom Management* من أهم مهارات تنفيذ التدريس التي ينبغي للمعلم التمكن منها ، حيث تؤثر تأثيرا كبيرا في مجريات سير عملية التدريس ، ومدى جودة تنفيذها على النحو المرغوب .

وتعرف إدارة الصف بأنها : عملية توجيه وقيادة الجهود المبذولة من المعلم والمتعلم أثناء عملية التدريس لتحقيق أهداف تعليمية محددة وبعبارة أخرى فإن إدارة الصف تعني تدبر الظروف المختلفة التي تجعل من التدريس في غرفة الصف أمرا ممكنا في ضوء الأهداف التعليمية المرسومة. (محمد السيد علي ، ١٩٩٨م ، ص ١٣٣) .

وتتضمن مهارة إدارة الصف قيام المعلم بمجموعة من الإجراءات والتحركات التي تضمن تحقيق الانضباط لجميع عناصر التدريس بما فيها المعلم نفسه ، حيث يتم تأكيد أنماط السلوك الإيجابي لدى المتعلم

وتعديل الأنماط السلبية ، وذلك طواعية دون قسر ، عبر العلاقات الإنسانية الجيدة بين المتعلمين بعضهم بعضا من جهة ، وبينهم وبين معلميهم من جهة أخرى تلك العلاقات التي تسهم بدور كبير في تكوين جو اجتماعي انفعالي إيجابي داخل حجرة الدرس .

والمعلم الذي يرغب التمكن من مهارة إدارة حجرة الدرس ، عليه إتقان مجموعة من المهارات الفرعية ، تعرف بأنها عمليات ، أو مجالات إدارة الصف ، تلك التي أمكن إجمالها فيمايلي :

أ – إدارة بيئة الصف :

وتركز هذه المهارة على تنظيم وترتيب عناصر بيئة الصف وبالتحديد حجرة الدرس من حيث : نظافتها ، وتنظيم مقاعدها ، وتجهيز متطلبات التدريس فيها ، وتوزيع المتعلمين بها وفقا لنظام محدد ، والتأكد من توافر الإضاءة الكافية ، والتهوية ...الخ . وهذا يعني أن المعلم يكون مشرفا على توفير الحد الأدنى من وسائل الراحة للمتعلم في حجرة الدرس .

ب – إدارة التفاعل داخل الصف :

ومحور تركيز هذه المهارة هو العمل على تنسيق وتنظيم وانضباط كل مايدور داخل حجرة الدرس من : أحاديث ، وتساؤلات ، واستفسارات ومناقشات ، وحوارات ، وأنشطة .... الخ ، تدعم التفاعل بين المتعلمين بعضهم البعض ، وبينهم والمعلم . فلايسمح المعلم بالكلام لأي متعلم دون إذن ، ولايسمح بالأحاديث الجانبية أثناء الشرح ، ولايسمح بالشوشرة على أحد التلاميذ وهو يتكلم مع المعلم ، ولايسمح بالعشوائية في توجيه الأسئلة والاستفسارات ، ولايسمح بالإجابة الجماعية على أي سؤال يطرحه ، وعليه إدارة الوقت المخصص لتساؤلات المتعلمين والرد على استفساراتهم حتى لايضيع زمن الدرس في مناقشات جدلية غير إيجابية .

ج – إدارة خبرات التعلم داخل الصف :

إن أية خبرة يقدمها المعلم إلى المتعلمين لاينبغي أن تكون عشوائية بل يجب أن تدار هذه الخبرة إدارة إيجابية تتيح للمتعلم المشاركة أولا ثم الاستفادة إلى أقصى حد ممكن من تلك الخبرة . فعلى المعلم تنظيم المواقف التعليمية بما تشمله من خبرات ، بحيث يحدد أدواره ، وأدوار المتعلمين خلال عرض تلك الخبرات ، والتنسيق الجيد بين هذه الأدوار وتلك .

د – إدارة السلوك داخل الصف :

وتشمل تلك المهارة جانبين هما :

(١) سلوك المعلم :

حيث يجب على المعلم نفسه ضبط سلوكه وتصرفاته داخل حجرة الدرس أمام المتعلمين ، وأن يكون قدوة لهم في الأقوال والأفعال ، كما أن عليه أن تتطابق سلوكياته مع أقواله وتوجيهاته ، فلا يقول مالايفعل ولايفعل مالايقول . كما أن عليه التحكم في انفعالاته قدر المستطاع والتحلي بالصبر ، والحلم ، وعدم الاندفاع ، وعفة اللسان ، وحسن التصرف في المواقف المختلفة . ومجمل القول إن المعلم إذا لم يستطع إدارة سلوكه الشخصي ، وتصرفاته داخل حجرة الصف ، فإنه لن يستطيع إدارة سلوك وتصرفات المتعلمين .

(٢) سلوك المتعلمين :

كثيرا مايسلك بعض المتعلمين سلوكيات وتصرفات شخصية سلبية غير مرغوبة داخل حجرات الدراسة ، كأن يأكل المتعلم داخل الصف أثناء التدريس ، أو يتحدث جانبيا مع زميل له أثناء الشرح ، أو يضرب زميله أو يأخذ أحد متعلقاته الشخصية (كتاب ، أو قلم ، ... الخ) ، أو يتلف أثاث حجرة الدرس ، أو يكتب أو يرسم على الأثاث والجدران ... إلى غير ذلك من أنماط السلوك والتصرفات الممقوتة . وهنا تبدو مهارة المعلم في السيطرة على مثل هؤلاء المتعلمين ، وتوجيه سلوكهم ، وتعديله ، مستخدما كافة أساليب الترغيب أولا ، فإن لم تفلح كان مضطرا لاستخدام أساليب الترهيب والوعيد ، مع ملاحظة أن العقاب البدني بالضرب مثلا لم يعد أسلوبا تربويا مقبولا في مؤسساتنا التعليمية اليوم .

هـ - إدارة أساليب التعامل مع المتعلمين :

هناك العديد من أنماط وأساليب التعامل مع المتعلمين داخل حجرة الدرس ، تختلف هذه الأنماط وتلك الأساليب من معلم لآخر على حسب سماته الشخصية ، والنفسية ، والانفعالية ، وعلى حسب قدراته واستعدادته وميوله وتفضيلاته ، وعلى حسب خبرته في التدريس ، ومستوى إعداده الأكاديمي ، والمهني ، والثقافي .

وفي هذا الإطار تجدر الإشارة إلى أربعة أنماط أو أساليب لإدارة التعامل مع المتعلمين داخل حجرة الدرس هي : (محمد زياد حمدان ١٩٩٩م ، ص ص ٣٩ – ٦١)

(١) الأسلوب الفوضوي (السائب) : Laisez Faire Style

وهو أحد أنماط إدارة حجرة الدرس التي قد يتبعها بعض المعلمين خلال التدريس ، حيث يمنح المعلم – عن رغبة ، أو غير رغبة – المتعلمين

حرية كاملة دون ضبط أو ربط في توجيه جميع شئونهم ، وتعلمهم والتصرف كما يحلو لهم دون أي تدخل يذكر منه . ووفقا لهذا الأسلوب نرى المتعلمين يدخلون ، ويخرجون ، ويتنقلون وقتما ، وأينما يشاؤون دون إذن المعلم ، ودون أدنى اعتبار لما يقول ، أو يفعل أثناء التدريس . ويتبع هذا الأسلوب غالبا المعلم الفاشل ، ضعيف الشخصية ، المهمل الفوضوي . وهذا بالطبع أسلوب مرفوض لجميع من يعمل بمهنة التدريس وعلى الذين يتبعونه من المعلمين بحجة حرية المتعلمين ، أو بحجة أن العائد المادي من هذا العمل لايكفي (على قد فلوسهم !!!) ، ضرورة الإحجام عن هذا الأسلوب ، واتباع غيره من الأساليب المحترمة لإدارة حجرة التدريس وتوجيه المتعلمين ، وليكن أمام أعينهم حديث رسولنا الكريم عليه الصلاة والسلام فيما معناه : إن الله يحب إذا عمل أحدكم عملا أن يتقنه ، فما بال هذا العمل الجليل الذي تجاوز عمل العلماء ليقترب من رسالة الأنبياء (كاد المعلم أن يكون رسولا) .

(٢) أسلوب التحفيز الإنساني : Human Motivation Style

وهو أسلوب للتعامل مع المتعلمين خلال التدريس ينطلق المعلم خلاله من حاجات المتعلمين : البيولوجية ، والشخصية ، والاجتماعية والنفسية والأمنية ، ... إلى غير ذلك من الحاجات التي تمثل دوافع مهمة لسلوك هؤلاء المتعلمين ، وتصرفاتهم خلال عملية التدريس . والمعلم الماهر هو الذي يدرك هذه الحاجات لمتعلميه ، فيجيد التعامل معها واختيار أفضل إجراءات التدريس التي تتوافق معها ، وتشبعها . والمعلم الذي يتبع هذا الأسلوب في التعامل مع المتعلمين هو بالطبع معلم فاهم لمهنته ، متفهما لطبيعة متعلميه ، وخصائصهم ، واحتياجاتهم ، الأمر الذي يحقق له النجاح في تنفيذه لعملية التدريس .

(٣) الأسلوب الإنساني (العادل) : Humanistic Style

يرى البعض أن المعلم الإنساني Humanistic Teacher هو نفسه المعلم الديمقراطي Democratic Teacher ، لكن المعلم الإنساني هو معلم تتوافر فيه العديد من الصفات المرغوبة من بينها صفة الديمقراطية . ويختلف هذا الأسلوب بالطبع عن الأسلوب الفوضوي ، فالإنسانية والديمقراطية في التعامل مع المتعلمين لايعني على الإطلاق التسيب والفوضوية . والمعلم الذي يتبع هذا الأسلوب هو : إنساني ، عادل عطوف حنون ، علمي ، موضوعي ، فاهم ، ديمقراطي ، اجتماعي ، مهذب محترم ، عفوف اللسان والنفس ، يراعي حاجات المتعلم ورغباته ، يدرك الفروق بين المتعلمين ... إلى غير ذلك من السمات والصفات المرغوبة .

والمعلم حينما يتبع هذا الأسلوب فإنه يضفي على حجرة الدرس جوا من الود والحب ، والعلاقات الإنسانية والاجتماعية الطيبة ، والهدوء والراحة الأمر الذي يزيد من إيجابية المتعلمين ، وفعالية الموقف التدريسي .

(٤) الأسلوب السلطوي (التسلطي) : Authoritative Style

وهو أسلوب آخر من أساليب وأنماط التعامل مع المتعلمين داخل غرفة الصف الدراسي ، حيث يطلق عليه مسميات أخرى مثل : الأسلوب الاستبدادي *Autocratic Style* ، أو الأسلوب الديكتاتوري المتسلط *Dictatorial Style* ، أو الأسلوب المتحكم *Dominative Style* ، وجميع هذه المسميات تدل على شيء واحد هو اعتماد المعلم في التعامل مع المتعلمين على القسر وفرض السلطة ، والتحكم في كل كبيرة وصغيرة في الموقف التدريسي ، وعدم السماح للمتعلم أن يعبر عن رأيه ، أو يشارك في التعلم . والمعلم الذي يتبع هذا الأسلوب : متسلط ، قاسي ، متحجر المشاعر غير إنساني ، متحيز ، ديكتاتور ، لايحترم أراء ورغبات المتعلمين لايراعي حاجات المتعلمين ، متكبر ، يميل للعزلة ، غير قادر على التفاعل مع الأخرين ... إلى غير ذلك من السمات والصفات غير المرغوبة . وبالطبع فإن الجو الذي يفرضه المعلم المتبع لهذا الأسلوب على حجرة الدراسة يكون مشحونا بالتوتر ، والقلق ، والترقب ، وعدم الارتياح لدي المتعلم الأمر الذي يجعل هذا المتعلم غير متفاعل إيجابيا ، عازف عن المشاركة في مجريات الموقف التدريسي ، كاره للمعلم ولما يقوله ، أو يفعله والنتيجة النهائية تنعكس بالطبع سلبا على مخرجات عملية التدريس .

وبعد عرض هذه الأنماط والأساليب الأربع للتعامل مع المتعلمين خلال التدريس ، فإن السؤال الذي يفرض نفسه الآن هو : أي هذه الأساليب والأنماط الذي يجب على المعلم اتباعه ؟؟؟ ، والإجابة عن هذا السؤال تؤكد أن الأسلوب الإنساني العادل هو أفضلها وأنسبها على الإطلاق ، لكن قد يواجه المعلم الإنساني العادل هذا مواقف وأحداث وتصرفات من بعض المتعلمين داخل حجرة الدرس ، وأثناء التدريس تحتم عليه ، بل تضطره لأن يكون ديكتاتوريا متسلطا ، أو فوضويا متسامحا لبعض الوقت ، لكي يعالج تلك الأحداث ، ثم يعود ثانية إلى إنسانيته العادلة . المعلم إذن هو الوحيد القادر على تقييم أحداث حجرة الدراسة واختيار الأسلوب المناسب للتعامل مع المتعلمين وسط ما تفرضه تلك الأحداث .

● **مهارة غلق (إتمام) الدرس :**

إذا كان التمهيد للدرس يمثل مهارة مهمة من مهارات تنفيذ التدريس حيث تركز هذه المهارة على كيفية افتتاح التدريس ، فإن ثمة مهارة أخرى على نفس درجة الأهمية يجب على المعلم أن يتقنها ، هي مهارة غلق أو إتمام الدرس ، فالمنطق يقول إن أي شيء يبدأ لابد له أن ينتهي ، وأن أي كلام أو موقف له بداية لابد له من نهاية ، كذلك الأمر بالنسبة للتدريس فالمعلم لابد له أن يمتلك القدرة على إنهاء التدريس مثلما بدأه .

وتشير عملية غلق التدريس إلى الأقوال والأفعال التي يقوم بها المعلم للتدليل على إنهاء ، أو إتمام شرحه لكل عنصر من عناصر الدرس أو للدرس ككل . وهذا يعني أن عملية الغلق للتدريس لاتأتي في نهاية الدرس فقط بل أيضا تكون خلال الدرس ، عندما ينتهي المعلم من شرح كل عنصر ، أو نقطة من نقاط الدرس ، أو عندما ينتهي من القيام بنشاط أو عرض عملي في نطاق الدرس ، أو عندما ينتهي من استخدام وسيلة تعليمية مساعدة لشرح الدرس ، أو جزء منه .

ويرتبط غلق التدريس ارتباطا وثيقا بتلخيص التدريس ، حيث يمثل التلخيص كما سبقت الإشارة أحد أهم وأنسب أساليب إتمام التدريس .

● **مهارة حسن التصرف في المواقف الصعبة والمحرجة :**

كثيرا مايتعرض المعلم لمواقف صعبة ، أو محرجة داخل حجرة الدرس خلال عملية التدريس ، لذا يجب عليه امتلاك المهارة في مواجهة مثل هذه المواقف ، وحسن التصرف فيها . وتختلف تلك المواقف باختلاف عناصر الموقف التدريسي ، وطبيعة المتعلمين الذين يتعامل معهم المعلم .

ومن أهم المواقف الصعبة والمحرجة التي قد يواجهها المعلم داخل حجرة الدرس ما يلي :

أ- المعلم يشرح درسا سبق شرحه :

قد ينسى المعلم أنه شرح درسا سابقا ، ويدخل حجرة الدرس ليشرح الدرس مرة أخرى للمتعلمين ، هنا يمكن الخروج ببساطة من هذا الموقف عندما يلفت نظره المتعلمين لذلك بأحد إجراءين : الإجراء الأول هو الانتقال لشرح الدرس الجديد بعد اعتذاره للمتعلمين ، أما الإجراء الثاني فهو تحويل الموقف التدريسي (الحصة) لمراجعة عامة إن لم يكن جاهزا لدرس جديد.

ب - المعلم يدخل الفصل ويكتشف أنه لم يعد الدرس الجديد :

قد ينسى المعلم لسبب ، أو لآخر إعداد درسه الجديد ، ويكتشف ذلك فجأة داخل حجرة الدرس أمام المتعلمين .. ماذا عساه أن يفعل في هذا الموقف ؟؟؟ !!! ، التصرف السليم للمعلم هنا ببساطة شديدة هو : إما تحويل الحصة لمراجعة عامة على ما مضى ، وإما إعادة شرح درس سابق ، أو أجزاء من دروس سابقة لم يفهمها المتعلمين جيدا ، كما يمكن أن يحيل المعلم الحصة لمناقشة عامة حول قضية ، أو حدث جاري يهم المتعلمين أو يحيلها إلى اختبار مفاجئ للمتعلمين في الدروس السابقة ، أو في المعلومات العامة .

ج - المعلم ينسى فجأة مايقول :

قد يكون المعلم مشغول الفكر أثناء التدريس لسبب ، أو لآخر ، فينسي ما كان يشرح ، أو ينسى العنصر التالي من عناصر الدرس .. ماذا يفعل في هذا الموقف ؟؟؟ .. يمكنه التغلب ببساطة على هذا الموقف من خلال :

- سؤال المتعلمين مباشرة : ماذا كنا نقول ؟ .
- يعيد شرح النقطة السابقة حتى يتذكر ما يليها .
- يطرح سؤالا على المتعلمين في النقطة السابقة حتى يتيح لنفسه فرصة لاسترجاع النقطة التالية ، وتذكرها .
- ينظر إلى دفتر تحضير الدروس اليومية ليتذكر النقطة الجديدة ولاحرج في ذلك فدفتر التحضير هذا بمثابة مرجع مهم لإنقاذ المعلم في مثل هذه المواقف .
- لاتقاء مثل هذا الموقف فإن التصرف السليم هنا للمعلم هو كتابة جميع عناصر الدرس على أحد جانبي السبورة بمجرد دخوله الفصل.

د - المتعلم يصحح معلومة للمعلم :

من المواقف الصعبة التي تواجه المعلم أحيانا : عرضه معلومات غير دقيقة ، أو غير صحيحة أمام المتعلمين ، واكتشاف أحد المتعلمين ذلك ومجادلته للمعلم أمام زملائه ... هذا بالفعل موقف عصيب على المعلم فماذا يفعل في مثل هذا الموقف ؟؟؟ ... إن أفضل الحلول هنا هي الحكمة القائلة : الرجوع للحق فضيلة ، فعلى المعلم إذا تأكد من خطأه ألا يكابر ، أو تأخذه العزة والكرامة للإصرار على الخطأ ، بل عليه التصرف بأحد التصرفات التالية :

- شكر المتعلم الذي صوب له المعلومة .. ويقول فعلا زميلكم عنده حق فيما يقول ، لو كنتم مركزين معايا مثله كنتم اكتشفتم الخطأ بارك الله فيك .

◄ طرح المعلومة الصحيحة التي أبداها المتعلم على جميع المتعلمين من خلال التساؤل : ما رأيكم فيما قال زميلكم ؟؟ .. إن أكدوا صحة المعلومة قال لهم .. بارك الله فيكم .. أنتم فعلا صاحيين ومركزين .

ولايجب على المعلم أن يعاقب المتعلم ، أو يوبخه أمام المتعلمين بل الأحرى به أن يتمكن من معلوماته ، ويدقق مصادرها .

هـ - الدرس ينتهي قبل انتهاء زمن الحصة بفترة كبيرة :

قد يعد المعلم درسا صغيرا به معلومات بسيطة ، فإذا به ينهي شرحه قبل انتهاء زمن الحصة بوقت طويل ... ماذا يفعل ؟؟؟ .. إن مثل هذا الموقف لايمكن أن يحدث مع معلم لديه خبرة ومهارة في تخطيط التدريس لكن إذا حدث فإن التصرف السليم يكون :

◄ استكمال الحصة بجزء من درس جديد إن كان جاهزا لشرحه .

◄ استكمال زمن الحصة في مراجعة الدرس المنتهي ومناقشة المتعلمين في المعلومات التي تم شرحها.

◄ استكمال الحصة في المراجعة العامة .

و - المتعلم يستفز المعلم بتصرف مهين :

قد يستفز المتعلم المعلم بأي تصرف مهين من خلال قول ، أو فعل فعلى المعلم هنا ضرورة :

◄ الاحتفاظ بهدوئه مهما كان التصرف مستفزا .

◄ السيطرة على الموقف دون العمل على تدهوره .

◄ تجنب العنف والضرب ، أو السب للمتعلم ، فإن ذلك قد يزيد الموقف توترا واشتعالا ، فلايكون في صالح المعلم .

◄ التفكير بهدوء في اتخاذ الموقف المناسب للرد على تصرف المتعلم.

◄ اختيار أفضل أساليب العقاب المناسبة للموقف دون تشدد غير مبرر.

◄ عدم التسيب ، والتغاضي عن الموقف إلا عندما يكون بسيطا ، أو عفويا غير مقصود ، أو غير متعمد من المتعلم .

ز - المتعلم يرفض تنفيذ توجيهات المعلم :

قد يتمرد بعض المتعلمين على المعلم فيرفض أحدهم تنفيذ أوامر المعلم أو توجيهاته ، ويعلن ذلك صراحة أمام المعلم نفسه والمتعلمين .. ماذا يفعل المعلم في هذا الموقف ؟؟ .. عليه عدم الانفعال ، والالتزام بهدوئه التام ومحاولة تفهم أسباب قيام المتعلم بذلك ، فإن وجد له عذرا تغاضى عن الموقف ، وإن لم يجد مبررا لتصرفه فعليه معاقبة المتعلم عقابا مناسبا بعيدا عن الضرب والإهانة .

ح - المتعلم يسأل المعلم سؤالا لايعرف إجابته :

قد يسأل المتعلم معلمه سؤالا – عن قصد ، أو عن غير قصد – مفاجئا لايعرف إجابته ... فماذا يفعل المعلم ؟؟؟ .. في مثل هذا الموقف على المعلم ضرورة مواجهة الموقف بهدوء ، وثقـة ، ولايبـدي للمتعلمين ارتباكا بل عليه التصرف وفقا لأحد الحلول التالية :

◄ يقول للمتعلم .. هذا حقا سؤال جميل .. كيف فكرت في هذا السؤال؟ وكيف توصلت إليه ؟ .. ويناقش المتعلم لفترة عله يتذكر الإجابة .

◄ يطرح سؤال المتعلم على باقي المتعلمين قائلا .. من منكم يستطيع الإجابة عن هذا السؤال الرائع ؟؟؟ .. ويناقش المتعلمين في إجاباتهم عن السؤال حتى يصل لإجابة مقنعة للمتعلم .

◄ يقول للمتعلم .. سؤالك جميل جدا ، لكن حرصا على زمن الحصة دعني أجيب لك عن سؤالك بعد الحصة .. فيتيح بذلك الفرصة لنفسه أن يعرف الإجابة من مرجع ، أو من معلم زميل .

◄ يؤجل إجابة السؤال للحصة القادمة من منطلق الحرص على زمن الحصة ، وأن إجابة السؤال تحتاج إلى بعض الوقت .

◄ إذا كان المتعلم في مرحلة تعليمية متقدمة كالجامعة مثلا فلاغضاضة مطلقا أن يعتذر المعلم للمتعلم .

ولاينبغي للمعلم أن يقدم إجابات خاطئة أو غير دقيقة عن سؤال المتعلم مهما كان الـدافع أو المبرر لذلك ، فأكرم للمعلم أن يتحمل بعض الحرج في الموقف بـدلا مـن تضليل المتعلمين بإجابـات خاطئة ، ويمكن للمعلم اتقاء مثل هذا الموقف بالقراءة المستمرة ، والاطلاع الواسع في مجال تخصصه وتثقيف نفسه في المجالات الأخرى .

ط - المتعلم يرى عيبا في ملبس المعلم أو مظهره :

قد يضحك المتعلمون لرؤيتهم عيبا في شكل المعلم كتمزق في ملبسه أو عدم تنسيق ملابسه ، أو عدم تصفيف شعره ... الحل الضروري هنا هو اتقاء المعلم لذلك ، ومحاولة إصلاح ذلك العيب فورا إن أمكن ذلك بخروجه لوقت قصير ثم العودة لحجرة الدرس ثانية ، أو الاعتذار عن استكمال الـدرس .

ي - المعلم يجري عرضا تكون نتيجته غير متوقعة :

قد يقوم المعلم بإجراء عرض لجهاز تعليمي فيفاجأ أنه لايعمل عند تشغيله أمام المتعلمين ، أو يجري تجربة فلايحصل على النتيجة المتوقعة أو يحصل على نتيجة مناقضة للمتوقع .. الحل الأمثل هنا هو اتقاء هذا الموقف بتجريب هذه الأنشطة جيدا قبل تنفيذها أمام المتعلمين .

الفصل الخامس :

((مهارات تقويم التدريس))

- مفهوم تقويم التدريس .

- أهمية تقويم التدريس.

- مجالات تقويم التدريس.

- وسائل تقويم التدريس .

- الاختبارات وأنواعها.

- مراحل تقويم التدريس وخطواته.

- شروط تقويم التدريس الجيد.

الفصل الخامس :

((مهارات تقويم التدريس))

يتناول الفصل الحالي الجانب الثالث في مثلث التدريس ، وهو تقويم نتاجات أو مخرجات التدريس ، حيث يكمل هذا الفصل دائرة مهارات التدريس بأبعادها الثلاثة تخطيط ، وتنفيذ ، وتقويم التدريس حيث يعرض مفهوم التقويم وتقويم التدريس ، ثم يتناول أهمية تقويم التدريس ومجالاته وأساليبه ، وأدواته ، وخطواته ، ومراحله ، كما يتناول شروط التقويم الجيد للتدريس ، وتفصيل ذلك على النحو التالي :

● مفهوم تقويم التدريس :

الأصل اللغوي لمصطلح تقويم Evaluation عموما هو الفعل (قوم) فيقال قوم الشيء تقويما ، أي عدل مساره للجهة المرغوبة ، وأصلح نقاط الاعوجاج والقصور فيه . وبهذا المعنى فان عملية التقويم تشمل شقين : الشق الأول هو التشخيص الذي يتم من خلاله تحديد مواطن الضعف والقصور ، ومواطن القوة في الشيء موضع التقويم ، والشق الثاني هو العلاج الذي يتم من خلاله إصلاح وتعديل نقاط الضعف والقصور التي أثبتت عملية التشخيص وجودها.

ويعرف التقويم التربوي Educational Evaluation بأنه : عملية تستهدف الحكم على مدى تحقيق أهداف أي نظام ، أو مؤسسة تربوية . وهو عملية منهجية تقوم على أسس علمية ، تستهدف إصدار الحكم – بدقة وموضوعية – على مدخلات وعمليات ومخرجات أية منظومة تربوية ، ومن ثم تحديد جوانب القوة والقصور في كل منها ، تمهيدا لاتخاذ قرارات مناسبة لإصلاح وتعديل ما قد يتم الكشف عنه من مواطن الضعف والخلل.

أما التقويم التعليمي Instructional Evaluation فهو نوع من التقويم يركز على النظم والمؤسسات التعليمية ، حيث يعرف بأنه : عملية تستهدف إصدار الحكم بدقة وموضوعية على مدخلات وعمليات ومخرجات أي نظام تعليمي ، وتحديد مواطن القصور والقوة في كل منها ، واتخاذ ما يلزم من قرارات ، وإجراءات العلاج . وإصلاح ما يتم كشفه من نقاط القصور والخلل .

وعلى ضوء ماسبق يمكن تعريف تقويم التدريس Teaching Evaluation بأنه : عملية تستهدف إصدار الحكم على مدى جودة التدريس. بمعنى آخر هو : عملية منهجية تقوم على أسس علمية تستهدف

إصدار الحكم بدقة وموضوعية على مدخلات وعمليات ومخرجات منظومة التدريس وتحديد مواطن القصور والقوة في عناصر تلك المنظومة ومكوناتها ، واتخاذ ما يلزم من قرارات ، وإجراءات العلاج ، وإصلاح ما يتم كشفه من نقاط القصور والخلل في أي منها.

وهكذا يتضح أن الفارق بين التقويم التربوى والتقويم التعليمى هو فارق. في درجة العمومية والشمول ، بمعنى أنه فارق في الدرجة ، وليس في النوع ، إلا أن هذا الفارق لا يعنى وجود فواصل قاطعة بينهما ، فالعلاقة بينهما وثيقة كعلاقة التعليم بالتربية التى سبقت الإشارة إليها.

ويختلف مفهوم تقويم التدريس عن مفهوم مصطلحى : تقييم التدريس Teaching Assessment ، وقياس التدريس Teaching Measurement حيث يعرف تقييم (تقدير) التدريس بأنه : تقدير قيمة أى عنصر، أو مكون من عناصر ومكونات منظومة التدريس ، وإصدار الحكم على مدى جودة : مدخلات ، وعمليات ، ومخرجات تلك المنظومة وتشخيص مواطن القوة والقصور فيها . وقد يتم ذلك من خلال عمليات قياس ، أو يتم بدونها .

والتقييم (التقدير) عموما أقدم من القياس ، وسابق عليه ، وهو قد يعتمد على تحديد قيمة الشيء بالتخمين ، أو بالظن ، أو بالحدس ، أو بالوهم دون الاعتماد على مقاييس وقياسات ، وكثيرا ما نعتمد على التقدير في حياتنا اليومية ، كأن نقدر وزن الأشياء بحملها بين أيدينا ، أو نقدر درجة حرارة المريض بتحسس جبهته ، لكننا نلجأ إلى هذا النوع من التقدير فقط إذا كانت الفروق في السمة ، أو الخاصية التى هى موضع التقدير واضحة تماما ، أو إذا لم يكن لدينا أداة للقياس. (محمد السيد على ، ١٩٩٨ ، ص ١٧٩).

ونظرا لأهمية عملية التدريس ، وخطورة إصدار الأحكام على نواتجها حيث يتوقف تحديد مصير ومستقبل الطلاب والطالبات على تلك الأحكام فإن التقييم والتقدير بالتخمين ، أو الظن لا يمكن الاعتماد عليه هنا ، بل لابد أن يكون الاعتماد على عمليات تقييم قائمة على عمليات قياس باستخدام مقاييس ، واختبارات تعليمية عالية الدقة والموضوعية.

أما مصطلح قياس التدريس فيعرف بأنه : " القيمة الرقمية (الكمية) التى يحصل عليها المتعلم في امتحان (اختبار) ما ، وهذا يعنى أن التحصيل أو الأداء المدرسى ، أو الجامعى الذى يتم التعبير عنه رقميا أو كميا ما هو إلا عملية قياس ، وعليه يصبح القياس عملية تعنى بالوصف الكمى (الرقمى) للسلوك (الأداء) ، أو الواقع المقيس ، وبالتالى فإن القياس

لا يتضمن أحكاما بالنسبة لفائدته ، أو قيمته ، أو جدواه. (عايش زيتون ١٩٩٦ ، ص ٣٤٠).

معنى ذلك أن قياس التدريس ببساطة شديدة هو : عملية تستهدف تكميم عناصر ومكونات منظومة التدريس (معلم ، متعلم ، منهج ، تغذية راجعة ، بيئة التدريس) ، والتعبير عن مستوى كل منها في صورة أرقام من خلال أدوات القياس المناسبة .

والعلاقة بين تقويم التدريس ، وكل من : تقييم التدريس ، وقياس التدريس علاقة وثيقة يعبر عنها الشكل (١٢) (ماهر إسماعيل صبري محب الرافعي ، ٢٠٠١ ، ص ص ٢٥ – ٢٧) .

وبالنظر إلى الشكل (١٢) يتضح أن العلاقة بين المصطلحات الثلاثة علاقة في اتجاه واحد ، بمعنى أن القياس يصبح ضرورة للتقييم ، فيساعد في تحديد قيمة الأشياء ، وإصدار الحكم عليها بصورة دقيقة ، وأن التقييم يمثل خطوة أساسية وضرورية وسابقة على عملية التقويم ، فالتشخيص لابد وأن يسبق العلاج ، بل أن دقة التشخيص هى التى تحدد أفضل وسائل وأساليب العلاج . وبعبارة أخرى يمكن لنا أن نقول إن : كل عملية تقويم تنطوى على عمليتى تقييم وقياس ، وإن كل عملية تقييم لا تعتمد بالضرورة على عملية قياس ، لكن عمليتى القياس والتقييم وحدهما لا تغنيان عن عملية التقويم في مجال التدريس .

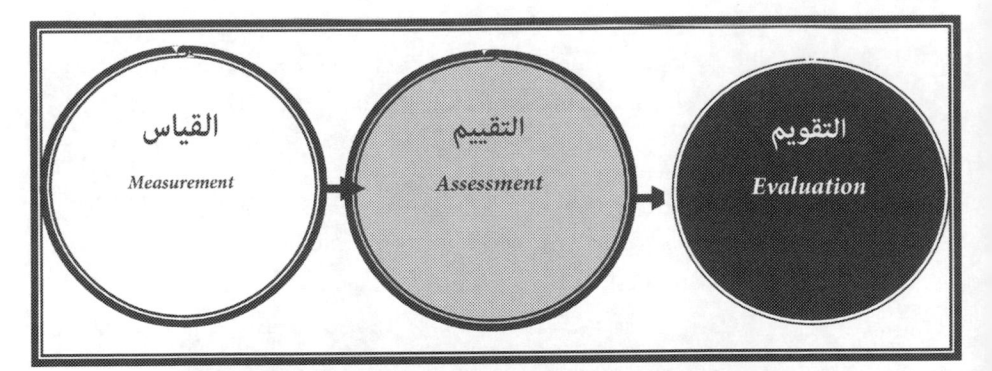

شكل (١٢) : علاقة التقويم بكل من التقييم والقياس

ولتوضيح ذلك إجرائيا نسوق المثال التالى : إذا تم قياس تحصيل تلاميذ صف دراسى محدد في أية مادة دراسية ، أو أى مقرر دراسى من خلال تطبيق اختبار تحصيلى في تلك المادة ، وحصل أحد التلاميذ على

المدخل للمناهج وطرق التدريس

(٧) سبع درجات من الدرجة النهائية للاختبار وهي (١٠) عشر درجات ، فإن هـذه الدرجـة في حـد ذاتها قد لا تعني شيئا محددا ، فمجرد القياس الكمي لتحصيل الطالب هنا يبقى دون جدوى مـالم يستتبع هذا القياس الكمي تفسيرا لمعناه ، وتقديرا (تقييما) لموقف التلميذ ، وموقعـه بالنسبة لغيره من التلاميذ هل هو متفوق ؟ ، أو متوسط ؟ ، أو ضعيف ؟ ، فربما تعني الدرجة التي حصل عليها التلميذ أنه متفوق على أقرانه إذا كانت هي أعلى درجة تم الحصول عليها في الصف الدراسي ككل ، وربما تعني نفس الدرجة أن التلميذ متأخر عن زملائه إذا كانت تلك الدرجة هي أقل الدرجات. وهذا يعني أن عملية التقييم (التقدير) هي التي تعطي المعنى لنتائج عملية القياس . ولا يجب الوقوف في عملية التدريس فقط عند حد التقدير ، وتحديد القيمة وإصدار الحكم (التقييم) ، بـل يجـب تعدى ذلك إلى تحليل أسباب التفوق والتأخر ، وتحديد نقاط القصور والضعف بدقة في أى عنصر من عناصر تلك العملية ، تمهيدا لاتخاذ القرارات والإجراءات المناسبة لإصلاح وعلاج تلك النقاط . لكن الذى يحدث في كثير من نظم التعليم بالعالم العربي هـو الوقوف - فقـط - عند عملية التقييم (التشخيص) ، دون تحليل الأسباب وإصلاح نقاط القصور.

وهكذا فإن تحديد مفهوم تقويم التدريس ، والتمييـز بينـه وبيـن مفهومي تقييم ، وقياس التدريس ، واستنتاج طبيعة العلاقة بين تلك المصطلحات يمثل مهارة من مهارات تقويم التدريس التي ينبغي على المعلم التمكن منها .

● **أهمية تقويم التدريس :**

لبيان أهمية التقويم في عملية التدريس علينا الإجابة عن سؤال مؤداه: لماذا التقويم في التدريس ؟. وفي إطار الإجابة عن هذا السؤال يذهب بعض العاملين في ميدان التعليم إلى أن نجاح أى نظام تعليمى عموما مرهون بقوة ودقة عملية التقويم لهذا النظام ، وأن التقويم هو أكثر عناصر منظومة التدريس خطورة ، حيث تتركز خطورته فيما يترتب عليه من قرارات وإجراءات لتغيير أو تطوير مدخلات ، أو عمليات ، أو مخرجات تلك المنظومة ، وعلى ذلك فإن تقويم التدريس إن لم يكن علـى درجة عالية من الدقة والإتقان في أساليبه ، ووسائله ، وأدواته ، فإن نتائجه تأتي – حتمـا – مضللة وغير صحيحة ، الأمر الذى يترتب عليه اتخاذ قرارات وإجراءات خاطئة تضر بمنظومة التدريس ، بل بالنظام التعليمى ككل أكثر مما تفيده .

وبالرجوع إلى الفصل الثاني من الكتاب الحالي يتبين أن تقويم التدريس يأخذ موقعا مهما في قلب منظومة التعليم ، وفي قلب منظومة المنهج ويمثل ضلعا مهما في مثلث التدريس ، وعملية من أهم عملياته بل ومهارة من أكثر مهارات التدريس تأثيرا في منظومته . وهذا يعني أن التقويم يرتبط ارتباطا وثيقا بالتدريس حيث تتضح طبيعة العلاقة بينهما فى خمس نقاط هى :

- أن التقويم والتدريس كلاهما عمليتان أساسيتان فى أى نظام تعليمى.
- أن التقويم يمثل مرحلة من أهم مراحل عملية التدريس وهى : التخطيط والتنفيذ ، والتقويم ، حيث يعد التقويم أحد أضلاع مثلث التدريس *Teaching Traingle* .
- أن التقويم قلب مكونات منظومة التدريس ، فالتدريس وفقا لمدخل النظم *Systems Approach* يعد منظومة تتكون من : مدخلات وعمليات ، ومخرجات ، وتتكون تلك المنظومة من خمسة عناصر هى : المعلم ، والمتعلم ، والمنهج ، والتقويم ، وبيئة الصف .
- أن التقويم يمثل واحدة من أهم مهارات عملية التدريس ، ومن ثم فإن المعلم الذى لا يتقن هذه المهارة لا يمكن له أن يكون معلما جيدا لأنه حتى لو كان يقوم بالتدريس على نحو جيد ، فإنه لن يستطيع الحكم على مدى جودة تدريسه ، ومدى تحقيقه لأهدافه ، ومدى تقدم المتعلم فى تعلمه.
- أن التقويم يمثل مكونا من ستة مكونات لمنظومة المنهج هي: الأهداف المحتوى ، طرق التدريس ، الوسائل التعليمية ، الأنشطة المصاحبة التقويم ، حيث يتحدد على ضوئها مدى جودة أي من هذه المكونات .

- **أهداف تقويم التدريس ووظائفه :**

تبرز أهمية تقويم التدريس فيما يمكن أن يحققه من أهداف ، ووظائف ومزايا لتلك العملية.

وفى هذا الإطار تجدر الإشارة إلى أن الهدف الرئيس لعملية التقويم فى منظومة التدريس هو : تطوير عناصر هذا النظام ، ورفع كفاءة مخرجاته إلى أقصى حد ممكن . وهذا يعنى أن تطوير التعليم عموما ، وتطوير التدريس بصفة خاصة - بالمعنى العلمى الدقيق لمفهوم التطوير - لا يمكن أن يكون له وجود مالم يستند فى أولى خطواته على عملية تقويم دقيقة.

وقد يرى البعض أن تقويم التدريس يعنى تطويره ، ولا عجب فى ذلك ما دام التقويم هنا يشمل شقى : التشخيص ، والعلاج .

وعلى نحو أكثر تفصيلا فإن التقويم فى منظومة التدريس يؤدى مجموعة من الأغراض Purposes ، والأهداف ، والوظائف Functions .

وفى إطار الحديث عن أغراض التقويم فى العملية التعليمية عموما يحدد (رودنى دوران ، ١٩٨٥ ، ص ١١) أربعة أغراض هى :

◀ الحكم على مدى ثقافة أفراد المجتمع ، وتحديد مدى امتلاكهم للحد الأدنى من أساسيات العلوم والتكنولوجيا ، والاتجاهات العلمية.

◀ تمكين التربويين من ربط البرامج التعليمية المختلفة للمراحل والمستويات التعليمية المختلفة ، رأسيا وأفقيا ، وتنظيم الخبرات التعليمية لهذه البرامج منطقيا بما يتناسب وخصائص نمو المتعلمين.

◀ إعطاء مؤشرات للآباء تمكنهم من توجيه أبنائهم لدراسة مجالات معينة ترتبط مستقبلا بوظائف ، أو أعمال يريدون ممارستها فى الحياة العملية.

◀ الكشف عن ميول المتعلمين ورغباتهم ، ومن ثم تحديد متطلبات نموهم الشخصى (عقليا ، ومهاريا ، ووجدانيا).

ويحدد (رؤوف العانى ، ١٩٩٦ ، ص ٢٠٣ ، ص ٢٠٤) أهداف التقويم فى عملية التدريس فيما يلى :

◀ مساعدة المتعلم على رؤية نقاط ضعفه ، ومدى تقدمه فيما يتعلمه.

◀ مساعدة المعلم على إدراك مدى تحقيقه للأهداف التى يقصد إنجازها من خلال تدريسه ، وفى ضوء نتائج تقويم طلابه يمكنه أن يعدل تدريسه ويطوره نحو الأفضل.

◀ إعطاء فكرة للمسؤولين عن نوعية المتعلمين الذين يجرى تقويمهم حتى يتسنى لهم انتقاء واختيار ما يحتاجون منهم فى الوظائف ، أو القبول فى مراحل دراسية مختلفة.

◀ إعطاء فكرة لواضعى المناهج والامتحانات العامة عما يجرى فى المدارس . ومدى ملاءمة تلك المناهج والامتحانات لطلاب تلك المدارس.

◀ تدريب المتعلم على الثقة بالنفس ، وتحمل المسئولية .

◀ تحفيز المتعلم على المثابرة والدراسة والمزيد من التعلم .

ويرى (عايش زيتون ، ١٩٩٦ ، ص ٣٤١ ، ص ٣٤٣) أن تقويم التدريس يهدف إلى تحقيق أغراض مرغوبة متعددة من أهمها :

١- تحديد مقدار ما تحقق من أهداف التدريس المرسومة ، والتى تتمثل فى مقدار ما تحقق من الأهداف التالية :

◄ تقدير درجة تمثل الطلاب واكتسابهم (تحصيلهم) للمعرفة العلمية بأشكالها المختلفة ، وقدرتهم على استخدامها ، وتوظيفها فى المواقف التعليمية ، والحياتية المختلفة.

◄ درجة امتلاك (اكتساب) الطلاب لعمليات العلم (العقلية) ، ومهاراته المختلفة.

◄ تقدير قدرة الطلاب على استخدام الأسلوب العلمى فى البحث والتفكير ، وحل المشكلات .

◄ قدرة الطلاب على إجراء النشاطات العلمية ، والتجارب المخبرية واكتساب المهارات اليدوية والعملية.

◄ قدرة الطلاب على استخدام الأجهزة والأدوات التعليمية المختلفة ومدى إتقانهم للمهارات المتصلة بالتصميم ، والتشغيل ، والصيانة.

◄ مدى تمثل الطلاب للقيم ، والاتجاهات ، والميول ، ودرجة مشاركتهم فى النشاطات غير الصفية .

◄ مدى تقدير الطلاب للعلم ، ودور العلماء فيه.

٢- التقويم عملية تشخيصية وقائية علاجية ، تعطى المعلم تغذية راجعة عن أدائه التعليمى ، وفاعلية تدريسه (أهداف ، ومحتوى ، وطريقة). وبهذا يتم تعزيز عناصر القوة فى العملية التدريسية ، وإقرارها ، ومكافأتها ويتم معالجة عناصر الضعف (الثغرات) فيها لتحسين التدريس ، ورفع مستواه ونوعيته .

٣- التقويم مؤشر جيد لقياس أداء المعلم ، وفاعلية تدريسه ، والحكم عليه (نسبيا) لأغراض ، وقرارات إدارية ، وتربوية تتعلق بالنقل ، والترفيع والترقية.

٤- يقدم (التقويم) مخرجات مهمة لأغراض البحث والتقصى فى التدريس والمناهج : بحثا ، وتخطيطا، وتعديلا، وتطويرا سواء بسواء.

أما (محمد السيد على ، ١٩٩٨ ، ص ١٨٩ ص ١٩١) فيرى أن للتقويم وظائف متعددة فى التدريس أهمها :

◄ المساعدة فى الحكم على قيمة الأهداف التعليمية ، فالأهداف عند صياغتها تكون بمثابة فروض تحتاج إلى عملية تقويم تبين مدى صدقها أو خطئها ، مما يؤدى إلى الإبقاء على الأهداف الصالحة ، واستثناء الأهداف غير الصالحة ، ولا يخفى أن تقويم الأهداف يساعد فى

الحيلولة دون نشوء فجوه بين التوقع والإنجاز ، أو بين ما يطمح إليه التدريس والنتائج الفعلية له.

◄ المساعدة فى الكشف عن حاجات التلاميذ ، وميـولهم ، وقـدراتهم واسـتعداداتهم التـى ينبغـى أن تراعى فى نشاطهم ، وفى جوانب المنهج المختلفة ، مما يساعد فى العمل على تنميتها وزيادتها ، وفى وضع أسس سليمة لتوجيه التلاميذ توجيها تربويا يضمن توجيها مهنيا فى الوقت المناسب.

◄ المساعدة فى رفع مستوى عملية التدريس عن طريق تحديد مدى تقدم التلاميذ نحـو الأهـداف المقررة ، واتخاذ القرارات اللازمة لتمكينهم من تحصيل تلك الأهداف بالمستوى المطلوب.

◄ توفير معلومات وافية وصحيحة عن الفرد أو مجموعة الأفراد الـذين يتخـذ بـشأنهم قـرار يتعلـق بتعليمهم من الناحيتين الكمية والكيفية ، وكذلك توفير معلومات تفيد فى توضيح الطريقـة التـى يعامل بها الفرد فى أى مجال محدد كالتدريس ، أو التدريب ، أو العلاج.

◄ الحكم على مدى فعالية تجارب التدريس قبل تطبيقها على نطاق واسع مما يـساعد فى ضبط التكلفة ، وفى الحيلولة دون إهدار الوقت والجهد.

◄ المساعدة فى تحديد مسار حدوث التعلم ، حيث إن الطرق المتبعة فى تقويم ما يتم تعلمه تساعد فى تحديد هذا المسار ؛ نظرا لارتبـاط مجـال التقـويم بأنـواع الـتعلم التـى يعنـى بهـا التـدريس ومستوياته . فالتلاميذ يركزون فى عملية التعلم على ما سيمتحنون فيه. فإذا كان المعلم يعنـى بإتقان الحقائق فإن التلاميذ يوجهون عنايتهم لهذا الجانب على حساب غيره من الجوانـب ، مـما يستدعى ضرورة مراعاة التوافق بين مجالات التقويم ومجالات الأهداف ومستوياتها.

◄ تعرف نواحى القوة والضعف فى تحصيل التلاميذ ، ليعمل عـلى تـدعيم نقـاط القـوة ، ويسعى لعلاج الضعف وتلافيه.

◄ تزويد التلاميذ بمعلومات محددة عن مدى التقدم الذى أحرزوه تجاه بلوغ الأهداف المنـشودة ، مما يساعدهم فى التعرف إلى جوانب الـصواب والخطـأ فى اسـتجاباتهم ، فيعملـون عـلى تثبيـت الاستجابات الصحيحة والسلوك المرغوب فيه ، وحذف الأخطاء واستبعادها.

◄ التأكد من استعداد التلاميذ لتعلم موضوع أو مفهوم معين ، مما يـساعد فى تـوفير دافعيـة كافيـة لتعلمه.

◄ تمكين المعلمين من اكتشاف مدى فعالية جهودهم التعليمية فى إحداث نتائج الـتعلم المرغوب فيه ، عـن طريق تحديد الأهداف الخاصة بالمواد التى يقومون بتدريسها ، وقيـاس مـدى تحققهـا ، وتحديد مواضع

الضعف عند طلابهم ، فيعملون على تعديل أساليبهم التعليمية فى ضوء ذلك.

◄ تزويد أولياء الأمور بمعلومات دقيقة عن مدى تقدم أبنائهم ، وعن الصعوبات التى يواجهونها.

◄ تمكين صانعى القرارات مـن اتخـاذ قـرارات مناسبـة حـول تطـوير التعليم بوجـه عـام ، وتطوير التدريس ، والمنهج بشكل خاص من خـلال مـا يـزودهم بـه مـن معلومـات عـن مـستوى الأداء الحالى ، والظروف والإمكانات المتاحة للمدرسة ، ومـدى تـوافر الطاقـات البـشرية المدربـة وغير ذلك من المعلومات التى يحتاجون إليها فى صنع القرارات التـى تهـدف إلى تحـسين وتطوير العملية التعليمية .

وهكذا فإن قدرة المعلم على تحديد أهمية تقويم التدريس   ووعيه بـأدوار هـذا التقـويم ، وأهدافه ، ووظائفه ، وما يمكن أن يحققه للتـدريس مـن مزايـا ، أمـور تـشير إلى مهـارة مـن مهـارات تقويم التدريس ينبغي للمعلم التمكن منها .

● مجالات تقويم التدريس :

تتحدد مجالات تقويم التـدريس في جميع عناصـر ومكونـات منظومـة التـدريس التـي سبقت الإشارة إليها على صفحات الفصل الثاني من الكتاب الحالي ، حيث ينبغي لتقويم التـدريس أن يـشمل المجالات التالية : (ماهر إسماعيل صبري ، محب الرافعي ، ٢٠٠١م ، ص ص ٦٤ - ٧٤)

١- تقويم التلميذ (المتعلم) :

ويشمل هذا المجال من التقويم المجالات الفرعية التالية :

أ- تقويم المتعلم معرفيا ويشمل :

◄ معرفته للحقائق.

◄ معرفته للمفاهيم.

◄ معرفته للمبادئ والتعميمات.

◄ معرفته للقوانين والنظريات.

على أن يتم تقويم معرفة المتعلم وفقـا لمـستويات الأهـداف المعرفيـة الـستة وهـى: التـذكر – الفهم – التطبيق – التحليل – التركيب – التقويم.

ب- تقويم المتعلم عقليا ويشمل تحديد :

◄ قدراته العقلية.

◄ مستوى ذكائه.

◄ نمط تفكيره.

◄ سعته العقلية.

◄ مستوى تفكيره العلمى.

◄ مستوى تفكيره المنطقى.

◄ مستوى تفكيره الابتكارى.

جـ- تقويم الأفكار البديلة (الخاطئة) لدى المتعلم ويشمل :

◄ تشخيص تلك الأفكار بدقة.

◄ استبدال تلك الأفكار بالأفكار الصحيحة.

د- تقويم المتعلم مهاريا (نفسحركيا) ويشمل تحديد :

◄ مستوى مهاراته اليدوية والعملية.

◄ مستوى مهاراته العقلية (مهارات عمليات العلم).

◄ مستوى مهاراته فى الدراسة والاستذكار .

◄ مستوى مهاراته فى طرح الأسئلة.

◄ مستوى مهاراته فى حل المواقف المشكلة.

◄ مستوى مهاراته فى اتخاذ القرار .

◄ مستوى مهاراته الاجتماعية (كالتعاون ، والنظام ، وغيرها).

◄ مستوى مهاراته الحياتية .

على أن يتم تقويم المتعلم فى الجوانب المهارية وفقا لمستويات الأهداف المهارية وهى : التعرف، والتقليد ، والممارسة الموجهة والممارسة غير الموجهة ، والاتقان ، والإبداع .

هـ- تقويم المتعلم نفسيا :

ويشمل تحديد سماته وخصائصه النفسية من حيث :

◄ مفهومه عن ذاته.

◄ تحقيقه لذاته.

◄ قدرته على الإنجاز.

◄ اندماجه مع الجماعة.

◄ انطوائه وعزلته.

◄ إيجابيته أو سلبيته.

◄ دافعيته .

◄ عدوانيته.

إلى غير ذلك من السمات والخصائص النفسية للمتعلم التى يكون لها انعكاسات مباشرة ، أو غير مباشرة على مشاركته فى عملية التدريس بفعالية وبالتالى على نتاجات تعلمه التى يكتسبها مـن تلك العملية.

و- تقويم المتعلم وجدانيا وعاطفيا ويشمل تحديد :

◀ استعداداته.

◀ ميوله.

◀ اتجاهاته.

◀ قيمه.

◀ مدى تقديره للخالق سبحانه وتعالى.

◀ مدى تقديره للعلم والعلماء .

◀ مدى تقديره لدور علماء المسلمين والعرب فى تقدم البشرية.

على أن يتم تقويم الجوانب الوجدانيـة (الانفعاليـة) لـدى المـتعلم وفقا لـمستويات الأهداف الوجدانية وهى : الاستقبال ، الاستجابة ، التقييم التنظيم التمييز.

ز- تقويم المتعلم سلوكيا ويشمل تحديد :

◀ أنماط سلوكه الشخصى (مع نفسه).

◀ أنماط سلوكه الاجتماعى (مع الآخرين).

◀ أنماط سلوكه البيئى (مع عناصر البيئة المحيطة).

◀ أنماط سلوكه الصحى (إيذاء نفسه أو الآخرين).

◀ أنماط سلوكه الخاطئ عموما.

على أن يتم تقويم سلوك المتعلم علـى مـستوى الأداء الفعـلى ، لا مـستوى معرفة صحة وخطأ السلوك فقط ، وأن يكون ذلك على مستوى التشخيص والعلاج.

٢- تقويم المعلم :

وهو مجال رئيس يشتمل على مجالات فرعية هى :

أ- تقويم المعلم أكاديميا ويشمل تحديد :

◀ مستوى معلوماته ومعارفه فى مجال تخصصه.

◀ مستوى مهاراته العقلية والأكاديمية.

◀ مستوى ميوله واتجاهاته العلمية.

◀ مدى تقديره للعلم والعلماء فى مجال تخصصه.

وذلك وفقا لجميع مستويات الجانب المعرفي.

ب- تقويم المعلم مهنيا ويشمل تحديد :

◄ استعداده لتدريس مادة تخصصه.

◄ اتجاهاته وميوله نحو التدريس .

◄ مستوى كفاياته المهنية.

◄ مستوى مهاراته فى التخطيط للتدريس .

◄ أدائه اللغوى داخل حجرة الدراسة.

◄ أسلوبه فى التدريس .

◄ نمط إدارته لحجرة الدراسة.

◄ نمط تنظيمه لبيئة الصف.

◄ مستوى مهاراته فى تنفيذ الدرس .

◄ التمهيد للدرس .

◄ شرح عناصر الدرس وفقا لترتيب منطقى.

◄ التقويم التكوينى بين كل عنصر وآخر من عناصر الدرس .

◄ تنويع المثيرات داخل حجرة الدراسة.

◄ سيطرته على مجريات الأمور داخل حجرة الدرس .

◄ التفاعل اللفظى مع المتعلمين داخل الفصل .

◄ التفاعل غير اللفظى مع المتعلمين داخل الفصل .

◄ استقبال أسئلة التلاميذ أو المتعلمين .

◄ توجيه الأسئلة للمتعلمين.

◄ حسن التصرف فى المواقف المحرجة والمفاجئة .

◄ ربط عناصر الدرس .

◄ تنظيم الملخص السبورى.

◄ إنهاء الدرس فى الوقت المحدد.

إلى غير ذلك من الجوانب المهنية للمعلم.

جـ- تقويم المعلم ثقافيا ويشمل :

تحديد مستواه الثقافى العام فى مجالات غير مجال تخصصه ، ومدى وعيه بقضايا ومشكلات مجتمعه ، ومرئياته حول ما يحدث حوله دوليا وعالميا ، وإلمامه بأحدث نتاجات العلم والتكنولوجيا ، وتأثيرات تلك النتاجات على المجتمعات بالسلب والإيجاب.

د- تقويم نشاطات المعلم ويشمل تحديد مدى إسهامه أو مشاركته فى:

◄ ندوات ثقافية.

◄ مؤتمرات علمية.

◄ أمسيات شعرية.

◄ معارض فنية.

◄ إعداد معارض تعليمية.

◄ تأسيس نوادى العلوم.

◄ ممارسة أنشطة رياضية.

◄ إعداد مسابقات تعليمية.

◄ زيارات ميدانية تعليمية.

◄ تخطيط الرحلات التعليمية.

◄ الجمعيات التربوية والأكاديمية المتخصصة.

◄ إعداد مسرحيات أو تمثيليات تعليمية مدرسية.

◄ إعداد مجلات وصحف مدرسية تعليمية.

◄ إنتاج مواد وأدوات تعليمية من منتجات البيئة المحلية.

◄ إعداد برامج الإذاعة المدرسية.

إلى غير ذلك من الأنشطة الثقافية والعلمية الصفية ، وغير الصفية.

هـ- تقويم المعلم سلوكيا ويشمل تحديد أنماط سلوكه :

◄ مع تلاميذه.

◄ مع زملائه.

◄ مع رؤسائه.

◄ خارج المدرسة.

◄ الشخصى تجاه نفسه (الاهتمام بمظهره وهندامه).

وغير ذلك من سلوكيات المعلم التى تنعكس على تلاميذه بشكل مباشر أو غير مباشر .

و- تقويم المعلم أخلاقيا ويشمل :

تحديد مدى تمسك المعلم بعادات وتقاليد مجتمعه ، ومبادئ الدين الإسلامى الحنيف ، ومـدى كون هذا المعلم قدوة صالحة فى حسن خلقه لتلاميذه ومتعلميه.

ز- تقويم المعلم اجتماعيا :

ويشمل تحديد مدى قدرته على إقامة علاقات اجتماعية طيبة مع رؤسائه وزملائه ، وتلاميذه.

٣- تقويم المنهج :

هناك مجالان رئيسان لتقويم المنهج هما : تقويم المنهج الكامن *Inert Curriculum Evaluation* ، وتقويم المنهج الوظفى (الفعال) *Functional (Operative) Curriculum Evaluation* ، يركز المجال الأول على بنية المنهج ، أو خطة المنهج ، أما المجال الثانى فيركز على عملية تنفيذ المنهج بين المعلم والمتعلم فى البيئة التعليمية ، وما نود الحديث عنه هنا هو تقويم بنية ، أو خطة المنهج ، حيث يشمل هذا المجال مجالات فرعية هى :

أ- تقويم أهداف المنهج ويشمل الحكم على مدى :

- مراعاة تلك الأهداف لحاجات المجتمع فى أبنائه.
- مراعاة تلك الأهداف لحاجات وخصائص المتعلمين.
- قابلية هذه الأهداف للتحقق.
- قابلية هذه الأهداف للقياس والتقويم.
- شمول هذه الأهداف لجميع مجالات الأهداف : معرفية ، ومهارية ووجدانية.
- تكامل هذه الأهداف فيما بينها.
- مراعاة تلك الأهداف لإيقاع العصر وتطوراته.
- مراعاة تلك الأهداف لطبيعة العلم وخصائصه.
- مراعاة تلك الأهداف لطبيعة مفهوم المنهج وتطوره.

وغير ذلك من معايير الأهداف.

ب- تقويم محتوى المنهج ويشمل الحكم على مدى :

- اتساق هذا المحتوى مع أهداف المنهج.
- كفاية هذا المحتوى لتحقيق أهداف المنهج.
- شمول هذا المحتوى لجميع الجوانب الأساسية لنمو المتعلم.
- تكامل هذا المحتوى أفقيا ورأسيا.
- مناسبة هذا المحتوى لخصائص ومستوى المتعلمين.
- مسايرة هذا المحتوى لتطورات العصر .
- تأكيد هذا المحتوى لحاجات المجتمع وعاداته وتقاليده .
- خلو هذا المحتوى من كل ما يتعارض مع مبادئ ديننا الإسلامى الحنيف.
- دقة المعلومات الواردة فى هذا المحتوى.

◄ ترتيب موضوعات هذا المحتوى منطقيا.

◄ تنويع موضوعات هذا المحتوى.

◄ ارتباط موضوعات هذا المحتوى بحياة المتعلمين اليومية.

◄ مناسبة أسلوب عرض موضوعات هذا المحتوى.

◄ سلامة وبساطة لغة عرض موضوعات هذا المحتوى.

◄ تدعيم موضوعات هذا المحتوى بالأنشطة المناسبة .

◄ تدعيم موضوعات هذا المحتوى بالصور والرسوم التوضيحية كلما تطلب الأمر ذلك.

◄ تكرار أو تداخل موضوعات المحتوى مع محتويات مناهج أخرى.

◄ انقرائية موضوعات هذا المحتوى.

◄ جودة طباعة وثائق المحتوى (الكتاب الدراسى).

◄ جودة إخراج وتنسيق مطبوعات المحتوى.

◄ تناسق وجودة ألوان الصور والرسوم بمطبوعات المحتوى.

◄ متانة الغلاف وجاذبية تصميمه.

جـ- تقويم أساليب وطرق تدريس محتوى المنهج ويشمل الحكم على مدى :

◄ اتساق هذه الأساليب والطرق مع أهداف المنهج.

◄ مناسبة هذه الأساليب والطرق لطبيعة محتوى المنهج.

◄ مناسبة هذه الأساليب والطرق لخصائص وطبيعة التلاميذ.

◄ تنوع هذه الأساليب والطرق.

◄ قدرة هذه الأساليب والطرق على تحقيق أعلى مستويات التفاعل بين المعلم وتلاميذه حول موضوعات المنهج.

◄ تشويق هذه الأساليب والطرق للتلاميذ وإثارة دافعيتهم .

◄ إتاحة هذه الأساليب والطرق الفرصة لمشاركة التلاميذ فى عمليتى التعليم والتعلم.

وقد سبقت الإشارة إلى هذا المجال من مجالات التقويم كجانب من جوانب مجال تقويم المعلم.

د- تقويم الوسائل التعليمية المرتبطة بالمنهج ويشمل الحكم على مدى:

◄ صلاحية تلك الوسائل للاستخدام فى العملية التعليمية.

◄ اتساق تلك الوسائل مع أهداف المنهج.

◄ إسهام تلك الوسائل فى تحقيق أهداف المنهج.

◄ مناسبة تلك الوسائل لطبيعة موضوعات محتوى المنهج.

المدخل للمناهج وطرق التدريس

◄ مناسبة تلك الوسائل لأسلوب التدريس.

◄ بساطة تلك الوسائل وعدم تعقيدها.

◄ إتقان تلك الوسائل ودقة صنعها وكفاءتها فى العمل.

◄ قدرة تلك الوسائل على تحقيق المتعة والتشويق وجذب انتباه المتعلم.

◄ تنوع تلك الوسائل لتخاطب جميع حواس المتعلم.

◄ قدرة تلك الوسائل على تضييق هوة الفروق الفردية بين المتعلمين.

◄ تكامل تلك الوسائل مع غيرها لتحقيق أهداف المنهج.

◄ حداثة تلك الوسائل ومواكبتها لتطورات تكنولوجيا التعليم.

◄ تأثير تلك الوسائل كجزء أساسي في منظومة المنهج .

◄ قدرة تلك الوسائل على توفير الوقت والجهد للمعلم والمتعلم.

◄ مرونة تلك الوسائل فى تطويعها لخدمة أهداف منهج آخر ، أو لخدمة فئات أخرى من المتعلمين.

◄ اقتصادية تلك الوسائل وقلة تكلفتها.

◄ إسهام تلك الوسائل فى تدريب الطلاب على ممارسة العمل اليدوي.

◄ إسهام تلك الوسائل فى تدريب الطلاب على الإبداع والابتكار .

◄ إسهام تلك الوسائل فى تدريب الطلاب على إنتاج وسائل تعليمية أخرى من منتجات البيئة المحلية.

إلى غير ذلك من معايير الوسائل التعليمية.

هـ- تقويم الأنشطة المصاحبة للمنهج (صفية،وغير صفية) ويشمل الحكم على مدى

◄ اتساق تلك الأنشطة مع أهداف المنهج.

◄ إسهام تلك الأنشطة فى تحقيق أهداف المنهج.

◄ تكامل تلك الأنشطة مع محتوى المنهج.

◄ إسهام تلك الأنشطة فى دفع المتعلم لمزيد من التعلم.

◄ دور تلك الأنشطة فى استمرارية عملية التعلم.

◄ تدعيم تلك الأنشطة لأساليب التدريس.

◄ تعدد تلك الأنشطة وتنوعها وشمولها.

◄ قابلية تلك الأنشطة للتنفيذ داخل أو خارج المؤسسات التعليمية.

◄ مراعاة تلك الأنشطة لخصائص وميول ورغبات المتعلم.

◄ مناسبة تلك الأنشطة لقدرات وإمكانات المتعلم.

◄ ارتباط تلك الأنشطة ببيئة وواقع المتعلم.

و- تقويم وسائل وأساليب تقويم المنهج : ويشمل الحكم على مدى :

◄ ارتباط هذه الوسائل والأساليب بأهداف المنهج.

◄ ارتباط هذه الوسائل والأساليب بمحتوى المنهج.

◄ مناسبة هذه الوسائل والأساليب لطبيعة وخصائص وقدرات المتعلم.

◄ صدق هذه الوسائل والأساليب فى نتائجها.

◄ ثبات هذه الوسائل والأساليب فى نتائجها.

◄ موضوعية هذه الوسائل والأساليب فى نتائجها وعدم تحيزها.

◄ تنوع هذه الوسائل والأساليب وتعددها.

◄ شمول هذه الوسائل والأساليب لجميع جوانب التعلم.

◄ تكامل هذه الوسائل والأساليب فى تكوين صورة نهائية عن المنهج.

◄ استمرارية هذه الوسائل والأساليب فى تعديل مسار عناصر المنهج.

◄ تطور هذه الوسائل والأساليب بتطور مفهوم المنهج.

◄ اهتمام هذه الوسائل والأساليب بالقدرات العقلية العليا للمتعلم .

◄ اهتمام هذه الوسائل والأساليب بأساليب التفكير لدى المتعلم.

◄ استخدام هـذه الوسائـل والأسـاليب ، ومواكبتها للتقنيات التعليمية المعاصرة.

◄ اعتماد هذه الوسائل والأساليب على نظام معيارى موضوعى.

◄ جودة ودقة الأسئلة والتمارين والأنشطة التقويمية بمحتوى المنهج (فى الكتب الدراسية).

◄ فعالية ودقة نظم الامتحانات فى العملية التعليمية .

◄ قدرة المعلم على تنفيذ عمليات التقويم وكفاياته.

◄ فعالية وسائل وأساليب تقويم المعلم المتبعة حاليا.

◄ الاعتماد على وسائل وأساليب التقويم الذاتى لعناصر المنهج فى مؤسساتنا التعليمية الحالية.

◄ مواكبة وسائل وأساليب التقويم للتوجهات العالمية المعاصرة فى مجال التقويم والقياس التربوى والنفسى.

٤- تقويم بيئة التدريس :

وهو مجال مهم مـن مجالات تقويـم التدريس ، ويشمل المجالات الفرعية التالية :

أ- تقويم بيئة الصف الدراسى : ويشمل الحكم على مدى :

◄ مناسبة مساحة غرفة الصف لعدد المتعلمين .

◄ تجهيز غرفة الصف بالأثاث المناسب للتلاميذ.

◄ تجهيز غرفة الصف بسبورة جيدة ومناسبة.

◄ تزويد غرفة الصف بمصادر وتوصيلات كهرباء .

◄ مناسبة الإضاءة الطبيعية والصناعية بغرفة الصف .

◄ تجهيز غرفة الصف بوسائل التهوية الطبيعية والصناعية.

◄ مناسبة ألوان البياض والدهانات بغرفة الصف .

◄ تنسيق مناضد ومقاعد التلاميذ بشكل مريح وجميل في غرفة الصف .

◄ تزويد غرفة الصف بجهاز إطفاء حريق مناسب .

ب- تقويم البيئة المدرسية : ويشمل الحكم على مدى :

◄ مناسبة موقع المدرسة عموما من حيث القرب ، أو البعد بالنسبة للمتعلمين.

◄ مناسبة موقع المدرسة من حيث البعد عن مصادر الضوضاء والإزعاج.

◄ مناسبة موقع المدرسة من حيث مساحته ، ومدى استيعابه لجميع المتعلمين.

◄ جودة المباني المدرسية ودقة تصميمها.

◄ مراعاة البعد الجمالي الداخلي والخارجي للمباني المدرسية.

◄ توفير مصادر التهوية الطبيعية والإضاءة الطبيعية لجميع وحدات المباني المدرسية.

◄ وجود مساحات فارغة ومساحات خضراء داخل المدرسة.

◄ إحاطة جميع مباني المدرسة بسياج عال لحماية المتعلمين.

◄ وجود ملاعب مناسبة لممارسة الطلاب لدروس التربية الرياضية .

◄ وجود معامل بتجهيزات متكاملة لممارسة العمل المعملي وأنشطته.

◄ وجود ورش لتدريب الطلاب على ممارسة مجالات العمل اليدوي.

◄ وجود حجرة للإسعافات الأولية مجهزة بالتجهيزات اللازمة.

◄ وجود مكتبة مناسبة ومجهزة للإطلاع والقراءة ومزودة بأجهزة الحاسب الآلـي ، وبعض أجهـزة البحث الأخرى كجهاز قارئ الميكروفيلم وقارئ الميكروفيش.

◄ وجود مرافق ودورات مياه صحية ونظيفة بعدد كاف .

◄ وجود مصادر مياه لشرب التلاميذ .

◄ وجود مسجد مناسب داخل المدرسة.

◄ وجود مرافق صرف صحي سليمة للمدرسة.

◄ وجود خزان غاز آمن يمدد الغاز لمعامل المدرسة .

◄ وجود مستودعات مناسبة للكتب والمواد التعليمية من كيماويات وغيرها في المدرسـة . وغير ذلك من المعاييـر الخاصة بالبيئة المدرسية .

٥- تقويم الهيئات الإدارية والفنية المعاونة للتدريس :

وهو مجال مهم أيضا من مجالات تقويم التدريس ، حيث يتوقف نجاح المعلم فى تحقيق أهداف المنهج على مدى تعاون أعضاء الهيئة الإدارية والفنية معه ، ومساعدتهم له ، ومن المجالات الفرعية لهذا المجال ما يلى :

◄ تقويم مدير المؤسسة التعليمية : من حيث : شخصيته ، وسلوكه وانضباطه ، وأخلاقه ، وعلاقته بمرؤوسيه ومهاراته فى الإدارة ، وقدرته على حل مشكلات العمل فى مؤسسته ... إلى غير ذلك من الجوانب.

◄ تقويم أعضاء الهيئة الإدارية بالمؤسسة التعليمية : من حيث : سماتهم الشخصية ، وقدراتهم الإدارية ، وخصائصهم النفسية والاجتماعية والأخلاقية ... الخ.

◄ تقويم أعضاء الهيئة الفنية بالمؤسسة التعليمية : كفنيى المختبرات وفنيى تكنولوجيا التعليم ، وفنيى (أخصائى) الصحة المدرسية ، وغيرهم وذلك من حيث : الجوانب الشخصية ، والجوانب المهنية ، والفنية والجوانب الاجتماعية ، والأخلاقية ... وغيرها.

● **وسائل تقويم التدرس :**

قد يتصور البعض أن وسائل وأدوات تقويم التدريس هى نفسها أساليبه وفى ذلك مغالطة كبيرة ، فهناك فارق كبير بين أساليب التقويم ، ووسائله (أدواته) ، كالفارق بين أساليب التدريس ، والوسائل والأدوات التى يعتمد عليها المعلم خلال التدريس . وأساليب التقويم هى : الإجراءات والطرق التى يتبعها القائم بالتقويم لتنفيذ تلك العملية ، بما فى ذلك استخدام أدوات ووسائل التقويم . ويمتاز كل أسلوب من أساليب التقويم بتفرده ، وأدواته ووسائله التى قد تختلف من أسلوب لآخر.

ويمكن إجمال أهم أساليب وطرق التقويم في مجال التعليم عموما في الشكل (١٣) :

ولتنفيذ أي أسلوب من أساليب التقويم المختلفة المشار إليها ، لابد من الاعتماد على أدوات ، ووسائل متنوعة ، ومختلفة تعرف بأدوات ، ووسائل التقويم.

وتتعدد أدوات تقويم التدريس ووسائله ، حيث تتنوع بتنوع مجالاته وأساليبه ، وبصفة عامة يمكن تصنيف أدوات تقويم التدريس إلى :

أ - أدوات تقويم اختبارية :

وتضم جميع أدوات تقويم التدريس الاختبارية ، أى التى تستند إلى الاختبارات بكافة أنواعها فى عملية قياس نواتج منظومة التدريس

ومخرجاتها. حيث تشمل : الاختبارات المقننة كالاختبارات التحصيلية واختبارات الذكاء ، واختبارات القدرات العقلية .... الخ .

وتعد الاختبارات الدراسية التى يقوم بإعدادها المعلم ، أو غيره فى إطار الامتحانات الدراسية من أهم أدوات تقويم التدريس الاختبارية.

شكل (١٣) : أهم طرق وأساليب التقويم فى مجال التعليم

ب – أدوات تقويم لا اختبارية :

وتضم أدوات ، ووسائل التقويم التى لا تعتمد على الاختبارات فى عملية القياس ، حيث تشمل هذه الفئة أدوات التقويم التقديرية ، أى التى تعتمد على التقدير فى عملية القياس مثل : أدوات التقرير الذاتى كالاستبانات والاستفتاءات ، ومقاييس الميول ، والاتجاهات ، ومقاييس الشخصية وقوائم الرصد ، وقوائم التقدير ، وسلالم الرتب ، وقوائم الملاحظة والأدوات الإسقاطية .

ويمكن تصنيف أدوات تقويم التدريس على نحو أكثر تفصيلا إلى :

أ- أدوات القياس :

وتشمل الاختبارات التحصيلية المقننة وغير المقننة ، واختبارات القدرة العقلية العامة ، والقدرات الخاصة على اختلاف أنواعها وفئاتها ، سواء كانت

هذه الاختبارات شفوية أو تحريرية ، لفظية أو أدائية ، اختبارات سرعة ، أو اختبارات دقة وقوة .

ب- أدوات التقرير الذاتى :

وتشمل جميع مقاييس ، واختبارات سمات ومظاهر الشخصية كالاستبيانات *Questionnaires* ، والقوائم *Inventories* مثل قوائم الميول ، وسلالم الاتجاهات ، سواء تم تطبيقها بطريقة ذاتية ، أو عن طريق أفراد آخرين خلال المقابلات الشخصية.

جـ- أدوات الملاحظة :

وتشمل : سلالم التقدير ، وقوائم التقدير ، وبطاقات الملاحظة والسجلات القصصية (سجلات الحوادث) ، وقوائم الرصد ، وكذلك الأدوات السوسيومترية *Sociometric Tests* ، التى تقيس السلوك الاجتماعى والعلاقات الاجتماعية.

د- أدوات التحليل :

وتشمل أدوات ، وقوائم تحليل العمل ، أو أدوات وقوائم تحليل المهام والمهارات ، وكذلك أدوات وقوائم تحليل المحتوى.

- **الاختبارات وأنواعها :**

يتم تقويم النواتج المعرفية التى يكتسبها الطلاب من خلال عملية التدريس بواسطة الاختبارات بأنواعها المختلفة: الشفهية ، والعملية والورقة والقلم (التحريرية) التى تعتبر أكثر أساليب التقويم شيوعا فى مدارسنا والمقياس الوحيد الذى يجاز به التلاميذ من صف إلى آخر ، ومن مرحلة تعليمية إلى أخرى ، ونظرا لأهمية الاختبارات نعرض لها بشيء من التفصيل فيما يلي :

- **أولا : الاختبارات الشفهية :**

تعد هذه الاختبارات من أقدم أنواع الاختبارات التى استخدمت فى تقويم النواتج المعرفية ، حيث يقوم المعلم بإلقاء بعض الأسئلة الشفهية على التلاميذ ، ويطلب منهم الإجابة عنها بصورة شفهية لمعرفة مدى فهم المتعلم للمادة الدراسية ، ومدى قدرته على التعبير عن نفسه ، وهى ضرورية فى بعض مواقف التدريس ، وقياس مدى تحقق بعض الأهداف التعليمية فى بعض المجالات : مثل القراءة الجهرية ، وإلقاء الشعر ، وتلاوة القرآن الكريم وتفسيره ، ومناقشة البحوث والتقارير ، والأنشطة التى يكلف الطالب بإعدادها. (محمد السيد على ، ١٩٩٨م ، ص ص ٢٢٦-٢٢٧).

ولقد أجمع العديد من التربويين على أهمية استخدام الاختبارات الشفهية إلى جانب الأنواع الأخرى من الاختبارات لما تتسم به من مزايا عديدة.

- **مزايا الاختبارات الشفهية :**

- إن اعتماد المعلم على الأسئلة الشفهية أثناء شرحه للدرس يجعل التلميذ على اتصال مستمر بما يشرحه المعلم فيظل فى يقظة ومتابعة دائمة لكل ما يدور من أسئلة واستجابات .
- تساعد فى إصدار الحكم على قدرة التلميذ في المناقشة والحوار وسرعة التفكير والفهم ، وربط المعلومات واستخلاص النتائج منها.
- تستخدم فى تقويم صغار الأطفال فى مرحلة ما قبل المدرسة والصفوف الأولى من المرحلة الابتدائية.
- تجعل التقويم عملية مستمرة ، وتدفع التلاميذ إلى مذاكرة دروسهم يوما بيوم.
- تساعد على تصحيح وتعديل الأخطاء المفاهيمية العلمية عند وقوعها وتتبعها إلى جذورها ، والكشف عن أسبابها وعلاجها فى حينه.
- تساعد على تشخيص بعض صعوبات التعلم ، مثل الصعوبات المصاحبة لعملية القراءة.
- تساعد المعلم على التمييز بين التلاميذ المتقاربين فى المستوى.
- تقدم الأسئلة الشفهية تغذية راجعة فورية للمعلم أثناء شرحه حيث تستطيع الوقوف على درجة فهم الطلاب للمادة.

وعلى الرغم من أهمية هذا النوع من الاختبارات فإن هناك الكثير من النقد يوجه إليها.

- عيوب الاختبارات الشفهية :

- تتأثر بدرجة كبيرة بذاتية المعلم سواء فى عملية صياغة الأسئلة ، أو تقدير الدرجات.
- تستغرق وقتا طويلا فى إجرائها خصوصا عندما يكون عدد الأسئلة المطروحة على كل طالب كثيرة ، وأعداد الطلاب فى الصف كبيرة.
- إن عدم تدوين إجابات الطلاب وتسجيلها لا يتيح الفرصة للمعلم لتحليلها والتعرف على نقاط الضعف أو القوة فيها.
- تتأثر ببعض العوامل النفسية للطالب مثل الخوف والارتباك والقلق من مواجهة المعلم وزملائه فى موقف اختبارى.

◄ اختلاف مستوى صعوبة الأسئلة التى توجه للطلاب المختلفين فقد يوجه سؤال صعب إلى طالب ، وسؤال سهل إلى طالب آخر ويتم الحكم على تحصيله بأنه جيد رغم عدم معرفته إجابة السؤال الصعب الذى وجه إلى زميله.

◄ افتقارها إلى شمولية الأسئلة فى تغطية المحتوى.

ولذلك يجب ألا تستخدم الاختبارات الشفهية كوسيلة وحيدة للتقويم بل يجب استخدامها ضمن وسائل أخرى.

● **ثانيا : الاختبارات العملية :**

يستخدم هذا النوع من الاختبارات لقياس مخرجات التعلم المتعلقة بالمهارات العملية. كما هو الحال فى مقررات العلوم حيث تقيس بعض نواتج التعلم المتعلقة بالمهارات العملية فى المختبر ، ومقررات الدراسات الاجتماعية حيث تقيس نواتج التعلم المتعلقة بمهارات رسم الخرائط وتحويل جدول إلى رسم بيانى ، أو رصد حالة الطقس للبيئة المحلية باستخدام أجهزة قياس عناصر الطقس. كما تقيس المهارات العملية فى التربية الفنية ، والتربية الموسيقية ، واللغات ، والاقتصاد المنزلى ، والتربية الفنية ، وغيرها من المقررات الدراسية.

ولا يقتصر هذا النوع من الاختبارات على قياس النواتج المرتبطة بالمهارة فقط ، ولكنها تقيس نواتج مرتبطة بالمعرفة والمهارة مثال ذلك إذا طلب المعلم من تلاميذه تصميم خريطة للطقس ، أو وضع خطة لبحث معين ، أو كتابة قصة قصيرة ، أو عمل تخطيط لدائرة كهربية.

● **ثالثا : اختبارات الورقة والقلم :**

وهى تلك الاختبارات التى يستخدم فيها التلميذ الورقة والقلم للإجابة عنها وتسمى أيضا الاختبارات التحريرية ، وتنقسم هذه الاختبارات إلى نوعين رئيسين هما : (ماهر إسماعيل ، محب الرافعى ، ٢٠٠١م ، ص ص ٢٤٩ – ٢٧٤) .

١- اختبارات المقال :

ويعد هذا النوع من الاختبارات أكثر أنواع الاختبارات شيوعا فى تقويم المخرجات المعرفية للتدريس ، ويعطى الطالب فيها حرية فى الإجابة عن الأسئلة بالطريقة التى يريدها ، واختيار المادة ، وتنظيمها بالطريقة التى يراها ، مع مراعاة الصحة فى التعبير ، والدقة فى استخدام المفاهيم والأفكار والمصطلحات والقواعد العلمية ، والقدرة على العرض والشرح والتحليل والاستنباط ، وربط المعلومات بعضها ببعض .

● **أنواع اختبارات المقال :**

تختلف أنواع أسئلة المقال باختلاف درجة الحرية المتاحة للمتعلم فى إجابته عـن الـسؤال . فقـد يطلب منه إعطاء جواب محدد قصير ، أو قد تترك له الحرية الكاملة فى الإجابـة . وتنقسم اختبـارات المقال إلى نوعين هما :

أ- أسئلة المقال ذات الإجابات المقيدة :

فى هذا النوع من الأسئلة توضع حدود وقيود على الإجابة المطلوبة من حيث المـادة المطلوبة فى السؤال ، أو بتحديد المساحة المخصصة له أو تحديد نقاط معينة للإجابة ، ومن أمثلة هـذه الأسئلة ما يلى :

١- اذكر المقصود بكل مما يأتى ؟ :

(١) الأحماض : ....

(٢) القلويات : ....

(٣) التأكسد : ....

(٤) الاختزال : ....

٢- اذكر خطوات تحضير الأكسجين مع وصف الأدوات والمواد المستخدمة باختصار ؟

٣- عدد أسباب الحملة الفرنسية على مصر .

٤- أذكر وحدة قياس كل من : شدة التيار الكهربى ـ فرق الجهد الكهربى.

٥- علل لما يأتى :

- اختيار العباسيين بلاد فارس مركزا لدعوتهم ؟

- زيادة عدد الحصون والحاميات فى عهد هارون الرشيد ؟

- اتخاذ المتوكل سياسة التقرب من العرب ؟

وهذا النوع من الأسئلة له مزاياه كما أن له عيوبه أيضا ، فمن ضمن مزاياه أنه : سهل الإعـداد والتصحيح ، ويصلح لقياس النواتج التعليمية على مستوى الفهم أو التطبيق أو التحليـل ، إلا أن مـن عيوبه أنه لا يصلح لقياس كـل مـن الربط والتنظيم والتقويم ، حيث تتطلب إعطاء الحرية الكافيـة للمتعلم لصياغة إجابته بالطريقة التى يراها مناسبة.

ب- أسئلة المقال ذات الإجابات الحرة :

وهذا النوع من الأسئلة يترك للمتعلم الحرية الكاملة لتحديد مدى إجابته وشـمولها ، وتمتاز هـذه الأسئلة بإظهار قدرة المتعلم على : التحليل والترتيب ، والتنظيم ، والربط بين الأفكار ، وإظهار قدرته الإبتكارية فى

التعبير، وهذه كلها أهداف تربوية يصعب تحقيقها في الأنواع الأخرى من الأسئلة.

ومن أمثلة هذا النوع من الأسئلة ما يلى :

١- أثبت بالتجربة أن غاز ثاني أكسيد الكربون مهم لعملية البناء الضوئى .

٢- ما الأسباب التى أدت إلى انهيار الدولة الفاطمية ؟

٣- ما النتائج التى يمكن أن تترتب على مشكلة التصحر ؟

٤- ما الأسباب التى أدت إلى سقوط الدولة العباسية ؟

٥- ما الأسباب التى أدت إلى هزيمة المسلمين في معركة أحد ؟

٦- تكلم باختصار عن مصادر تلوث الهواء ، وما النتائج المترتبة على تلوث الهواء ؟

٧- اقترح طريقة لتحلية مياه البحر.

٨- ما الأسباب التى أدت إلى معركة بدر ؟ وما النتائج التى ترتبت عليها؟

٩- اقترح بعض الحلول التى يمكن أن تساهم في الحد من مشكلة تلوث المياه.

● **مزايا أسئلة المقال :**

أجمعت العديد من الأدبيات التربوية على أن اختبارات المقال تمتاز بما يلى :

◄ تقيس قدرة المتعلم على تلخيص المعلومات ، والوصف ، والمقارنة بين موضوعات المادة الواحدة.

◄ تقيس قدرة المتعلم على التفكير الإبتكارى وإيجاد حلول جديدة للمشكلات.

◄ يمكن إعدادها بسهولة وفي زمن قصير نسبيا.

◄ تخلو الإجابة عنها من أثر التخمين.

◄ يمكن أن تقيس المستويات العليا من العمليات العقلية في المجال المعرفي كالتطبيق ، والتحليـل ، والتركيب ، والتقويم.

● **عيوب أسئلة المقال :**

من الانتقادات الموجهة إلى أسئلة المقال أنها :

◄ تتأثر بذاتية المصحح فتختلف الدرجة التى يحصل عليها المتعلم من شخص لآخر ، وقد يختلـف تصحيح الشخص نفسه من وقت لآخر.

◄ لا تغطى أسئلة المقال محتوى المقرر الدراسى بالكامل لقلة عدد الأسئلة.

◄ تستغرق وقتا وجهدا كبيرين في عملية التصحيح.

◄ تتأثر درجة المتعلم بقدرته على الكتابة والتعبير ، فالتعبير الضعيف والأخطاء الإملائية واللغوية تؤثر تأثيرا سلبيا على تقدير الدرجة مما يجعل مقدر الدرجات يميل إلى خفض درجة المتعلم.

● **تحسين اختبارات المقال :**

إن كثيرا من النقد الموجه إلى اختبارات المقال يرجع إلى سوء إعدادها. وقد أشارت بعض الأدبيات التربوية أنه إذا وجهت عناية مناسبة عند إعداد اختبارات المقال وتقديرها يمكن الحصول على نتائج جيدة في تقويم المخرجات المعرفية. ويمكن تلخيص الشروط التي ينبغى توافرها لتحسين اختبارات المقال فيما يلى :

◄ يجب أن تكون الأسئلة واضحة ومحددة لا يوجد بها غموض .

◄ يجب أن تكون الأسئلة شاملة نسبيا ما أمكن ذلك لمحتوى المقرر الدراسى بالكامل.

◄ مناسبة الوقت المتاح للإجابة لما هو مطلوب في أسئلة الاختبار.

◄ يجب ربط أسئلة الاختبار على قدر الإمكان بالمخرجات التعليمية التى يراد قياسها. لذلك ينبغى إعطاء وصف دقيق للأداء المراد قياسه ، مما يساعد على تحديد شكل السؤال ومحتواه ، وعلى صياغة السؤال صياغة سليمة.

◄ الابتعاد عن أسئلة الاختيار ، حتى يجيب جميع المتعلمين عن جميع الأسئلة حتى يمكن المقارنة بين إجابات المتعلمين .

◄ التنويع في أسئلة الاختبار بحيث تقيس قدرة المتعلم في المستويات المعرفية العقلية المختلفة.

◄ وضع إجابة نموذجية لكل سؤال ، وتوزيع الدرجات في ضوء تقسيم هذه الإجابة على النقاط التى يشملها السؤال.

◄ إخفاء أسماء المتعلمين عند تقدير إجاباتهم ، للتقليل من ذاتية المصحح بقدر الإمكان.

◄ من الأفضل إذا كان ذلك ممكنا أن يصحح كل سؤال مصححان على الأقل مما يزيد من دقة تقدير الدرجة ويرفع من ثبات التقدير .

٢- الاختبارات الموضوعية :

لقد ظهرت الاختبارات الموضوعية للتغلب على العيوب التى واجهت الاختبارات المقالية ، ويرجع تسميتها بالموضوعية لموضوعية تصحيح إجابتها فلا تتدخل ذاتية المعلم في تصحيحها ، لأن إجابتها محددة ومعروفة ويتفق فيها المصححون على الدرجة التى تعطى للمتعلم.

● أنواع الاختبارات الموضوعية :

تنقسم الاختبارات الموضوعية إلى عدة أنواع نتناولها تفصيلا فيما يلى :

أ- أسئلة الإكمال والإجابات القصيرة :

يتطلب هذا النوع من الأسئلة أن يجيب عنها المتعلم من خلال كتابة عبارة قصيرة ، أو كلمة ، أو رمز ، أو عدد . ولهذا النوع ثلاث صور هى:

(١) صورة التكملة :

ويتكون سؤال التكملة عادة من جملة أو عبارة مفيدة محذوفا منها المعلومـة التـى يـراد تـذكر المتعلم لها ، وعليه تكملة الجملة أو العبارة بوضع المعلومات المطلوبة فى مكانها المناسب .

(٢) صورة السؤال :

وهي سؤال يعطى للمتعلم تتم الإجابة عنه بكلمة ، أو رقم.

(٣) صورة الربط :

وفى هذا النوع مـن الأسئلـة توضـع كلـمات أو عبـارات ، ويطلب مـن المـتعلم تكملتهـا بكتابـة معلومات معينة مرتبطة بها.

● **مزايا أسئلة الإكمال والإجابات القصيرة :**

◄ سهولة إعدادها وتصحيحها .

◄ تغطيتها لمعظم محتوى المنهج.

◄ لا يوجد بها مجال لتخمين الإجابة الصحيحة.

● **عيوب أسئلة الإكمال والإجابات القصيرة :**

◄ تركيزها على قياس حفظ الحقائق واستظهار المعلومات.

◄ تنوع الإجابات عن نفس السؤال ، فمـن الـصعب أحيانا صياغة الـسؤال   أو العبـارة بـشكل يجعل الإجابة واحدة فقط ، وذلك لأن معظم الكلمات والجمل مرادفات قريبة منها.

◄ تسمح بدرجة من الذاتية فى التصحيح.

● **شروط يجب مراعاتها عند إعداد أسئلة الإكمال والإجابات القصيرة :**

هناك بعض الشروط التى ينبغى مراعاتها عند إعداد هذا النوع من الأسئلة لتلافى العيوب التى قد تنتج عند إعدادها وهذه الشروط هى :

◄ أن تكون العبارة مختصرة وواضحة اللغة والمعنى لكى يفهم المتعلم مباشرة المطلوب منها.

◄ أن تكون هناك إجابة واحدة فقط محتملة.

- التركيز على الحقائق والمعارف المهمة.
- تجنب ترك فراغات لا تحتاج فى إكمالها إلا إلى كلمات أو مفردات ليست لها أهمية كحروف الجر أو العلة أو الربط أو أدوات الشرط.
- أن تتراوح إجابتها المطلوبة بين مفردة أو كلمة أو رقم أو عبارة واحدة بعدة جمل أو خطوات على الأكثر.
- أن يطلب من المتعلمين الإجابة عن جميع الأسئلة نظرا لاختلاف نوع وطول المطلوب من سؤال لآخر .

ب- أسئلة الصواب والخطأ :

يعد هذا النوع من الأسئلة أكثر الأسئلة الموضوعية شيوعاً ، من حيث استخدامها في جميع مراحل التعليم . ويتكون هذا النوع من عبارات أو أسئلة يتم عرضها علي المتعلم ، ويطلب منه اختيار إجابة واحدة من بديلين ، وذلك بتحديد ما إذا كانت العبارة صحيحة أم خاطئة ، أو الإجابة بنعم أو لا ، أو الموافقة علي العبارة أو عدم الموافقة ، أو بتصويب العبارات الخاطئة باحلال العبارات الصحيحة بدلاً منها. وتصاغ أسئلة الصواب والخطأ بعدة صور أهمها :

(١) صيغة الصواب والخطأ :

في هذا النوع من الأسئلة تصاغ عدة عبارات ويطلب من المتعلم تحديد ما إذا كانت كل عبارة من هذه العبارات صحيحة أم خاطئة بأن يضع خطاً تحت كلمة صواب أو علامة (√) اذا كانت العبارة صحيحة ، أو خطاً تحت كلمة خطأ إذا كانت العبارة خاطئة ، ويمكن وضع عمودين أمام العبارات يحدد أحدهما للعبارات الصحيحة والآخر للعبارات الخاطئة.

(٢) صيغة (نعم - لا) :

يمكن استخدام كلمتى (نعم- لا) بدلاً من كلمتي (صواب - خطأ) ويطلب من المتعلم وضع خطا تحت كلمة " نعم " إذا كانت العبارة صحيحة وكلمة " لا " إذا كانت العبارة خاطئة.

(٣) صيغة تصويب الخطأ :

في هذا النوع من الأسئلة يطلب من التلميذ أن يصحح كل عبارة خاطئة بإحلال العبارة الصحيحة بدلاً منها ، وتتحدد العبارة المطلوب تصحيحها بوضع خط تحتها.

- **مزايا أسئلة الصواب والخطأ:**

- أنها تغطي أجزاء كبيرة من المقرر الدراسي.

◀ سهولة تصحيحها فهي لا تستغرق وقتاً طويلاً، ولا تتطلب مجهوداً كبيراً في قراءة الإجابات حيث يتم إعداد مفتاح خاص بالإجابات مسبقاً.

● **عيوب أسئلة الصواب والخطأ :**

◀ ارتفاع نسبة التخمين والتي تصل إلي ٥٠%، نظراً لأن احتمالات العثور علي الإجابة الصحيحة لا تتجاوز هذين الخيارين (صواب ، أو خطأ).

◀ انخفاض مستوي ثبات هذا النوع من الاختبارات بسبب ارتفاع احتمالات الإجابة أو الصدفة.

◀ أنها تقيس قدرة المتعلم علي حفظ بعض الحقائق ، أكثر من العمليات العقلية العليا : كالتحليل ، والتركيب ، والتقويم ، والاستنتاج ، والاستنباط.

وبالرغم من عيوب أسئلة الصواب والخطأ فإن هناك بعض المواقف المهمة التي يمكن استخدامها فيها ، كالتي لا يوجد بها سوي إجابتين ، والتي لا يصلح لقياسها الأنواع الأخري. أو المواقف التي تتضمن تمييز علاقات العلة والمعلول ، أو الخرافة من العلم ، والمفاهيم الخاطئة والصحيحة.

● **شروط ينبغي مراعاتها عند إعداد أسئلة الصواب والخطأ :**

◀ يجب أن تتضمن العبارة فكرة واحدة فقط من الأفكار الرئيسة والمهمة.

◀ تجنب استخدام الكلمات التي تدل علي الكم مثل (كثيرا ـ غالبا).

◀ أن تكون العبارات إما صحيحة تماماً أو خاطئة تماماً.

◀ يجب أن تكون العبارات قصيرة مع استخدام لغة ذات تركيب بسيط.

◀ تجنب العبارات التي توحي بالتخمين كاستخدام بعض الألفاظ والكلمات مثل كلمات " غالباً " ، أو " دائماً" ، أو " أحياناً".

◀ تجنب استخدام العبارات التي تتضمن أدوات النفي ، حتي لا تسبب إرباكاً لذهن المتعلم. كما يجب تجنب العبارات التي تحتوي علي نفي النفي. مثال ذلك : لا تطل اليابان شرقاً إلا علي المحيط الهادي   والأفضل أن تكتب : تطل اليابان شرقاً علي المحيط الهادي .

◀ يفضل أن تتساوي العبارات الصحيحة مع العبارات الخاطئة في الطول تقريباً حتي لا يؤخذ طول الفقرة دليلاً علي صحتها.

◀ عدم أخذ العبارات من الكتاب المدرسي حرفياً، حتي لا تصبح أداة للتشجيع علي الحفظ الآلي.

جـ- أسئلة المقابلة (المزاوجة أو المطابقة) :

تتكون أسئلة المقابلة مـن قـائمتين : تحتـوي الأولي علـي كلمـات أو عبـارات ، أو أشكال تـسمي بـالمثيرات ، وتحتـوي الثانيـة علـي الاستجابات

(التي تمثل البدائل المشتركة). ويطلب من المتعلم أن يبحث في قائمة الاستجابات عـن الكلمـة ، أو العبارة ، أو الشكل المرتبط بالمثيرات.

● **مزايا أسئلة المقابلة :**

◄ سهولة ، وسرعة تصحيحها .

◄ تقيس في زمن قصير العديد من الحقائق المرتبطة.

◄ سهلة الإعداد أكثر من الأنواع الأخرى للاختبارات الموضوعية.

◄ تتطلب حيزاً أقل في طباعتها لصغر المكان الذي يشغله كل سؤال فيها رغم شموله لمعلومات أكثر من أي نوع آخر.

● **عيوب أسئلة المقابلة :**

◄ تقتصر علي قياس الحقائق التي تعتمد علي التذكر.

◄ يقتصر استخدامها في الموضوعات التي تحتوي علي عدد كاف من الفقرات المتجانسة التي يمكن أن تشترك في مجموعة واحدة من البدائل الفعالة ولذلك لا تصلح أسئلة المقابلة في حالة الوحدات الصغيرة من المادة الدراسية.

◄ إذا لم تصمم هذه الأسئلة بإحكام تصبح عرضة للعلامات التي تدل علي الإجابات الصحيحة.

● **الشروط التي ينبغي مراعاتها عند إعداد أسئلة المقابلة :**

◄ يجب أن يشتمل كل سؤال من أسئلة المقابلة علي مجموعة متجانسة من الفقرات المتعلقة بنفس الموضوع حتي تصبح البدائل متجانسة ومناسبة لكل الفقرات ، وعدم الجمع بين أحداث تاريخية متباعدة ، أو الجمع بين مجالات مختلفة ، أو موضوعات متباينة.

◄ أن يتكون كل سؤال من عدد كبير من العبارات أو الكلمات، ويحسن أن تكون عدد العبارات أو الكلمات في قائمة الاستجابات أكثر عدداً حتي يقل احتمال التخمين.

◄ أن ينتمي السؤال مباشرة للمادة الدراسية.

◄ أن يكون السؤال واضح اللغة والمعني.

◄ أن يكون سؤال المقابلة في صفحة واحدة.

◄ أن تكون تعليمات الإجابة واضحة فيما يتصل بالطريقة التي تتم المقابلة بموجبها.

◄ يجب أن تكون الإجابات مختصرة ، ومركزة ، ومرتبة ترتيباً منطقياً كلما أمكن ذلك حتي يمكن قراءتها بسرعة ، وتحديد الإجابة بسهولة.

د- أسئلة الاختيار من متعدد :

تتكون أسئلة هذا النوع من مشكلة رئيسة تسمي : رأس ، أو جذع   أو جذر السؤال   وقائمة من الإجابات البديلة المحتملة تسمي المرادفات   أو البدائل ، وتصاغ المشكلة في رأس السؤال علي صورة عبارة ، أو جملة أو سؤال ، أو عبارة ناقصة ، أما البدائل فتشمل عدة إجابات محتملة يختلف عددها تبعاً لنوع المشكلة . وتصاغ أسئلة الاختيار من متعدد في الصور التالية :

(١) صيغة اختيار أفضل إجابة :

وفيها يتكون رأس السؤال من عبارة ، أو جملة رئيسة ، أو سؤال متبوعة بعدد من المرادفات الصحيحة ، أو المتدرجة في صحتها ، وعلي المتعلم أن يختار من بينها أفضل أو أحسن إجابة ، وهي الأكثر صحة من بين الإجابات البديلة.

(٢) صيغة اختيار الإجابة الصحيحة :

وفيها يتكون رأس السؤال من عبارة ، أو جملة ، أو سؤال يتبعه عدد من العبارات جميعها غير صحيحة ما عدا واحدة منها فقط صحيحة. وتطلب من المتعلم تحديد الإجابة الصحيحة من بين مجموعة الإجابات غير الصحيحة.

(٣) صيغة اختيار الإجابة الخاطئة :

في هذا النوع من الأسئلة يكون للسؤال عدة إجابات صحيحة تماماً وبينها إجابة واحدة خاطئة. وعلي المتعلم أن يحدد الإجابة غير الصحيحة   أو الأقل درجة في صحتها من بين الاستجابات الصحيحة.

● مزايا أسئلة الاختيار من متعدد :

◄ تستخدم لقياس الأهداف التدريسية في معظم مستويات المجال المعرفي لتصنيف بلوم كالتذكر ، والفهم ، والتطبيق ، والتحليل والتركيب ، والتقويم.

◄ يقل فيها فرص التخمين خصوصا عندما يزيد عدد الإجابات البديلة لكل سؤال.

◄ تتطلب وقتاً قصيراً للتصحيح.

◄ سهلة التصحيح ، حيث يمكن أن يقوم بتصحيحها أي شخص باستخدام مفتاح التصحيح الذي يتم إعداد مسبقاً.

● عيوب أسئلة الاختيار من متعدد :

◄ صعوبة إعدادها نظراً للحاجة إلي إعداد بدائل للإجابة، والحاجة إلي اختبار أولي للفقرات ، وتدقيق وإعادة صياغتها.

◄ تكاليف طباعة الاختبار المكون من أسئلة الاختيار من متعدد أكثر من تكاليف أنواع أسئلة التعرف الأخرى.

◄ لا تصلح لقياس مخرجات التعلم المتعلقة بالتأليف ، والتنظيم ، والابتكار والتعبير الكتابي.

◄ أنها تركز في معظمها علي تذكر الحقائق والمعلومات.

● شروط ينبغي مراعاتها عند إعداد أسئلة الاختيار من متعدد :

◄ يجب أن يحتوي رأس السؤال علي مشكلة واضحة ومحددة بحيث يستطيع المتعلم أن يفهمها جيداً دون الحاجة إلي قراءة البدائل.

◄ أن تتعلق المشكلة التي يطرحها رأس السؤال بأحد المخرجات المهمة للتعلم بحيث نبتعد عـن قياس التفاصيل غير المهمة ، والتي لا علاقة لها بمخرجات التعلم.

◄ يجب أن تكون الاستجابة الصحيحة أكثر الإجابات صواباً للفقرة ، أو السؤال من أي بديل آخر.

◄ يجب أن تكون كل البدائل متجانسة في محتواها مرتبطة بمجال المشكلة.

◄ يجب ألا تكون الإجابة الصحيحة أطول بشكل مستمر من البدائل الخاطئة.

◄ يستحسن أن لا يقل عدد الإجابات المقترحة لكل سـؤال أو مثير عـن أربـع   أو خمـس إجابـات حتي تقل فرصة التخمين أثناء الإجابة.

◄ يجب ألا يكون ترتيب الإجابة الصحيحة واحداً في جميع الأسئلة ، بـل يجـب أن توضـع الإجابات الصحيحة موزعة بطريقة عـشوائية لا ينتبـه المـتعلم إلي موضـعها إلا بناء علـي معرفتـه للإجابـة الصحيحة.

◄ يجب ألا تحتوي المرادفات علي إشارة تشير إلى الإجابة الصحيحة في السـؤال وبخاصـة المـؤشرات اللغوية التي تساعد علي اكتشاف الإجابة الصحيحة.

◄ يجب ألا تستخدم صيغة النفي في الأسئلة كلما أمكن ؛ لأن ذلك يفقد السؤال قيمته.

● **أمثلة تطبيقية لصياغة الأسئلة الموضوعية :**

● **أمثلة تطبيقية لأسئلة التكملة (صورة التكملة) :**

- أكمل العبارات التالية :

- يتكون العمود البسيط من قطب موجب من .... وقطب سالب من ....

- يقاس شدة التيار الكهربي بوحدة تسمى ....

- درجة غليان الماء هي .... مْ.

- عثمان بن عفان هو .... الخلفاء الراشدين ، وعرف بلقب .... لأنه تـزوج ابنتـى الرسـول صـلى الله عليه وسلم.

- الفاعل فى اللغة هو اسم .... يأتى بعد الفعل ويدل على فعل الفعل.

- إن أول أركان الإسلام الخمسة هو ....

- إن قيمة ٨ + ٤ - ٢ × ٣ × ٤ = ...

- إن حاصل ضرب (س + ١) (س -١) هو ....

- تقترب قارة آسيا من أمريكا الشمالية عن مضيق .... ومن أفريقيا عند مضيق ....

● أمثلة تطبيقية لأسئلة التكملة (صورة السؤال) :

- متى تولى هارون الرشيد خلافة الدولة العباسية ؟(   )

- كم عدد أركان الإسلام ؟(   )

- من الذى أمر بتأسيس أول أسطول بحرى إسلامى ؟ (   )

- أكتب اسم الشكل الهندسى المناسب لكل مما يلى :

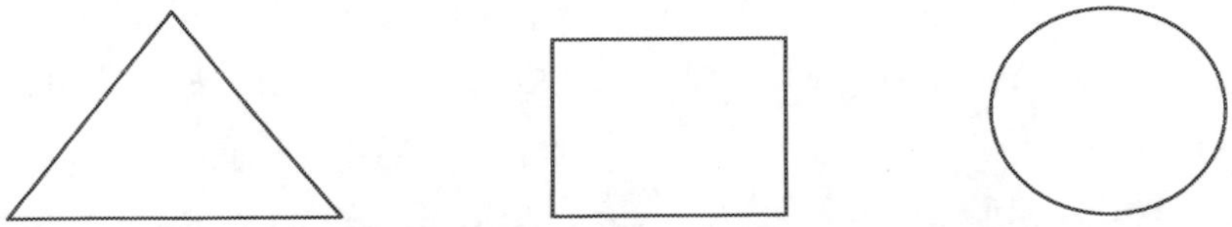

(   )   (   )   (   )   (   )

- ما اسم الجهاز الذى يستخدم فى قياس شدة التيار الكهربى. (   ) .

● أمثلة تطبيقية لأسئلة التكملة (صورة الربط) :

- أكتب أمام كل دولة من الدول التالية عاصمتها :

(أ) مصر ....

(ب) المملكة العربية السعودية ....

(جـ) فرنسا ....

- استخرج من الجمل الآتية اسم الفاعل :

(أ) إن الله لا يحب الخائنين .

(ب) إن الله يحب التوابين ويحب المتطهرين.

- أكتب أمام كل جهاز مما يأتى اسم مخترعه :

(أ)التلغراف ....

(ب)التليفون ....

(جـ)الراديو ....

أكتب أمام كل عضو من الأعضاء الآتية في جسم الإنسان الوظيفة التي يقوم بها:

- لسان المزمار ....
- المعدة ....
- المرئ ....

● أمثلة تطبيقية لأسئلة الصواب والخطأ (صيغة الصواب والخطأ):

ضع خطاً تحت كلمة صواب إذا كانت العبارة صحيحة أو خطاً تحت كلمة خطأ اذا كانت العبارة غير صحيحة في كل مما يلي :

١.   عاصمة المملكة العربية السعودية الرياض   صواب - خطأ
٢.   الزكاة ركن من أركان الإسلام   صواب - خطأ
٣.   يبدأ هضم المواد النشوية في المعدة   صواب - خطأ
٤.   تقدر شدة التيار الكهربي بوحدة تسمي الأمبير   صواب - خطأ
٥.   تبلغ قيمة الزاوية القائمة ˚90   صواب - خطأ

ضع علامة (√) بين القوسين أمام العبارات الصحيحة، وعلامة (×) بين القوسين أمام العبارات الخاطئة فيما يلي :

١. تقدر القوة الدافعة الكهربية بوحدة تسمي الفولت (   )
٢. تبلغ الزاوية المستقيمة ˚180 (   )
٣. يكون ناتج أي عدد عند ضربه في صفر هو صفر (   )
٤. عاصمة جمهورية مصر العربية هي القاهرة (   )
٥. يتكون العمود الجاف من قطبين من الكربون (   )

ضع علامة (√) أمام العبارة الصحيحة ، وعلامة (x) أمام العبارة الخطأ فيما يلي :

١.   إن سورة الفاتحة الكريمة هي مكيه.
٢.   يتم امتصاص الطعام المهضوم في المعدة.
٣.   تسمي القيمة الحسابية التي تحتوي علي بسط ، ومقام بالكسور العادية.
٤.   إن الإيمان بالقدر ركن من أركان الإيمان.

● أمثلة تطبيقية لأسئلة الصواب والخطأ (صيغة نعم – لا):

ضع خطا تحت كلمة (نعم) إذا كانت العبارة صحيحة، وخطاً تحت كلمة (لا) إذا كانت العبارة غير صحيحة :

١.   تتكون الخلية الإنشائية للنبات من مادة البروتوبلازم   نعم- لا
٢.   تتراوح الزاوية المنفرجة بين ˚90 ـ ˚180   نعم - لا
٣.   الماء يكون ٧٠% من تركيب جسم الإنسان   نعم- لا
٤.   يتكون العمود البسيط من قطبين موجبين   نعم- لا

● أمثلة تطبيقية لأسئلة الصواب والخطأ (صيغة تصويب الخطأ):

صوب الخطأ في كل جملة من الجمل التالية :

١.   مساحة المثلث الذي قاعدته ٢سم ، وارتفاعه ٣سم = ٦سم٢ ....
٢.   قاد صلاح الدين الأيوبي الجيوش العربية في معركة اليرموك ....

٣. يستخدم الأميتر في قياس القوة الدافعة الكهربية ....
٤. انتصر سيف الدين قطز علي المغول في معركة عين جالوت ....
٥. المقصود بالتأكسد هو اكتساب الذرة للإلكترونات ....

- أمثلة تطبيقية لأسئلة المقابلة (المزاوجة) :

١. اكتب أمام اسم كل بلد من البلاد العربية بالقائمة الأولي الرقم الدال علي عاصمتها من القائمة الثانية.

القائمة الأولي	القائمة الثانية
( ) ١. المملكة العربية السعودية	١. بيروت
( ) ٢. جمهورية مصر العربية	٢. بغداد
( ) ٣. الجمهورية العربية السورية	٣. القاهرة
( ) ٤. لبنان	٤. مسقط
( ) ٥. سلطنة عمان	٥. طرابلس
	٦. الرياض
	٧. دمشق

٢.ضع بين الأقواس في القائمة الأولي الرقم الدال علي اسم المخترع أو المكتشف من القائمة الثانية.

القائمة الأولي	القائمة الثانية
( ) ١.التليفون.	١. مدام كوري
( ) ٢. كشف أشعة إكس	٢. هارفي
( ) ٣. كشف الراديوم	٣. إديسون
( ) ٤. كشف الدورة الدموية	٤. بل
( ) ٥. المصباح الكهربي	٥. رونتجن
	٦. باستير
	٧. ماركوني

٣. ضع بين الأقواس في القائمة الأولي أمام اسم كل خليفة الرقم الدال علي العمل الذي قام به من بين مجموعة الأعمال بالقائمة الثانية :

القائمة الأولي	القائمة الثانية
( ) ١ .عمر بن الخطاب رضي الله عنه	١. بني مسجد قرطبة
( ) ٢.هارون الرشيد	٢. بني مدينة سامراء.
( ) ٣.المعز لدين الله الفاطمي	٣. رفع الجزية عن من أسلم.
( ) ٤.عمر بن عبد العزيز	٤. وضع التاريخ الهجري.
( ) ٥.عثمان بن عفان رضي الله عنه	٥. ألغي نظام الالتزام بجمع الضرائب.
	٦. أمر بكتابة المصاحف وتوزيعها.
	٧. قضي علي أسرة البرامكة.

٤. ضع رقم المصطلح في القائمة الثانية بين القوسين لما يناسبه من تعريف أو وصف في القائمة الأولي :

القائمة الأولي	القائمة الثانية
( ) ١. أجسام سيتوبلازمية تختص بعملية التركيب الضوئى ( ) ٢. أجسام صغيرة قضيبية داخل السيتوبلازم ( ) ٣. أجسام كروية رقيقة محاطة بغلاف رقيق ( ) ٤. مادة هلامية تملأ فراغ الخلية الانشائية	١. الأنوية ٢. البلستيدات ٣. الديكتوسوماس ٤. السيتوبلازم ٥. الليسوسومات ٦. الميتوكندريا

- أمثلة تطبيقية لأسئلة الصواب والخطأ (صيغة اختيار أفضل إجابة):

١. سقطت الدولة العباسية بفعل عدة عوامل كان أهمها وأكثرها خطراً علي الإطلاق

أ. اتساع رقعة الدولة.

ب. استقلال بعض الولايات.

ت. تعدد الخلافات الإسلامية.

ث. صراع العباسيين معاً.

ج. كثرة الفتن والقلاقل.

٢. الطريقة التي تتبع عادة لتحضير الأكسجين في المعمل هي :

أ. تسخين كلورات البوتاسيوم مع عامل مساعد.

ب. تسخين كأس الزئبق.

ت. التحليل الكهربائي للماء.

ث. تسخين كلورات البوتاسيوم.

- أمثلة تطبيقية لأسئلة الصواب والخطأ(صيغة اختيار الإجابة الصحيحة):

١. تسمي الأجسام السيتوبلازمية المستديرة الشكل غالباً والمختصة بعملية البناء الضوئي :

أ. أجسام جولوجي

ب. بلاستيدات

ت. روابط بلازمية

ث. ليسوسومات

ج. ميتوكندريا

٢. يوجد قبر البطل صلاح الدين الأيوبي في مدينة:

أ. دمشق

ب. عمان

ت. القاهرة

ث. القدس

ج. الكوفة

٣. تسقط معظم أمطار بلاد اليمن في :

أ. فصل الصيف

ب. فصل الخريف

ت. فصل الشتاء

ث. فصل الربيع

ج. طول العام

٤. المتوسط الحسابي للأرقام ٩، ١٣، ٤، ١٠، ٦، ٩، ١١، ٧، ٩، ١٢ هو :

أ. ٦   د. ٩

ب. ٧   هـ. ١٠

ت. ٨   و. ١١

٥. قيمة س في المعادلة : (س+٤) (س-٤) = (س-٦) (س+٨) هي :

أ. ٦   د. ١٢

ب. ٨   هـ. ١٤

ت. ١٠   و. ١٦

٦. مجموع سور القرآن الكريم المكية والمدنية يبلغ :

أ. ٩٤   د. ١٢٤

ب. ٨   هـ. ١٣٤

ت. ١١٤   و. ٨٤

● أمثلة تطبيقية لأسئلة الصواب والخطأ(صيغة اختيار الإجابة الخاطئة):

١. يهتم علم النفس بدراسة كل مايلي عدا : ....

- سلوك الإنسان بوجه عام.

- تأثير سلوك الجماعة علي سلوك الفرد.

- وظائف الجهاز الهضمي عند الحيوان.

- التعلم في الصف الدراسي.

٢. الصفة التي ليست من صفات الفيروسات فيما يأتي هي : ....

- يمكنها أن تعيش في الخلايا النباتية.

- تتكون من خلايا حية كبيرة جداً.

- يمكنها أن تسبب الأمراض .

- يمكن القضاء عليها بالمضادات الحيوية.

● مراحل تقويم التدريس وخطواته :

يرى كاتب هذه السطور أن عملية التقويم في مجال التعليم عموما   وتقويم التدريس على وجه الخصوص تمر بعدة مراحل وخطوات ، تشير إليها مجموعة تساؤلات ، حيث ينبغى على المعلم الإجابة عن مجموعة من التساؤلات ، كل تساؤل منها يقوم على إجراء ، أو مجموعة إجراءات ، هذه التساؤلات هى :

أ- لماذا تقويم التدريس ؟ :

ويشير هـذا التسـاؤل إلى ضرورة تحديـد أهـداف ، أو أغـراض تقـويم التـدريس المرتبطـة بالمجـال ، أو الجانـب موضـع التقويم ، فـإذا كـان مجـال

التقويم هو المنهج فيكون السؤال لماذا تقويم المنهج ؟ ، وإذا كان مجال التقويم هـو المعلـم ، فيكـون السؤال لماذا تقويم المعلم ؟ . وإذا كان مجال التقويم هو المتعلم ، فيكون السؤال لماذا تقويم المـتعلم ؟... وهكذا .

ب- ماذا نقوم في التدريس ؟ :

ويشير هذا التساؤل إلى إجراءين هما :

◀ تحديد الصفات ، أو الخصائص المـراد تقويمهـا فـي جوانـب التـدريس موضـع التقـويم . أو تحديـد المجال المراد تقويمه من مجالات منظومة التدريس .

◀ وضع تعريف إجرائي دقيق لكل صفة ، أو خاصية من هذه الخصائص لتحديـد مسـتوى التقـويم المراد بلوغه لتلك الخصـائص ، أو الصفـات وتتحدد إجراءات هذه الخطـوة علـى ضـوء أهـداف التقويم التي تم وضعها في الخطوة السابقة.

جـ- كيف نقوم التدريس ؟ :

هذا هو التساؤل الثالث الذي يجب الإجابـة عنـه فـي إطـار تقويم التدريس حيـث يشـير هـذا التساؤل إلى تحديد الكيفية التي سوف يتم بها تنفيذ التقويم وذلك من خلال الإجراءات التالية :

◀ اختيار النموذج المناسب لتقويم التدريس .

◀ اختيار الأسلوب المناسب لتقويم التدريس .

◀ تصميم ، وبناء (تجهيـز ، وإعـداد) أدوات تقويم التدريس المناسبة وضبطها ، والتأكد من صلاحيتها لتحقيق الهدف من التقويم .

◀ تحديد التجهيزات ، والمتطلبات التي قد يحتاجها تنفيذ عملية التقويم.

د- من الذي يقوم التدريس ؟ :

ويشير هذا السؤال إلى الجهة ، أو الفرد الذي يتحمل مسئولية تنفيذ ومتابعة عملية التقويم ، حيث يختلف ذلك باختلاف مجال تقويم التدريس وأهدافه ، فإذا كان المجال هو تقويم المنهج ، فإن الذين يشاركون في التقويم هم :

◀ المشتركون في المنهج من مخططي المنهج ، والقائمين ببنائه والمتعلمين الذين يتعلمون وفقا له.

◀ القائمون على تنفيذ المنهج ، وهم المعلمون بداية ، وما يعاونهم من جهات فنية وإدارية أخرى .

◀ الجهـات المتأثـرة ، والمسـتفيدة مـن المـنهج ، كالجهـات الممولـة للمـنهج والمؤسـسات التربويـة ، والتعليميـة المخططـة والموجهـة لـه ، وأوليـاء الأمـور

وجهات العمل التى قد يلتحق بها الأفراد المتخرجون بعد دراستهم وفقا لهذا المنهج ، أو الجهات التعليمية فى المراحل الأعلى كالجامعات حينما تشترك فى تقويم مناهج التعليم قبل الجامعى لمعرفة مدى قدرة هذه المناهج على تأهيل الأفراد للتعليم الجامعى.

وإذا كان المجال هو تقويم المعلم ، فإن الذين يشاركون فى ذلك هم: المعلمون أنفسهم (تقويم ذاتى) ، والموجهون (المشرفون) التربويون ومديرو المدارس ، والمؤسسات التعليمية ، والمعلمون القدامى ، والتلاميذ الذين يدرس لهم المعلم.

وإذا كان المجال هو تقويم المتعلم فإن الذين يشاركون فى ذلك هم : المعلمون أساسا ، وأولياء الأمور ، والتلاميذ أنفسهم ، والتلاميذ الآخرين والمشرفون التربويون.

ومجمل القول إن الذين ينبغى لهم المشاركة فى تنفيذ تقويم التدريس هم جميع الأفراد ، والهيئات ذات الصلة بالعملية التعليمية بكافة عناصرها ومكوناتها .

هـ- متى يتم تقويم التدريس ؟ :

وهذا التساؤل يشير إلى توقيت تقويم التدريس ، هل فى بدايته ؟ ، أم أثنائه ؟ ، أم فى نهايته ؟ ، وهل يتم التقويم مرة واحدة ؟ ، أم يتم بصورة مستمرة ؟ ، وما التوقيت المناسب لإجراء تقويم التدريس ؟ ، وفي هذا الإطار تجدر الإشارة إلى أن التقويم عملية مستمرة ، لذا يجب على القائم بالتقويم اختيار الوقت المناسب لذلك . وبصفة عامة هناك ثلاثة أنواع من تقويم التدريس تختلف باختلاف توقيت إجراء التقويم خلال الموقف التدريسي هذه الأنواع هي :

(١) التقويم المبدئى : Initial Evaluation

ويعرف بالتقويم التمهيدى ، أو الاستهلالى ، أو الاستفتاحى ، ويتم قبل البدء فى تنفيذ عملية التدريس ، بهدف تكوين صورة كاملة عن الوضع القائم قبل بداية التنفيذ . وقد يطلق البعض على هذا النوع من تقويم التدريس التقويم التشخيصى *Diagnostic Evaluation* ، باعتبار أنه يرتكز على الهدف من التقويم أو وظيفة التقويم ، لكن التقويم المبدئى يرتكز على توقيت إجراء التقويم ، معنى ذلك أن التقويم التشخيصى قد يكون تقويما مبدئيا وأن كل تقويم مبدئى ليس بالضرورة تشخيصيا. ومن أمثلة ذلك ما يقوم به المعلم قبل تدريس موضوع محدد من تقويم لمدى خبرة

تلاميذه ومعلوماتهم وخلفيتهم حول هذا الموضوع ، حتى يحدد ما ينبغى عليه أن يقوله حـول هـذا الموضوع.

وقد يطلق البعض على التقويم المبدئي اسما آخر هو التقويم القبلي *Pre-Evaluation* ، وهـذا المصطلح يرادف مصطلح التقويم المبدئى من حيث توقيت الإجراء ، ويتفق مـع مـصطلح التقـويم التشخيصى من حيث الوظيفة أو الهدف ، حيث يهدف التقويم القبلى إلى تحديد نقطة البدايـة لـدى المتعلم فى بداية التدريس ، حتى يمكن فيما بعد تحديد مدى التقـدم الـذي أحـرزه ذلـك المـتعلم فى نهاية عملية التدريس.

(٢) تقويم خلالى (أثنائى) : Meantime Evaluation

ويتم خلال تنفيذ عملية التدريس ، وبين خطواتها ، وإجراءاتهـا ومراحلها ، وهـو مـن حيـث الوظيفة يرادف التقويم التكوينى (البنائى) *Formative Evaluation* ذلك الـذي يهـدف إلى تقـديم تغذية راجعة مـستمرة عـن جميـع عنـاصر منظومـة التدريس بجميع عناصرها وخطواتها وبيان مؤشرات القوة والضعف فى كل منها ، وتعديل ما قد يوجد من مـواطن القصور أولا بـأول ، وبـشكل بنائى متراكب .

(٣) التقويم الختامى : Final Evaluation

ويطلق عليه البعض التقويم التجميعى *Summative Evaluation* كما يعرف أيضا بالتقويم النهائى ، حيث يهدف إلى إصدار الحكم بصورة نهائية على مخرجات عملية التدريس . والتقويم التجميعى كما يدل عليه اسمه هو بمثابة تجميع لكافة المؤشرات التى تمكننا من إصدار حكم نهائى على أحد عناصر منظومة التدريس ، أو على المنظومة بكامل عناصرها . لكن التقويم الختامى قـد يختلف عن التقويم التجميعـى مـن حيـث الوظيفة ، وإن اتفقـا عـلى توقيـت إجرائهما ، فقـد يـتم التقويم الختامى بشكل أو لهدف غير تجميعي. مثلما يفعل المعلم حينما يسـأل تلاميـذه فى نهايـة الدرس بعض الأسئلة لتحديد مدى متابعتهم له واستيعابهم للدرس ، فهل يمكن الاعتماد عـلى مـا قام به المعلم فى إصدار حكم نهائى على مستوى التلاميذ عموما فى تلك المـادة الدراسية ؟! ، وهـل يمكن تسمية ما قام به المعلم تقويما تجميعيا ؟! . وقد يطلق البعض عـلى التقـويم التجميعي النهـائي اسم التقويم البعدي *Post Evaluation* ، حيث يتم بعد الانتهـاء من الموقف التدريسـي

ويهدف إلى تحديد نقطة النهاية التى وصلت إليها مخرجات عملية التدريس لدى المتعلمين ، ومن ثم تحديد مدى التقدم التي أحدثته خبرات التدريس في تلك المخرجات ، ومدى اقترابها أو ابتعادهـا عـن المستوى الذي حددته أهداف التدريس .

و- أين يتم تقويم التدريس ؟ :

ويشير هـذا التساؤل إلى الموقـع ، أو المكـان الـذى ينبغـى تنفيذ التقويم فيـه والـذى يختلف باختلاف مجال التقويم ، وأهدافه ، فلا يعقل تقويم قـدرة المعلـم ومهاراتـه فى التدريس بعيـدا عـن حجرة الدراسة ، ولا يمكن تقويم التفاعل اللفظى بينه وبين تلاميذه خـارج حجـرة الـدرس ، ولا يمكن تقويم مهارات العمل المعملى لدى المعلم ، أو المتعلم بعيدا عن حجرة المعمل. ولا يمكن أيضا تقويم برنامج تعليمى بعيدا عن موقع ، أو مكان تنفيذه ... وهكذا .

● شروط تقويم التدريس الجيد :

هناك عدد من القواعد والشروط التى ينبغى توافرها فى تقويم التدريس الجيد ، حيـث يجـب مراعاة أن تكون عملية التقويم هذه :

١- هادفة :

أى تنطلق من أهداف النظام التربوى أو التعليمى ، بحيث تنصب مباشرة على تلك الأهداف ، لتحديد مدى تحققها.

٢- منهجية منظمة :

أى تتم وفق نظام منهجى محدد ، يبدأ بالتخطيط للتقويم ، ثم تنفيذ التقويم ، ثم متابعة تنفيذ القرارات والإجراءات المترتبة على التقويم.

٣- شاملة :

شمول التقويم من أهم شروطه ، حيث يعنى أن عملية التقويم ينبغى أن تتناول جميـع عناصـر المنظومة التربوية أو التعليمية ، كما ينبغى أن تشمل جميع مجالات الأهـداف التربويـة والتعليميـة : المعرفية العقلية والمهارية النفسحركية ، والوجدانية الانفعالية.

٤- متكاملة :

مجرد شمول التقويم لجميع عناصر النظام التعليمى قد لا يعنى شيئا مالم يركز التقويم أيضا على مدى تكامل تلك العناصر فيما بينها ، ومدى تأثير وتأثر كل منها بباقى العناصر.

٥- متنوعة :

بمعنى أن عملية التقويم يجب أن تعتمد على أساليب ، وأدوات متنوعة لجميـع جوانـب العمليـة التعليمية ، بل وفى الجانب الواحـد ، فينبغى الاعتماد على الاختبارات المتنوعة ، بكافة صورها ، وأشكالها ، والمقاييس وقوائم الملاحظة والمقابلات الشخصية ، والاستفتاءات ، والاستبانات ... وغير ذلك من أساليب ووسائل التقويم التربوى والتعليمى . والتنوع شرط مهم جدا للتقويم ؛ لأن اعتماد التقويم على أسلوب واحد فقط يؤدى إلى اعتياد المتعلم على هـذا الأسلوب ، الأمر الـذى قـد يـؤدى إلى نتائج غير

صادقة ، هذا فضلا عن الملل الذى يعانيه المتعلم من جراء الاعتماد على نمط واحد فقط من الاختبارات أو المقاييس التعليمية.

٦- مستمرة :

بمعنى أن التقويم فى العملية التعليمية لا يتم فقط فى نهاية تلك العملية بل هو مستمر يبدأ قبل بداية تنفيذها ، ويستمر خلال مراحل تنفيذها ، ويظل حتى بعد الانتهاء من تنفيذها. وعلى مستوى الموقف التعليمى أو التدريسى الواحد فإن على المعلم أن يجرى تقويما قبل بداية الدرس ، وفى أثناء تنفيذ مراحل الدرس ، وبعد الانتهاء من الدرس. وعلى جانب آخر فإن التقويم مستمر فى نتائجه ولا يقف عند حد إصدار الأحكام بل يستمر فى إصلاح مواطن الضعف والاعوجاج فى عناصر منظومة التعليم ومتابعة نتائج هذا الإصلاح تباعا.

٧- صادقة :

بمعنى أن التقويم فى العملية التعليمية ينبغى أن ينطلق مباشرة من أهدافه ، ولا يحيد عنها ، كما ينبغى أن ينصب مباشرة على عناصر العملية التعليمية المراد تقويمها ، هذا إلى جانب ضرورة اعتماد التقويم على اختبارات ومقاييس وأدوات أخرى صادقة (أى تقيس ما وضعت لقياسه).

٨- ثابتة :

بمعنى أن نتائج التقويم لا ينبغى أن تختلف عند تكرار عملية التقويم لنفس عناصر الموقف التعليمى ، أو لنفس المخرجات تحت نفس الظروف. هذا إلى جانب ضرورة اعتماد التقويم على أدوات قياس ثابتة لا تتغير نتائجها من وقت لآخر إذا تم تكرار استخدامها فى ظروف واحدة.

٩- موضوعية :

بمعنى أن نتائج عملية التقويم لا ينبغى أن تتأثر بالعوامل والآراء والأحكام الشخصية للقائم بها ، بل يجب أن تعتمد على أدوات قياس موضوعية لا تختلف معدلات تقديرها من مصطلح لآخر ، أو من فرد لآخر. وهذا يعنى أن نتائج التقويم لا ينبغى أن تعتمد على التأويل والتخمين فى تفسيرها.

١٠- مناسبة :

بمعنى أن عملية التقويم ينبغى أن تنتقى الأسلوب المناسب والإجراء المناسب ، وأدوات القياس المناسبة ، والتوقيت المناسب ، لكل عنصر من عناصر منظومة التعليم ، أو لكل ناتج من نواتجها. فإذا كنا بصدد تقويم المستوى المعرفى لتلاميذ صف دراسى معين فى مادة دراسية محددة
وتم ذلك من خلال اختبار غير مناسب (صعب جدا ، أو سهل جدا) لمستوى هؤلاء التلاميذ ، فإن نتائج التقويم فى هذه الحالة ستكون حتما مضللة ، ولا يمكن الوثوق بها.

١١- مرنة :

ومرونة التقويم هنا تعنى مواجهة ما قد يطرأ من بعض التغيرات على عناصر العملية التعليمية، حيث يجب على التقويم أن يعطى بدائل مرنة غير جامدة خصوصا فيما يتعلق بقرارات وإجراءات الإصلاح والعلاج. كما أن مرونة التقويم تجعله مناسبا لفئات متباينة من المتعلمين ، فيراعى الفروق الفردية بينهم. ولا شك فى أن تنوع التقويم ينعكس بالضرورة على مرونته فكلما تنوعت أساليب التقويم ووسائله زادت مرونته ، وأصبح مناسبا للمتعلمين بما بينهم من فروق فردية.

١٢- متطورة :

ينبغى على التقويم فى العملية التعليمية أن يتطور فى أساليبه ووسائله وإجراءاته ليواكب تطورات ومستحدثات التعليم ، فإذا كان التعليم حديثا يسعى لتعليم الفرد كيف يتعلم ، ويسعى لإكسابه مهارات التفكير ، ومهارات البحث والاستقصاء ، فإنه ليس من المنطقى أن تظل وسائل وأساليب التقويم تقليدية معتادة تركز فقط على حفظ المعلومات ، بل يجب عليها أن تتطور لتناسب تلك التوجهات الحديثة لنظام التعليم.

١٣- تعاونية :

ينبغى ألا تكون عملية التقويم فى أى نظام تعليمى مقصورة على جهة واحدة ، أو طرف واحد يكون مسؤولا عنها ، بل يجب أن تتعاون فيها جميع الجهات ، والأفراد المكونين لهذا النظام من معلمين ، وطلاب ، وإداريين وأولياء أمور ، وموجهين وغير ذلك من الجهات والأفراد ذوى الصلة بمنظومة التعليم.

١٤- علمية :

ينبغى أن يكون تقويم أى نظام تعليمى علميا ، بمعنى أن ينطلق من مبادئ ونظريات التربية والتعليم ، والدراسات والبحوث التى حددت خصائص وسمات كل عنصر من عناصر هذا النظام موضع التقويم ولا ينبغى للتقويم أن يكون عشوائيا ، أو عرضيا ، أو يعتمد على الاجتهادات والرؤى الفردية أو الشخصية.

١٥- اقتصادية :

يجب عند تقويم أى نظام تعليمى مراعاة البعد الاقتصادى ، حيث ينبغى ألا تكون عملية التقويم مكلفة ماديا . كما يجب أن تكون واقعية ممكنة التنفيذ فى الواقع الفعلي.

الفصل السادس :

((أدوار المعلم وتدريبه الميداني))

- أدوار المعلم الجيد.

- التدريس المصغر.

- خطوات التدريس المصغر .

- التدريب الميداني(التربية العملية).

- أهمية التربية العملية.

- مهام المشاركين في التربية العملية.

- أدوات تقويم طلاب التربية العملية.

الفصل السادس :

((أدوار المعلم وتدريبه الميداني))

يتناول الفصل الحالي أدوار المعلم الجيد التي تحدد مستوى كفايته وكفاءته ، ثم يعرض لكيفية تدريبه على مهارات التدريس فيتناول موضوع التدريس المصغر كأحد أهم أساليب تدريب الطلاب المعلمين على اكتساب وتنمية مهارات التدريس ، كما يعرض لموضوع التدريب الميداني أو برنامج التربية العملية لطلاب كليات ومعاهد إعداد المعلمين وذلك على النحو التالي :

- **أدوار ومهام المعلم الجيد :**

لكي يؤكد المعلم أهمية مكانته في منظومة التدريس ، بل في منظومة التعليم عموما ، لابد له من التحلي بمجموعة من الصفات والسمات التي تؤهله للقيام بعدة أدوار مهمة ، فالمعلم الجيد ينبغي أن يمتلك القدرة على القيام بالأدوار والمهام التالية :

١- المعلم مصدر للمعرفة :

لقد كان المعلم في الماضي هو المصدر الأوحد للمعرفة من وجهة نظر المتعلمين ، وظل كذلك حتى وقت ليس ببعيد ، لكن الوضع تغير تماما مع ظهور تكنولوجيا التعليم ، وتأصلها في منظومتي التعليم والتدريس بكثير من المجتمعات ، حيث واكب ذلك مبدأ تعددية مصادر التعلم ، ذلك المبدأ الذي يتيح للمتعلم الاعتماد على العديد من المصادر البشرية وغير البشرية في اكتسابه خبرات التعليم والتعلم . ومنذ ذلك الحين لم يعد المعلم هو المصد الأوحد للمعرفة والتعلم ، لكنه ظل أحد أهم هذه المصادر البشرية خلال عملية التدريس . لذا ومن هذا المنطلق ينبغي على المعلم الاطلاع الواسع ومتابعة كل ماهو حديث ومستحدث في مجالات العلم والتكنولوجيا بصفة عامة ، وخصوصا المرتبط منها بمجال تخصصه .

٢- المعلم مرب :

إن دور المعلم ينبغي أن يتجاوز حدود التدريس أو التعليم كوظيفة إلى ماهو أرقى من ذلك ، فيجب على المعلم أن يكون مربيا بالدرجة الأولى وقد يظن البعض ألا فارق بين : التدريس ، والتعليم ، والتربية ، لكن هناك فروق واضحة بين تلك المصطلحات وبعضها ، فالتدريس *Teaching* هو - كما سبق وأن بينا على صفحات الفصل الأول من الكتاب الحالي - أحد الطرق النظامية للتعليم ، يستهدف نقل الخبرات من المعلم إلى المتعلم

أما بخصوص مصطلحي : التعليم ، والتربية ، والفارق بينهما فقد عرفتهما الموسوعة العربية لمصطلحات التربية وتكنولوجيا التعليم على النحو التالي: (ماهر إسماعيل صبري ، ٢٠٠٢م ، ص ص ١٨٤ ، ٢٣١) .

التعليم : Instruction

الأصل اللغوي لهذا المصطلح هو الفعل "علم" ، والمضارع منه "يعلم" والمصدر هو تعليم . ويقال علم الفرد تعليما أي جعله يعرف ويدرك . وقد يخلط البعض بين مصطلح التعليم ، ومصطلح التربية ، لكن مصطلح التربية أعم وأشمل من مصطلح التعليم ، والتعليم ما هو إلا أحد أهم أساليب التربية في أي مجتمع ، حيث يمثل الجانب النظامي الهادف الذي تتولاه مؤسسات التعليم (مدارس وجامعات) في هذا المجتمع وفقا لمناهج أو برامج تعليمية محددة . والتعليم هو : العملية التي يتم من خلالها إكساب الفرد خبرات مقصودة ومنظمة لتنميته معرفيا ، وعقليا ، ومهاريا ووجدانيا ونفسيا ، واجتماعيا ، وأخلاقيا . ويختلف مصطلح تعليم أيضا عن مصطلح تعلم حيث إن التعليم يحدث بفعل فاعل ، أي أن شخصا أو جهة ما تتولى تعليم الفرد ، أما التعلم فيحدث ذاتيا بفعل المتعلم نفسه . كما أن التعلم هو الهدف الذي يسعى التعليم إلى تحقيقه فهو الناتج الفعلي الذي ينتج عن عملية التعليم . هذا فضلا عن أن التعلم عبارة عن عمليات تحدث داخل الفرد المتعلم ، بينما يمثل التعليم عمليات وإجراءات خارجية يوضع فيها المتعلم عن قصد لتحقيق أهداف محددة .

التربية : Education

الأصل اللغوي لهذا المصطلح هو الفعل (ربى) ، والمضارع منه (يربي) بمعنى ينشئ ، ويهذب ، ويؤدب . والتربية تمثل أحد أهم أنظمة المجتمع حيث تؤثر في جميع النظم الأخرى الاجتماعية والاقتصادية والسياسية وغيرها ، وتتأثر بها . ومصطلح التربية متعدد المعاني والتعريفات لكنه يشير عموما إلى : مجموع الخبرات الهادفة والمنظمة التي تقدمها جميع المؤسسات التربوية لأفراد مجتمع ما للعمل على تنمية هؤلاء الأفراد وتنشئتهم على النحو الذي يرغبه هذا المجتمع في أبنائه . وتتم التربية كعملية عبر مؤسسات تربوية عديدة كالمؤسسات التعليمية (مدارس وجامعات) ، والأسرة ، والمسجد ، والنوادي ، ووسائل الإعلام وغيرها . وقد يخلط البعض بين مفهوم التربية ومفهوم التعليم ، فيرى ألا خلاف بينهما وأنهما مترادفان ، لكن مفهوم التربية أعم وأشمل من التعليم وأن التعليم يمثل فقط أحد أساليب التربية . ويختلف مفهوم التربية من مجتمع لآخر على حسب خصائص وسمات هذا المجتمع ، بل يختلف هذا المفهوم في

المجتمع الواحد بين فئاته المختلفة ، وذلك على حسب ثقافة كل فئة ومن فترة زمنية لأخرى على حسب تطور المفهوم وتقدم أساليبه .

وهكذا يجب على المعلم أن يتجاوز دور المدرس إلى دور المربي الذي يهتم - إلى جانب تعليم المتعلمين - بتنشئتهم ، وتهذيبهم ، وتأديبهم وذلك مثلما يفعل الأب مع أبنائه . وما أحوج نظمنا التعليمية في عالمنا العربي والإسلامي إلى هذا النوع من المعلمين .

٣- المعلم قدوة :

من أهم أدوار المعلم ومهامه أن يكون دائما قدوة لطلابه في كل شيء ويرى مؤلف الكتاب الحالي أن المعلم قدوة رغم أنفه ، وهذا يعني أنه قدوة سواء رغب في ذلك ، أم لم يرغب ، لذا يجب على المعلم أن يراقب سلوكياته ، وتصرفاته الشخصية ، وأسلوب حديثه ، وتعاملاته مع الآخرين ومظهره ، وطريقة ملبسه ، .... إلى غير ذلك . وعلى المعلم ألا يفقد مصداقيته أمام طلابه في القول ، أو الفعل ، فلا يأمرهم بالصدق وهو يكذب ولا يأمرهم بالطاعة وهو يحمل راية العصيان ، ولا يأمرهم بالقناعة وهو يتصف بالجشع ، ولا يأمرهم بالكرم وهو غارق في البخل ، ولا يأمرهم بأي شيء هو يفتقده ، ففاقد الشيء لايمكن له أن يعطيه ، ولا يمكن لمتعلم أن يقتنع بما يقوله معلم فاقد لمصداقيته .

٤- المعلم موجه (مرشد) :

لايجب أن يقف دور المعلم عند حد نقل المعرفة والخبرة للمتعلم ، بل يجب أن يتجاوز ذلك إلى دور الموجه والمرشد للمتعلم في كل شيء . وإذا كانت الاتجاهات الحديثة في التدريس تنادي بتخلي المعلم عن مركزيته في تحمل مسؤولية العملية التعليمية ، فإن ذلك يتواكب مع دور المعلم كموجه ومرشد لطلابه ، فهو بذلك يلقي بجزء من مسؤولية العملية التعليمية على المتعلم ذاته ، ليصبح محورا لتلك العملية ، لكن يبقى دور المعلم قائما في التوجيه والإرشاد للمتعلم خلال جميع مراحل التعليم والتعلم .

٥- المعلم صاحب رسالة :

إذا كانت بعض المجتمعات اليوم تنظر إلى المعلم نظرة فيها بعض التقليل من شأنه ، أو احتقاره ، فإن تلك النظرة ليست صحيحة فالمجتمعات المتحضرة تعي تماما أن المعلم صاحب رسالة ، وأن دوره من أرقى المهام والأدوار ومن أخطر الوظائف والمهن ، وكيف لا ؟ وهو يبني البشر ، ومن ثم يشارك في بناء نهضة المجتمعات . وقد أعطى ديننا

الإسلامي الحنيف المعلم حقه من التقدير والتكريم بقدر لم يحظ به في أي زمان ومكان . وقد لخص الشاعر ضرورة تقدير دور المعلم كرسالة بقوله : قم للمعلم وفه التبجيلا ... كاد المعلم أن يكون رسولا . وعلى المعلم نفسه أن يدرك مدى أهمية الرسالة المكلف بها ، ومدى خطورتها ، فما انهار أي مجتمع إلا من جهل أفراده .

٦- المعلم قائد :

من أهم الأدوار المنوطة بالمعلم أيضا أنه يكون بمثابة القائد للعملية التعليمية ، فهو المسؤول الأول عن توجيه مسار المتعلم ، وتزويده بالخبرة المطلوبة بالقدر المناسب الذي يحقق أهداف العملية التعليمية ، كما أنه المسؤول عن الابتعاد بمسار العملية التعليمية عن أية عقبات ، أو معيقات تحول بينها وبين تحقيق الأهداف المنشودة . وقد يجد المعلم نفسه من موقع القائد مضطرا لاتخاذ قرارات معينة تجاه بعض القضايا ، أو المشكلات التعليمية ، لذا يجب عليه امتلاك القدرة على اتخاذ القرار ، كما يجب على المسؤولين إتاحة الفرصة له كي يمارس ذلك بقدر من المرونة والحرية.

٧- المعلم صديق :

تنادى الآراء التربوية الحديثة بضرورة دعم المعلم للعلاقات الإنسانية والاجتماعية داخل حجرة الدرس مع جميع طلابه ، وهذا يعني أن يقترب المعلم جيدا من طلابه ، ويبني نوعا من علاقات الود والاحترام والثقة مع هؤلاء الطلاب ، عندئذ سيكون قادرا على قيادة العملية التعليمية وتوجيه مسار المتعلمين بأقصى درجات النجاح . ولانعني بالصداقة هنا إلغاء كافة الحدود والقيود بين المعلم والطلاب ، وأن يتعامل الطالب مع المعلم كما لو كان ندا ، أو زميلا له في حجرة الدرس .

٨- المعلم ملاحظ :

على المعلم أن يكونا ملاحظا لطلابه بشكل مستمر ودقيق ، متفحصا لكل منهم ، متفهما لخصائصهم العقلية ، والنفسية ، والبدنية ، والاجتماعية .. الخ ، حتى يمكنه متابعة مايحدث من تغيرات في أي من هذه الخصائص واتخاذ مايلزم حيال ذلك .

٩- المعلم مكتشف :

يرتبط بدور المعلم كملاحظ جيد أن يكون مكتشفا ، فعليه أن يكتشف الموهوبين والفائقين من طلابه ، وكذلك ذوى الإعاقات غير الظاهرة وذوي صعوبات التعلم ، وعليه أن يكتشف أية أخطاء في المحتوى العلمي للمناهج المكلف بتدريسها ، وعليه أن يكتشف القدرات الكامنة بداخله هو نفسه وبداخل طلابه ، ومن ثم توظيفها لصالح العملية التعليمية ... الخ .

١٠- المعلم مجدد :

إذا ظل المعلم على وتيرة واحدة في أدائه التدريسي ، فإن ذلك يؤدي بالضرورة إلى إصابة المتعلمين بالملل ، وعدم الرغبة في التعلم من هذا المعلم ، لذا فإن من أهم أدوار المعلم أن يكون مجددا من حيث : مظهره وأسلوبه في التدريس ، ووسائله التعليمية ، وأنشطته التعليمية وأسئلته التي يوجهها للطلاب . بعبارة أخرى يجب على المعلم أن يكون متجددا في كل شيء لدرجة يصعب معها على المتعلم أن يتنبأ بما قد يبدو عليه المعلم خلال كل موقف تعليمي .

١١- المعلم مبتكر :

يرتبط بدور المعلم كمجدد أن يكون هذا التجديد الذي يأتي به أصيلا ومتفردا ، فيكون بذلك مبتكرا . ويرتبط الابتكار في التدريس لدى المعلم بمدى حبه لممارسة هذا العمل ، ومدى قناعته برسالته .

١٢- المعلم ناقد :

من أهم الأدوار التي تنبغي للمعلم حديثا أن يكون ناقدا لجميع معطيات منظومة التعليم ، ولجميع عناصر عملية التدريس بما فيها هو نفسه لذا فعليه أن يمتلك القدرة على نقد ذاته ، ونقد طلابه ، ونقد المنهج المكلف بتدريسه ... الخ . والنقد المقصود هنا بالطبع هو النقد الإيجابي الذي يستهدف تحسين العملية التعليمية ، وتطوير عملية التدريس لأقصى حد ممكن.

١٣- المعلم نشط :

إن نشاط المتعلم يكون مستمدا بالدرجة الأولى من نشاط المعلم ولايمكن لمعلم كسول أن يكسب طلابه النشاط التعليمي ، أو يزيد دافعيتهم لمزيد من الإيجابية في التعليم والتعلم ، لذا فإن دورا أساسيا مهما للمعلم اليوم هو أن يكون نشطا في تنفيذ كافة مهام وأدوار عملية التدريس وغيرها من المهام والأدوار التعليمية والإدارية التي تنعكس بشكل مباشر أو غير مباشر على مخرجات ونواتج التعليم .

١٤- المعلم متفاعل :

يرتبط بدور المعلم النشط أن يكون متفاعلا بشكل إيجابي مع جميع عناصر المنظومة التدريسية والتعليمية الأخرى من : متعلمين ، ومعلمين ومناهج ، وإداريين ، وفنيين ، وموجهين .. الخ . ولاشك أن نجاح المعلم في القيام بأدواره ومهامه يتوقف على مدى قدرته على التفاعل الإيجابي مع جميع هذه العناصر .

١٥- المعلم متعاون :

إن عمل المعلم في التدريس يتطلب ، بل يستلزم التعاون مع غيره من الطلاب ، والزملاء المعلمين، وجميع العاملين بالهيئة الفنية والإدارية بالمؤسسة التعليمية التي يعمل بها ، وبالجهات القيادية التي يتبعها ولايمكن لمعلم غير متعاون أن ينجز مهامه وأدواره بالمستوى المطلوب لذا يجب على المعلم أن يكونا متعاونا لأقصى درجات التعاون ، وأن يكون تعاونه هذا دائما في الجوانب الإيجابية .

١٦- المعلم لبق :

من الأدوار الأساسية للمعلم أن يكون لبقا ، قادرا على المواجهة والحوار مع الآخرين ، صحيح اللغة ، بديع الأسلوب والبيان ، لديه قدرا مناسبا من الطلاقة اللغوية تمكنه من التواصل اللفظي المشوق مع طلابه. ولانعني بلباقة المعلم هنا أن يكون ثرثارا كثير الكلام بلا داعي .

١٧- المعلم ممتع :

إذا لم يكن المعلم مشوقا في أسلوبه ، ممتعا في أدائه التدريسي ، فإن المتعلمين ينفضوا من حوله ، وينصرفوا عنه حتى لو ألزمهم بالحضور قسرا. وترتبط قدرة المعلم على إمتاع طلابه خلال التدريس بجميع المهام والأدوار التي أشرنا إليها سابقا .

١٨- المعلم ماهر :

فلا يجب على المعلم أن يتوقف عند الحد الأدنى من القدرة التدريسية بل ينبغي له اتقان جميع المهارات اللازمة لتخطيط ، وتنفيذ وتقويم عملية التدريس ، وغيرها من المهام التعليمية ، والإدارية ، والفنية ذات الصلة .

١٩- المعلم خبير :

على المعلم أن يرقى بنفسه أكاديميا ومهنيا وثقافيا لأقصى قدر من الخبرة التدريسية والتعليمية ، لمستوى الخبير في التدريس والتعليم ، ولن يكون ذلك إلا عن طريق متابعة القراءة لكل ماهو جديد في الميدان واستكمال الدراسات العليا ، وحضور الندوات والمؤتمرات المتخصصة وحضور برامج التدريب المرتبطة بمجال العمل . ولن يتمكن المعلم من أداء دوره كخبير مالم يكن لديه الاستعداد والإمكانات الشخصية التي تؤهله لذلك ومالم ترغب الجهات المسؤولة في ذلك ، وتعينه عليه .

٢٠- المعلم فنان :

سبقت الإشارة إلى أن التدريس علم وفن ، لذا فإن المعلم كما ينبغي له أن يكون خبيرا ماهرا ، عليه أيضا أن يكون فنانا في عمله ، ولن يكون كذلك مالم تتوافر فيه كافة الصفات والخصائص المشار إليها سابقا .

ولكي يستطيع المعلم تنفيذ تلك الأدوار والمهام بالمستوى المطلوب فلابد من إعداده وفق برامج مناسبة تتضمن تدريبه على ممارسة مهارات التدريس ، وإتقانها من خلال برامج التدريس المصغر والتدريب الميداني أو مايعرف بالتربية العملية ، وفيما يلي نتناول ذلك بشيء من التفصيل.

● التدريس المصغر : Microteaching

التدريس المصغر ، أو التعليم المصغر هو أسلوب تعليم وتعلم يركز على إكساب المتعلم مهارات محددة ، وصقل ما لديه من مهارات سابقة حيث بدأ ظهور هذا الأسلوب مع بداية الاهتمام بتدريب الطلاب المعلمين قبل التحاقهم بالخدمة على مهارات عملية التدريس ، ولا يزال هذا الأسلوب قائماً كجزء من برنامج التدريب الميداني لكليات ومعاهد التربية ببعض الدول العربية خصوصاً مصر.

ويشير التدريس المصغر بمفهومه الواسع إلى عملية اختصار فنية للأبعاد الأساسية لعملية التعليم ، لإتاحة الفرصة أمام أكبر عدد من المعلمين لممارسة عملية التدريس الصفي ، وتطوير قدراتهم الفنية في التدريس على ضوء إشراف واع ، وتقويم ذاتي من خلال تغذية راجعة ومستمرة أثناء عملية التعليم. (بشير الكلوب ، ١٩٨٨ ، ص ١٨٢).

ويعتمد أسلوب التدريس المصغر على عدة خبرات تؤثر في قدرات طلاب التربية الميدانية ومعارفهم ، فهناك خبرة المشرف ، ثم الدرس المسجل على شريط الفيديو ، وآراء المجموعات المتعاونة في إعداد الدرس ثم النقد الذاتي بعد مشاهدة التسجيل ، ودروس المشاهدة داخل الفصول الدراسية ، كل هذه تمثل مصادر عملية التغذية الراجعة التي يتم على ضوئها إعادة تسجيل الدرس بالفيديو بعد المناقشة والتحليل والنقد والتقويم. (محمد رضا البغدادي ، ١٩٨٩ ، ص ٦٩)

وعلى نحو أكثر وضوحاً فإن التدريس المصغر أسلوب يمكن الاستدلال عليه من اسمه ، فهو : موقف تعليمي تعلمي يتناول جزءاً مصغراً من موضوع أو مهارات محددة ، يتم تعليم هذا الجزء المصغر لعدد مصغر من المتعلمين لا يزيد على خمسة إلى سبعة متعلمين ، وذلك في وقت مصغر لا يتجاوز دقائق معدودة.

وتعرف الموسوعة العربية لمصطلحات التربية وتكنولوجيا التعليم التدريس المصغر بأنه : أحد أساليب التدريب على اكتساب مهارات التدريس لدى طلاب وطالبات معاهد وكليات إعداد المعلمين ، حيث يتم ذلك في مواقف تدريسية فعلية يقوم بها الطالب أمام مجموعة مصغرة من

زملائه بحيث يركز على مهارة واحدة ، أو بعض مهارات التدريس من خلال درس أو موضوع مصغر (جزء أو نقطة من موضوع) ، ويكون على الزملاء والأستاذ ملاحظة الطالب أثناء الشرح ، وتسجيل ملاحظاتهم على أدائه ، ثم مناقشته في تلك الملاحظات ، ثم قيامه بتدريس نفس الموقف مرة بعد مرة حتى يصل إلى حد التمكن والإتقان . وغالبا ما يتم تسجيل مواقف التدريس المصغر بالفيديو ، ثم يعاد عرضها أمام الطلاب مرة أخرى ليرى الطالب القائم بالتدريس نفسه ، ومن ثم يشارك زملائه في تقييم أدائه وتحديد مواطن القصور فيه تمهيدا لتلافيها في المواقف التالية . (ماهر إسماعيل صبري ، ٢٠٠٢م ، ص ١٨٢) .

ويتطلب نظام التدريس المصغر استخدام كاميرا فيديو ، وجهاز عرض فيديو ، وشريط فيديو ، وجهاز تليفزيون ، حيث يتم الاعتماد على هذا الأسلوب وفقا للخطوات التالية : (بشير الكلوب ، ١٩٨٨ ، ص ص ١٨٢-١٨٣ زكريا لال ، علياء الجندى ، ١٩٩٤ ، ص ٢١٧).

◀ تحديد الأهداف السلوكية المراد تحقيقها فى موقف التدريس المصغر.

◀ تحديد المفهوم أو المهارة المراد إكسابها للمتدرب .

◀ تحديد الأجهزة والمواد التعليمية اللازمة للموقف التعليمي.

◀ تحديد مجموعة الطلاب المراد تدريبهم.

◀ قيام أحد المتدربين بشرح جزء مصغر من موضوع محدد أمام المشرف وزملائه الآخرين ، معتمداً على خبرته السابقة.

◀ تسجيل الشرح والموقف التدريسي المصغر بالفيديو.

◀ عرض الموقف التدريسي المسجل على الفيديو أمام المتدرب الذى قام بالشرح ، والمشرف ، وباقي المتدربين.

◀ نقد وتحليل المتدرب لأدائه ذاتياً ، ونقد وتحليل المشرف والمتدربين الآخرين له أيضا ، وتحديد نقاط القصور والسلبيات.

◀ قيام متدرب آخر أو المتدرب ذاته بإعادة شرح نفس الجزء متلافيا نقاط القصور والسلبيات التى تم تحديدها فى المرة الأولى.

- يستمر تسجيل الشرح ، ثم عرضه للنقد والتحليل ، حتى يصل المتدرب وزملاؤه إلى حد الإتقان للمهارة المراد التدرب عليها.

ويمتاز التدريس المصغر بدقة نتائجه ، وسهولة التعلم المتقن من خلاله وعدم الملل من طول مدة التعلم ، وإتاحة الفرصة للمتعلم كي يشاهد نفسه ويقيم ذاته بذاته.

ويمكن إضفاء المتعة على أسلوب التدريس المصغر باستبدال جهاز التليفزيون بجهاز فيديو بروجكتور لإسقاط شريط الفيديو على شاشة مكبرة على غرار العرض السينمائي .

- **التدريب الميداني (التربية العملية) :**

يعرف إعداد المعلم *Teacher Education* بأنه : عملية كبيرة ومتشعبة تهدف إلي اكتساب الطلاب في كليات ومعاهد إعداد المعلمين الحد اللازم من الخبرات والمهارات والاتجاهات والقيم التي تمكنهم من ممارسة مهنة التدريس مستقبلا بقدر كبير من الكفاءة والفعالية ، ولابد أن يتم ذلك وفقا لبرامج خاصة تعرف ببرامج إعداد المعلم .

ويشير برنامج إعداد المعلم *Teacher Education Program* إلى المقررات والمساقات الدراسية التي يتلقاها الطالب المعلم بمعاهد وكليات التربية ، وماعلى شاكلتها من المؤسسات التعليمية العامة ، أو الخاصة المنوطة بإعداد المعلمين وتخريجهم .. وهو أيضا النظم والإجراءات المعمول بها في كليات ومعاهد إعداد المعلم . وهو مجموع الخبرات التي يتلقاها الطالب المعلم (معارف ، ومهارات ، واتجاهات ، وقيم... إلخ) خلال سنوات دراسته بكليات أو معاهد إعداد المعلمين ، والتي تمكنه من ممارسة مهنة التدريس . ويشمل أي برنامج لإعداد المعلمين ثلاثة جوانب هي : الجانب الأكاديمي التخصصي ، والجانب التربوي المهني والجانب الثقافي ، وتختلف برامج إعداد المعلم من دولة لأخرى وفقا لطبيعة واحتياجات كل دولة ، لكنها تتفق جميعا على الجوانب الثلاثة المشار إليها في برامج إعداد المعلم ، إضافة إلى جانب رابع هو التدريب الميداني ، أو ما يعرف بالتربية العملية ، والتي يرى البعض أنها تتبع الجانب المهني .

ويعرف مصطلح التدريب الميداني *Practical Tranning* عموما بأنه: عملية تستهدف تطبيق المبادئ والأفكار النظرية لمجال ، أو عمل ما في

الواقع الفعلي ، للربط بين الجانبين النظري والعملي لهذا المجال أو العمل. والتدريب الميداني على درجة كبيرة جدا من الأهمية في المجال التعليمي خصوصا للمؤسسات التعليمية ذات الطابع العملي والمهني التطبيقي ، فهو ضروري جدا لطلاب المدارس الفنية الصناعية ، وطلاب كليات الهندسة ، وكليات الطب ، وكليات الزراعة ، وكليات الخدمة الاجتماعية وغيرها .

ويطلق على التدريب الميداني في مجال التربية اسم التربية العملية ، وهي عبارة عن برامج محددة لتدريب طلاب وطالبات معاهد وكليات التربية قبل تخرجهم على ممارسة التدريس الفعلي ، واكتساب الحد الأدنى من مهاراته ، وذلك في حجرات دراسة حقيقية بمدارس ومؤسسات التعليم بمراحله المختلفة . ويعرف هذا النوع من التدريب بالتدريب قبل الخدمة Pre-service Training .

وقد تطور مفهوم التربية العملية في الآونة الأخيرة ، حيث تجاوز هذا المفهوم فترة التدريب الميداني التي يقضيها الطالب المعلم في المدارس الفعلية ، إلى ما هو أوسع من ذلك بكثير ، فقد أصبحت التربية العملية تشمل كافة البرامج والمقررات والتدريبات التي يجب أن تتضمنها مقررات الإعداد المهني للمعلم ، والتي تضفي الصبغة التطبيقية ، أو الوظيفية للمقررات التربوية ، فتجعل من مجال إعداد المعلم مجالا عمليا ، وبذلك فإن برامج التربية العملية ينبغي أن تشتمل على : (يس قنديل ، ١٩٩٨م ص ١٩٩) .

١- مقررات كاملة :

منها مقرر خاص بالتربية الميدانية ، يطلق عليه اسم التربية العملية حيث يدرس مقرر فعلي بهذا الاسم ببعض كليات ومعاهد إعداد المعلمين في بعض الدول العربية . ومنها مقرر خاص بالتدريس المصغر والذي يقدم بالفعل في بعض كليات التربية .

٢- تدريبات تعد جزءا من مقررات :

حيث يطلب أساتذة طرق التدريس ، أو المناهج ، أو علم النفس تقديم عروض عملية لموضوعات ، أو تقارير دراسة حالات بعض التلاميذ في المدارس التي يتلقى فيها الطالب المعلم تدريبه الميداني .

٣- برامج وأنشطة غير صفية :

وهي برامج تنظمها مؤسسات إعداد المعلم كأنشطة خدمة البيئة التي يشارك فيها الطلاب المعلمون ، ومعسكرات الجوالة التي يشتركون فيها مع

طلاب المدارس ، والأنشطة الفنية والرياضية التي يشارك هؤلاء الطلاب مع إدارات التعليم ومدارسها .

● **أهمية التربية العملية :**

تمثل التربية العملية بمفهومها الحديث جانبا على أعلى درجات الأهمية في برامج إعداد المعلمين قبل الخدمة ، وجزءا لايمكن الاستغناء عنه في خطة أي كلية أو معهد مـن كليات ومعاهـد إعداد المعلمين ، حيث تتركز أهمية التربية العملية هذه في أنها :

١- تدعم الإعداد المهني للمعلم :

بمعنى أن جانب الإعداد المهني في برامج إعداد المعلم لايمكن أن يكتمل دون التربية العملية .

٢- تربط الجانبين العملي والنظري في برامج إعداد المعلم :

بمعنى أن التربية العملية هي التي تتيح للطالب المعلم أن يـربط بـين ماتعلمـه مـن مقررات نظرية تربوية أو أكاديمية ، ومـا تـشمله بـرامج التربيـة العمليـة مـن مقررات وتدريبات ، ومـدى الاستفادة من تلك المقررات النظرية عند تنفيذ التدريس في الواقع الفعلي .

٣ - تضفي الواقعية على برامج إعداد المعلم :

فإذا تمت برامج إعداد المعلم بدون تربية عملية وتدريب ميداني كانت النتيجـة الحتميـة تخريج معلم لايدري شيئا عن واقع مهنة التدريس وواقع مؤسسات التعليم والمدارس التي سوف يعمل بها مستقبلا ، ذلك الواقع الذي قد يختلف تمام الاختلاف عما درسه بعيدا عن هذا الواقع حتى لـو كـان كل مادرسه مثاليا .

٤ - تدرب الطالب المعلم على ممارسة مهارات التدريس :

إن اكتساب الطالب المعلم - بكليات التربية ومعاهد إعداد المعلمين -لمهارات التدريس التي تـم تناولها على صفحات الفصول السابقة من الكتاب الحالي لايمكن أن يتم بدون تربيـة عمليـة وتدريب ميداني ، مهما كانت جودة وكفاءة برنامج إعداد المعلم ، ومهما كانت جودة وكفاءة المقررات النظرية الخاصة بالإعداد المهني والأكاديمي والثقافي المـشتمل عليهـا بهـذا البرنـامج . وذلك لأن اكتـساب أيـة مهارة عموما ومهارات التدريس بالطبع لايمكن له أن يتم دون ممارسة فعلية ، وتمرين عملـي ، الأمـر الذي تتيحه التربية العملية .

٥- تدرب الطالب المعلم على مهارات اجتماعية مهمة :

فالتدريب الميداني في برنامج التربية العملية يتيح للطالب المعلم المواجهة الفعلية مع التلاميذ من خلال مواقف تدريس مباشرة ، ومن ثم يقلل من هيبة المواجهة مع التلاميذ ، ويزيد من ثقته بنفسه ، ويمكنه من التعامل والتفاعل مع الآخرين ، ومن القدرة على القيادة ، والعمل في فريق ، والقدرة على التصرف السليم ، واتخاذ القرار في المواقف الصعبة .

ويمكن إجمال مزايا التربية العملية التي تبرز أهميتها في الرسم التخطيطي الموضح بالشكل : (١٤)

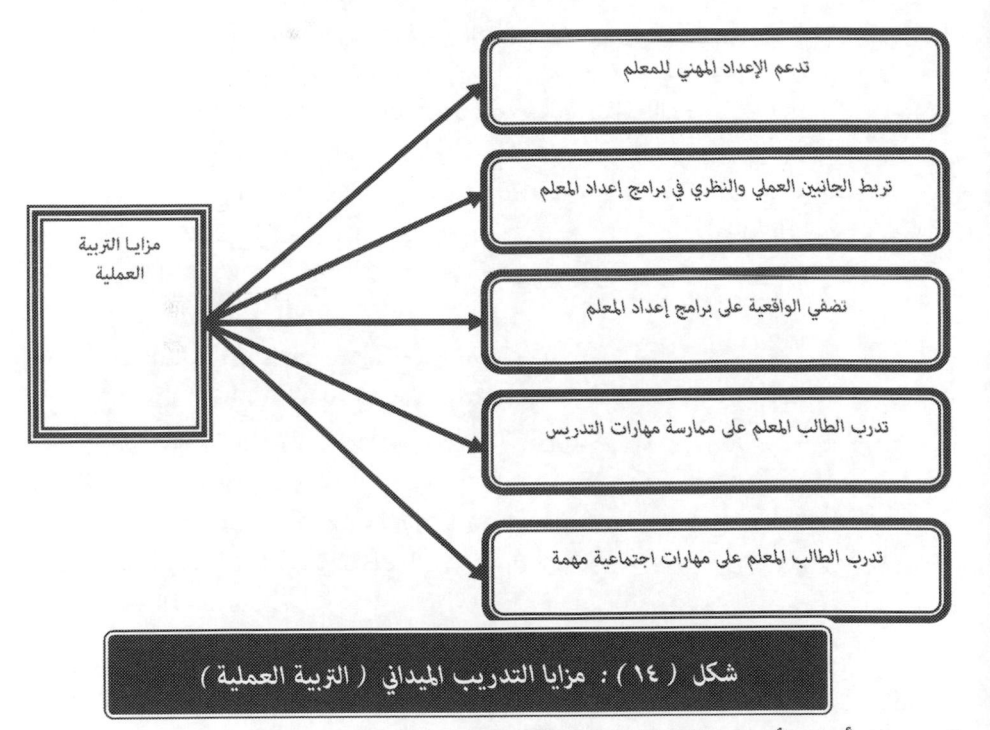

شكل (١٤) : مزايا التدريب الميداني (التربية العملية)

- **مهام وأدوار الأطراف المشاركة في التربيةالعملية :**

يشترك في برنامج التربية العملية عموما مجموعة من الأطراف هي : كلية التربية التي تعد هذا البرنامج ، والطلاب المعلمون الذين هم محور تركيز البرنامج ، والمشرفون (الموجهون) على هؤلاء الطلاب والمدارس التي يتم فيها التدريب الميداني . ولكي يحقق برنامج التربية العملية أهدافه على النحو المرغوب هناك عددا من المهام والأدوار التي ينبغي لكل طرف من هذه الأطراف الالتزام بها ، وذلك كما يلي :

١- المهام المنوطة بكليات التربية :

يبدأ برنامج التربية العملية من كليات التربية التي تنظمه لطلابها لذا فإن على المسؤولين بتلك الكليات القيام بالمهام والأدوار التالية :

- تقديم خبرة تمهيدية للطلاب قبل برنامج التربية العملية ، ويكون ذلك غالبا في السنة السابقة ، أو في الفصل الدراسي السابق على بدأ تطبيق برنامج التربية العملية ، من خلال تدريس مقرر عن مبادى التدريس أو مدخل لمهارات التدريس ، أو مدخل في طرق التدريس .
- التخطيط الجيد لبرنامج التربية العملية.
- توصيف مقرري التربية العملية ، والتدريس المصغر توصيفا دقيقا .
- تجهيز معمل للتدريس المصغر يختص بالتدريب على مهارات التدريس.
- تنفيذ مقرري التربية العملية والتدريس المصغر على النحو الصحيح .
- اختيار المدارس التي سيتم فيها التدريب الميداني مع مراعاة : قرب هذه المدارس من مقر الكلية ، ومناسبتها لأعداد الطلاب المتدربين ورغبة هذه المدارس في استقبال هؤلاء الطلاب ، ورغبات الطلاب في المدارس التي يتدربون فيها .
- توزيع الطلاب في مجموعات صغيرة مكونة من خمس أو ست طلاب في المجموعة الواحدة ، بحيث لايزيد عدد الطلاب في المجموعة الواحدة عن عشرة طلاب .
- ترشيح المشرفين على مجموعات التدريب الميداني من المتخصصين في مجالات التدريس المختلفة ، ويفضل من تكون لديه : الرغبة والخبرة ، والالتزام بالعمل ... الخ .
- التأكد من كفاءة المشرفين الذين يتم ترشيحهم ، وذلك عن طريق ترشيح جهة عملهم للأقدر منهم على القيام بالعمل ، مثلما يحدث عند الاستعانة بموجهين من العاملين بميدان التعليم .
- عقد لقاء تمهيدي مع المشرفين الذين تم ترشيحهم بمقر الكلية للاتفاق معهم على نظام العمل ، والمطلوب منهم تنفيذه خلال فترة التدريب الميداني ، ولكي يتم توزيع خطابات التكليف الرسمي للإشراف عليهم .
- تحديد مواعيد بداية برنامج التربية العملية وموعد نهايته ، وتحديد فترات التدريب المتصل والمنفصل كل عام وفقا للقواعد المنظمة للعمل بالكلية .
- بدأ تنفيذ برنامج التربية العملية فعليا من الموعد المحدد لذلك ، والذي تعلنه الكلية لجميع الأطراف المشاركة في وقت مناسب ، مع

إرسال خطابات رسمية بأسماء الطلاب إلى مديري المدارس التي يتم التدريب الميداني فيها .

◄ تشكيل لجان متابعة (إدارية وفنية) من الأساتذة العاملين بالكلية لمتابعة سير برنامج التدريب الميداني في المدارس بشكل مستمر وتحديد المشكلات والعقبات التي تواجه تنفيذ هـذا البرنامج بالشكل المطلوب والعمل على حل هذه المشكلات وتلك العقبات أولا بأول .

◄ تصميم استمارة متابعة أسبوعية لحضور الطلاب والمشرف ، يوقعها المشرف ، ويرسلها أسبوعيا مع رائد المجموعة (أحد الطلاب) .

◄ عمل قاعدة بيانات للاحتفاظ بها والاستفادة منها مستقبلا .

◄ توزيع الدرجات المخصصة للتدريب الميداني في استمارات مخصصة يتم طبعها كـنماذج يلتـزم بهـا مشرفي المجموعات ، ومديري المدارس .

◄ تصميم استمارات تقويم للطالب المعلم مفصلة البنود يلتزم المشرف بها عند تقييمه لمستوى أداء الطالب المعلم ، ويفضل أن يتم تطبيق هذه الاستمارات أسبوعيا ، أو شهريا ، ثـم تحسـب درجـة الطالب النهائية بأخذ متوسط الدرجات . فهذا الأسلوب يتيـح لكل مـشرف الوقوف عـلى مـدى تقدم أداء كل طالب من المتدربين ، ومن ثم تعديل مسار المقصر منهم.

◄ عقد لقاءات دورية مع الموجهين أو المشرفين لمتابعة سير العمل ولحل المشكلات التي قـد تعترض العمل ، ويفضل أن تكون تلك اللقاءات شهرية ، أو على الأقل في بداية ونهاية كل فصل دراسي .

◄ عقد لقاء نهائي مع المشرفين بمقر الكلية لتسليم درجات الطلاب في التدريب الميداني ، ولمناقشة ما واجههم من مشكلات حتى يتم تلافيها مستقبلا . ولاستكمال الإجراءات الإدارية اللازمـة لـصرف مستحقات المشرفين المالية نظير عملهم .

◄ تكريم المتميزين من المشرفين تكريما ماديا ، أو معنويا ليكونوا قدوة لغيرهم ، وليكون ذلك حـافزا لهم وللآخرين .

٢- المهام المنوطة بالطالب المعلم :

الطالب المعلم هو الشخص المعني أساسا في برنامج التربية العملية بمعنى أن برنامج التربيـة العملية هذا يسعى لمصلحة هذا الطالب أولا وأخيرا ، لذا يجب عليه اللالتزام بالمهام التالية :

◄ الوعي بأهمية برنامج التربية العملية ، والتدريب الميداني لتنميته شخصيا ومهنيا .

◄ سعي الطالب المعلم لتحقيق أقصى استفادة ممكنه له من خلال برنامج التربية العملية .

◄ الربط بين مايتعلمه في مقرر التربية العملية النظري ، ومقر التدريس المصغر العملي مـن جهـة ، وبينهما وبين مايمارسه فعليا في التدريب الميداني .

◄ الالتزام بالحضور وفقا للمواعيد المحددة للبرنامج ، والتي يقررها مدير المدرسة التي يتم التـدرب فيها .

◄ الالتزام بقواعد العمل في المدرسة ، وعدم الخروج عليها لأي سبب من الأسباب .

◄ الالتزام بقواعد السلوك العام ، والاحترام داخل المدرسة وخارجها .

◄ مراعاة الاهتمام بالمظهر ، وأناقة الثياب – قدر المستطاع – مـع التأكيـد عـلى حشمة الملبس ، ومناسبته للمعلم كقدوة .

◄ السعي لتحقيق أقصى درجات التفاعل والإيجابية مع التلاميذ خلال المواقف التدريسية الفعليـة التي تتاح له .

◄ مراعاة التأدب في الحديث مع الأخرين من : زملاء ، ومشرفين وتلاميذ .. الخ .

◄ التعاون مع المشرف ، والالتزام بتعليماته .

◄ التعاون مع زملائه من المتدربين ، والمعلمين داخل المدرسة .

◄ التعاون مع إدارة المدرسة ، والمشاركة في طابور الصباح وغيره من الأنشطة التي تقيمها المدرسـة يوم حضوره .

◄ التعاون مع المدرسة في شغل الحصص الاحتياطية ، وعليه أن يسعى لهذا الأمر حتى يتقن مهارات التدريس من خلال كثرة مواقف التدريس الفعلي التي يمارسها .

◄ إعداد الدروس التي يكلف بتدريسها قبل ذهابه للمدرسة ، وتحضيرها في دفتر تحضير الـدروس وفقا لإجراءات تخطيط الدروس المتعارف عليها .

◄ الالتزام بدخول الفصل في الوقت المحدد للحصة ، دون تأخير .

◄ الالتزام بخطة التدريس التي أعدها للدرس ، والسير في التدريس بشكل منظم غير عشوائي .

◄ تقبل النقد من المشرف ، ومن زملائه بصدر رحب ، والاعتراف بنقـاط القصور في أدائـه ، محـاولا إصلاحها بالتدريب والممارسة ، وسؤال ذوي الخبرة من الموجهين والمعلمين القدامى .

◄ مشاركته في نقد أداء زملائه بأسلوب مهذب ، دون العمد إلى تجريحهم أو إحراجهم .

◄ إبلاغ المسؤولين بالكلية عن أي تقصير ، أو مشكلة تواجهه هـو وزملائـه بالمدرسـة التي يتـدربون فيها فورا ، فالساكت على الحق شيطان أخرس.

◄ مناقشة أساتذة المناهج وطرق التدريس في محاضراتهم عن المواقف الـصعبة التي تواجهـه أثنـاء التدريب الميداني ، للاستفادة من خبرتهم في هذا المجال .

◄ الاطلاع على الكتب والمراجع الجديدة التي تصدر في مجال التـدريس ومهاراتـه ، لاكتـساب مزيد من الخبرة ، حيث يجب عليه زيارة مكتبة الكلية ، أو المدرسة التي يتدرب فيها بشكل مستمر .

٣- المهام المنوطة بالمشرفين :

مشرف التربية العملية من أهم الأطراف المشاركة في أي برنامج يتم تنفيذه بكليات التربية أيـنما وجدت ، حيث يتوقف على هذا المشرف قدرا كبيرا من نجاح هذا البرنامج ، ونتائجة النهائية . ويعرف مشرف التربية العملية *Practical Tranning Supervisor* بأنه ذلك الشخص الخبير   أو المتخصص التربوى الذى يشرف ، ويوجه الطلاب المعلمين أثناء تدريبهم الميداني (التربية العملية) .

ولكي يحقق هذا المشرف أهداف برنامج التربيـة العمليـة عمومـا والتـدريب الميـداني عـلى وجـه الخصوص ، لابد من قيامه بالمهام التالية :

أ - المهام الإدارية والتنظيمية :

من المهام الإدارية التي ينبغي لمشرف التربية العملية القيام بها ما يلي:

◄ الحضور مبكرا للمدرسة ، قبل بدأ طابور الصباح .

◄ إعداد دفتر حضور وانصراف لطلاب المجموعة .

◄ التمهيد مع إدارة المدرسة لاستقبال الطلاب المتدربين .

◄ الاتفاق مع إدارة المدرسة على نظام العمل أثناء التدريب .

◄ التنسيق بين إدارة المدرسة وطلاب التربية العملية .

◄ تعريف معلمي المدرسة بالمتدربين ، والتنسيق بينهما .

◄ توزيع الطلاب المتدربين على المعلمين القائمين بالمدرسة بحيث يحـضر كـل طالـب مـع معلـم ، أو معلمة عددا من الحصص على سبيل المشاهدة ليرى كيف يقوم المعلم بالتدريس ، وإدارة الفصل.

◄ تحديد الحصص التي تخصص للمتدربين وتنزيلها من جداول المعلمين

◄ توزيع الحصص على أفراد المجموعـة وفقـا لنظام محـدد يتيـح فرصا متسـاوية لكـل متـدرب في المجموعة . بحيث يتم تقسيم المجموعة إلى ثنائيات أحدهما يتولى الـشرح ، والآخر يـشاهد أداء زميله .

◄ الاتفاق مع طلاب المجموعة على مواعيد الحضور والانصراف وكافة الأمور الإدارية ، بما لايتعارض مع نظام المدرسة .

◄ حصر ومتابعة حضور وغياب الطلاب ، وإبلاغ الكلية بأسماء الطلاب غير المنتظمين في الحضور ، أو الذين يتغيبون تماما .

◄ عمل سجل خاص به يسجل فيه كافة الملاحظات على سلوك كل متدرب من المجموعة ، ومدى مواظبته ، والتزامه ، للرجوع إليه عند الضرورة .

◄ الالتزام بالحضور مع طلاب المجموعة من بداية اليوم المدرسي وحتى نهايته ، لتوجيه الطلاب ، وحل أية مشكلات تواجههم في المدرسة .

◄ الالتزام بتعليمات الكلية الإدارية والتنظيمية التي تعلن على المشرفين قبل بدأ برنامج التربية العملية .

ب- المهام الفنية :

بالإضافة إلى تلك المهام الإدارية ، هناك العديد من المهام الفنية التي ينبغي لمشرف التربية العملية القيام بها مثل :

◄ اختيار الدروس ، أو الوحدات التي سيكون الطلاب المتدربين مسؤولون عن تدريسها ، وذلك بالاتفاق والتنسيق مع معلمي التخصص في المدرسة ، أو المعلم الأول للمادة .

◄ تحديد شكل ونوعية دفتر تحضير الدروس اليومية .

◄ تدريب الطلاب على كيفية التخطيط للدروس اليومية ، ومتابعة ذلك معهم باستمرار ، وتصويب الأخطاء لهم في دفتر التحضير .

◄ شرح النقاط العلمية والفنية الصعبة للطلاب المتدربين في الدروس المكلفين بشرحها للتلاميذ ، وذلك قبل دخولهم الحصص الفعلية .

◄ مناقشة الطلاب المتدربين فيما يمكن أن يطرحه عليهم التلاميذ من تساؤلات واستفسارات حول موضوع الدرس ، وذلك على ضوء خبراته السابقة في هذا الإطار .

◄ تزويد الطلاب المتدربين بخبرته في كيفية مواجهة التلاميذ داخل حجرة الدرس ، وكيفية التصرف بحكمة ولباقة في المواقف الصعبة والمحرجة التي قد يتعرضون لها أثناء التدريس .

◄ حضور الحصص كاملة مع الطلاب المتدربين لمتابعة أدائهم التدريسي وتقييم ذلك الأداء .

◄ عدم التدخل في مجريات الدرس بطريقة تعرض الطالب المعلم للحرج أو تقلل من شأنه أمام التلاميذ .

- عندما يخطئ الطالب المتدرب أخطاء جسيمة في الشرح ، أو التصرف على المشرف أن يتدخل لحل الموقف ، على أن يكون التدخل بشكل تربوي سليم لايعرضه للإهانة ، أو الحرج .
- على المشرف تسجيل ملاحظاته حول أداء كل طالب متدرب في المجموعة خلال حضوره الحصص في استمارة تقييم الأداء التدريسي التي تعدها الكلية لهذا الأمر ، أو في سجله الخاص .
- الاجتماع بأفراد المجموعة بعد كل حصة يقوم بتدريسها أحدهم ، أو في نهاية الحصص المكلفين بتدريسها ، ليناقش مع الآخرين نقاط القصور والقوة في الأداء التدريسي لكل منهم ، وتقديم مقترحاته لتطوير ادائهم خلال المواقف المقبلة .
- على المشرف الالتزام بالأسلوب التربوي المهذب في توجيه الطلاب المتدربين ، ونقل خبرته إليهم دون زهو، أو خيلاء ، أو تعالي عليهم .
- قيامه بإنذار الطلاب غير الملتزمين ، أو ذوي المستوى التدريسي المنخفض بعواقب ذلك ، وحسن توجيههم لتطوير مستواهم .
- على المشرف أيضا الاتفاق مع مدير المدرسة على اختصاصات كل منهما في الإشراف ، والتنسيق معه عند تقييم الطلاب المتدربين ووضع درجاتهم النهائية .
- التزام السرية عند وضع الدرجات النهائية للطلاب ، وتسليم الكشوف المخصصة لرصد الدرجات في مظروف مغلق يدا بيد للمسؤولين بالكلية.
- الاحتفاظ بصورة من كشوف الدرجات لديه ، يمكنه الرجوع إليها إذا دعت الضرورة .

٤- المهام المنوطة بالمدارس :

على إدارات المدارس التي يتم فيها التدريب الميداني القيام بالمهام التالية :

- تهيئة المناخ المدرسي المناسب لتدريب الطلاب على أفضل نحو ممكن.
- التعامل مع الطلاب المتدربين في جو من الود ، والتفاهم .
- التعاون مع مشرف المجموعة والطلاب المتدربين فيما قد يحتاجون إليه من أمور إدارية ، أو فنية.
- إلزام المشرف والطلاب بالنظام المعمول به في المدرسة .
- دمج الطلاب المتدربين في أنشطة المدرسة المختلفة ، كي يعايشوا الحياة المدرسية بكل معانيها.

◄ متابعة حضور الطلاب المتدربين ، وسلوكياتهم في المدرسة وتقويمها أولا بأول ، وإبلاغ الكلية في حالات الضرورة .

◄ متابعة حضور مشرف المجموعة ، وضرورة إبلاغ الكلية إذا لم يكن مواظبا على الحضور .

◄ التعاون مع لجان المتابعة القادمة من الكلية ، وتقديم كافة البيانات الصحيحة لهم عن مدى : التزام الطلاب والمشرفين بالحضور ، ومدى تنفيذهم لبرنامج التدريب الميداني بالمستوى المطلوب .

والشكل (١٥) يلخص مهام الأطراف المشاركة ببرنامج التربية العملية:

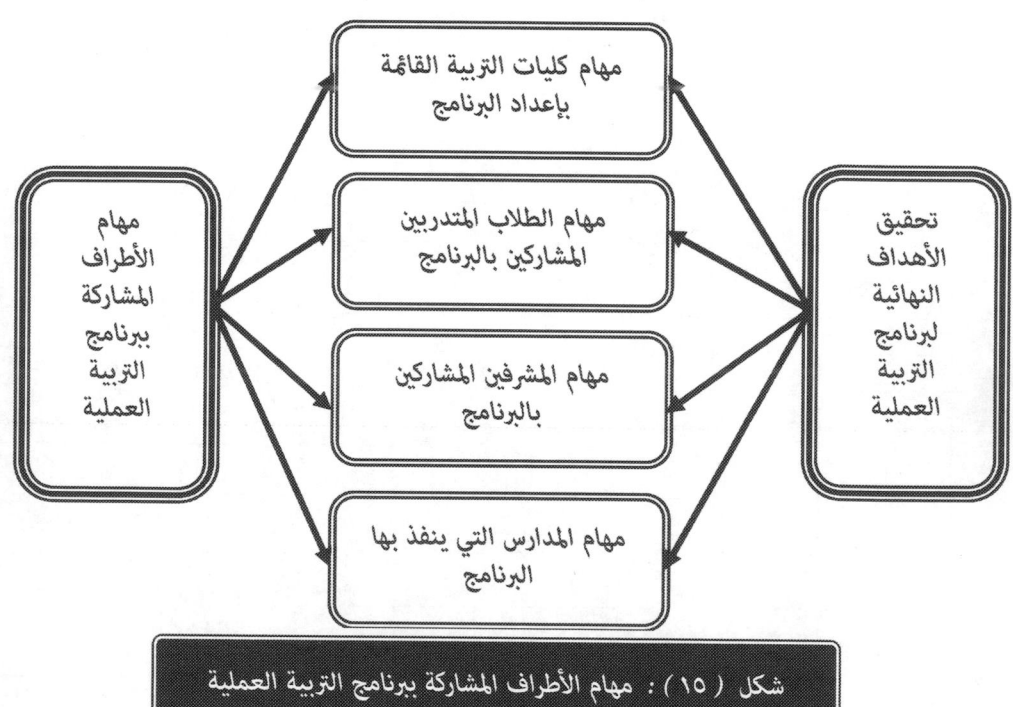

شكل (١٥) : مهام الأطراف المشاركة ببرنامج التربية العملية

● أدوات تقييم أداء طلاب التربية العملية :

أعد التوجيه التربوى والتدريب بوزارة المعارف بالمملكة العربية السعودية ، بطاقة تقويم عامة تشمل أهم الجوانب المهنية والشخصية للمعلم مهما كان تخصصه ، يمكن الاسترشاد بها في تقييم أداء طلاب التربية العملية خلال تدريبهم الميداني ، وبيان تلك البطاقة فيما يلى :

بطاقة توجيه المعلم وتقويمه :

أولا : معلومات شخصية :

اسم المعلم : الجنسية :
المؤهل ، والتاريخ : المادة التى يدرسها :
الدورات التربوية : عدد الحصص :
تاريخها : الصف ، والفصل :
الفصل الدراسى : تاريخ الزيارة :
الزيارة : الأولى الثانية الثالثة

ثانيا : الأداء الوظفى :

العنصر	الحد الأعلى لدرجات التقويم	الدرجة المعطاة
- الالتزام باستخدام اللغة الفصحى .	٦	
- الحرص على تنظيم النشاط المدرسى ، وتقبله .	٥	
- الاهتمام بالنمو المعرفى .	٥	
- المحافظة على أوقات الدوام .	٧	
- الإلمام بالأسس التربوية فى إعداد الدروس وتطبيقها.	٧	
- التمكن من المادة العلمية ، والقدرة على تحقيق أهدافها	٧	
- الاهتمام بالتقويم المستمر ، ومراعاة الفروق الفردية.	٧	
- توزيع المنهج ، وملاءمة ما نفذ منه للزمن .	٤	
- استخدام السبورة ، والكتب المدرسية ، والوسائل التعليمية الأخرى .	٤	
- المهارة فى عرض الدروس ، وإدارة الفصل .	٥	
- مستوى تحصيل الطلاب العلمى .	١٠	
- التطبيقات ، والواجبات المدرسية ، والعناية بتصحيحها.	٥	
المجموع	٧٢	

ثالثا : الصفات الشخصية :

العنصر	الحد الأعلى لدرجات التقويم	الدرجة المعطاة
- السلوك العام (القدوة الحسنة)	٤	
- تقدير المسئولية	٤	
- تقبل التوجيهات	٤	
- حسن التعرف	٤	
المجموع	١٦	

رابعا : العلاقات مع :

العنصر	الحد الأعلى لدرجات التقويم	الدرجة المعطاة
- الرؤساء	٤	
- الزملاء	٤	
- الطلاب ، وأولياء الأمور	٤	
المجموع	١٢	

خامسا:ملحوظات عامة : (كل صفة من مواطن القوة = + ٢ أو مواطن الضعف = -٢)

مواطن القوة : (الإنجازات أو النشاطات العلمية الأخرى التى يتميز بها المعلم (المعلمة) ولم تشتمل عليها العناصر السابقة)	المجموع الكلى لمواطن القوة
١ ٢ ٣	الدرجة التى حصل عليها

مواطن الضعف : (الجوانب السلبية التى يتصف بها المعلم (المعلمة) وتؤثر على عمله دون أن يكون فى ذلك تكرار للعناصر السابقة .	المجموع الكلى لمواطن الضعف
١ ٢ ٣	الدرجة التى حصل عليها

الملحوظات التى طرأت منذ آخر تقرير أعد عنه .
التوجيهات / التوصيات العامة لتطوير قدرات المعلم

اسم الموجه (المشرف): التوقيع: التاريخ / /

اسم مدير المدرسة : التوقيع: التاريخ / /

ويمكن أن يختلف نظام التقدير الكمى على تلك البطاقة عما هو موضح سابقا ، حيث يمكن أن يكون هذا النظام موحدا على مقياس متدرج يحدد مدى التزام المعلم بكل صفة (دائما - غالبا - أحيانا - نادرا - لا يحدث) بحيث تكون الدرجات المقابلة لتلك المستويات هى على التوالى : ٥ ، ٤ ، ٣ ٢ ، ١ ، أو تكون ٤ ، ٣ ، ٢ ، ١ ، صفر ، وذلك كما يلى :

الرقم	العناصر (الصفات)	مدى التزام المعلم بها				
		دائما (٥)	غالبا (٤)	أحيانا (٣)	نادرا (٢)	لا يحدث (١)
١	- الالتزام باستخدام الفصحى .					
٢	- الحرص على تنظيم النشاط المدرسى وتقبله					
٣	- الاهتمام بالنمو المعرفى .					
٤	- المحافظة على أوقات الدوام .					
٥	- الإلمام بالأسس التربوية فى إعداد الدروس وتطبيقها.					
٦	- التمكن من المادة العلمية ، والقدرة على تحقيق الفردية .					
٧	- الاهتمام بالتقييم المستمر ، ومراعاة الفروق الفردية.					
٨	- توزيع المنهج ، وملائمة ما نفذ منه للزمن.					
٩	- استخدام السبورة ، والكتب المدرسية والوسائل التعليمية الأخرى .					
١٠	- المهارة فى عرض الدروس ، وإدارة الفصل.					
١١	- مستوى تحصيل الطلاب العلمى .					
١٢	- التطبيقات ، والواجبات المدرسية ، والعناية بتصحيحها .					
١٣	- السلوك العام (القدوة الحسنة) .					
١٤	- تقدير المسؤولية .					
١٥	- تقبل التوجيهات .					
١٦	- حسن التصرف .					
١٧	- علاقته مع الرؤساء .					
١٨	- علاقته مع الزملاء .					
١٩	- علاقته مع الطلاب ، وأولياء الأمور.					

وهناك استمارات أخرى كثيرة تم إعدادها لتقييم مستوى أداء الطلاب المعلمين خلال تدريبهم الميداني في برنامج التربية العملية منها النموذج التالي:(نقلا عن: أبو السعود محمد أحمد ، د . ت ، ص ص ١٧٩-١٨٢)

قائمة ملاحظة لتقويم أداء طلاب التربية العملية

	أنماط السلوك المراد ملاحظتها	الدرجة				
		(٤)	(٣)	(٢)	(١)	صفر
	أولا : أسلوب التدريس					
١	يصيغ أهداف الدرس بطريقة إجرائية .					
٢	يقدم للدرس بطريقة تثير اهتمام التلاميذ .					
٣	يقدم مادة علمية سليمة .					
٤	يعرض عناصر الدرس بتتابع منطقي .					
٥	يعرض أمثلة تطبيقية وتوضيحية مناسبة .					
٦	يسير في الشرح بسرعة مناسبة لمستوىالتلاميذ .					
٧	يستخدم أسلوب تدريس يتفق وأهداف الدرس.					
٨	يبرز النقاط المهمة في الدرس .					
٩	يصيغ أسئلته بما يتناسب ومستوى التلاميذ .					
١٠	يصيغ أسئلتة عن الدرس بأسلوب واضح .					
١١	يطرح أسئلة متنوعة عن الدرس على التلاميذ .					
١٢	يوزع أسئلة التدريس على التلاميذ بنظام محدد .					
١٣	يتقبل إجابات التلاميذ ويعلق عليها .					
١٤	يشجع التلاميذ على المشاركة في الدرس .					
١٥	يلقي الدرس بصوت واضح متنوع النبرات .					
١٦	يشيع جو من الألفة أثناء التدريس .					
١٧	يقوم بتكرار شرح النقاط الغامضة في الدرس .					
١٨	يقوم بتلخيص الدرس بشكل صحيح .					
١٩	يعطي للتلاميذ واجب منزلي مناسب.					
٢٠	ينتهي من الدرس في الوقت المحدد للحصة .					
	ثانيا : استخدام الوسائل التعليمية					
١	يستخدم الوسيلة التعليمية المناسبة.					
٢	يستخدم السبورة بطريق مناسبة .					
٣	يستخدم الوسيلة في الوقت المناسب من الدرس .					
٤	يضع الوسيلة في مكان يراه كل التلاميذ .					
٥	يعيد الوسيلة إلى مكانها فور الانتهاء من استخدامها .					

الدرجة					أنماط السلوك المراد ملاحظتها	
صفر	(١)	(٢)	(٣)	(٤)		
					ثالثا : التقويم	
					يستخدم أسئلة شفهية وتحريرية .	١
					يسأل أسئلة تمهيدية تشخيصية قبل الدرس .	٢
					يسأل أثناء الدرس .	٣
					يسأل بعد الانتهاء من شرح الدرس .	٤
					يطرح أسئلة تقيس مستويات معرفية مختلفة .	٥
					يستخدم أسئلة تقيس المستويات المعرفية العليا .	٦
					يعتمد على أساليب التقويم متعددة القياس .	٧
					يشخص نقاط القوة والضعف لدى التلاميذ بدقة .	٨
					يدعم نقاط القوة في مستوى التلاميذ .	٩
					يصلح نقاط القصور والضعف في مستوى التلاميذ.	١٠
					رابعا: المشاركة في الجو المدرسي العام	
					يحضر اليوم المدرسي من بدايته .	١
					يبقى في المدرسة حتى نهاية اليوم المدرسي.	٢
					يتعاون مع مدرسي المادة .	٣
					يتعاون مع إدارة المدرسة .	٤
					يشارك في جمعيات النشاط العلمي بالمدرسة .	٥
					يشارك في برنامج الإذاعة المدرسية الصباحي .	٦
					يشارك في تنظيم المعارض التعليمية بالمدرسة .	٧
					يشارك في إنتاج وتحرير مجلات الحائط المدرسية.	٨
					يساهم في تنظيم وتدعيم مكتبة الفصل في تخصصه	٩
					يحترم التقاليد واللوائح المدرسية .	١٠
					خامسا : المظهر العام والشخصية	
					يرتدي ثيابا حسنة المظهر ولائقة .	١
					يعتد بنفسه ولايتردد أثناء الحديث .	٢
					يتصرف باتزان وعقلانية داخل حجرة الدرس .	٣
					يتراجع عن الخطأ عندما يدركه بأسلوب تربوي .	٤
					يحسن مواجهة المواقف المحرجة التي تواجهه داخل الفصل ، والتصرف فيها بالأسلوب المناسب .	٥

المدخل للمناهج وطرق التدريس

ومن أهم وأشمل أدوات تقييم الأداء التدريسي للطالب المعلم قبل الخدمة ، والمعلم العامل أثناء الخدمة ، ذلك المقياس الذي يقيس عملية التدريس كنظام ، وبيانه فيمايلي : (محمد زياد حمدان ، ١٩٩٩م ص ص ١٤٥-١٥٩) .

مقياس متدرج لتقييم التدريس كنظام

المعلم (الطالب) :   المشرف :

المادة :   المدرسة :

الفصل :   الوقت :

عدد التلاميذ :   التاريخ :

(أ) مدخلات التدريس - تحضيره :		
١- تقييم خلفيات التلاميذ قبل التدريس.	١ ٢ ٣ ٤ ٥ ٦ ٧ ٨ ٩	-
٢- اختيار / تطوير الأهداف التربوية للتعلم والتدريس.	١ ٢ ٣ ٤ ٥ ٦ ٧ ٨ ٩	-
٣- اختيار معلومات التدريس .	١ ٢ ٣ ٤ ٥ ٦ ٧ ٨ ٩	-
٤- اختيار / تطوير أنشطة التعلم .	١ ٢ ٣ ٤ ٥ ٦ ٧ ٨ ٩	-
٥- اختيار طرق ، ووسائل التدريس .	١ ٢ ٣ ٤ ٥ ٦ ٧ ٨ ٩	-
٦- إعادة وسائل ، ومواد التدريس .	١ ٢ ٣ ٤ ٥ ٦ ٧ ٨ ٩	-
٧- اختيار إجراءات تحفيز التعلم .	١ ٢ ٣ ٤ ٥ ٦ ٧ ٨ ٩	-
٨- اختيار إجراءات توجيه سلوك التلاميذ .	١ ٢ ٣ ٤ ٥ ٦ ٧ ٨ ٩	-
٩- ضبط ضوء ، وتهوية ، وتكييف الغرفة الدراسية.	١ ٢ ٣ ٤ ٥ ٦ ٧ ٨ ٩	-
١٠- تنظيم الغرفة الدراسية المناسبة للتعلم والتعليم .	١ ٢ ٣ ٤ ٥ ٦ ٧ ٨ ٩	-
	المجموع	٩٠
(ب) عمليات التدريس - تنفيذه :		
١- التقديم للتدريس :		
- انفتاح أسارير الوجه ، والمرح العام.	١ ٢ ٣ ٤ ٥ ٦ ٧ ٨ ٩	-
- مراجعة سريعة لأهم معلومات الدرس الماضي .	١ ٢ ٣ ٤ ٥ ٦ ٧ ٨ ٩	-
-الانتقال التدريجى من الموضوع الماضى إلى الحاضر	١ ٢ ٣ ٤ ٥ ٦ ٧ ٨ ٩	-
- استعمال الحوادث الجارية فى التقديم .	١ ٢ ٣ ٤ ٥ ٦ ٧ ٨ ٩	-
- مشاركة التلاميذ فى المراجعة ، والتقديم .	١ ٢ ٣ ٤ ٥ ٦ ٧ ٨ ٩	-
- استعمال السؤال المناسب لربط الموضوع الماضى بالحاضر .	١ ٢ ٣ ٤ ٥ ٦ ٧ ٨ ٩	-
- استغلال إجابة التلاميذ للوصول للموضوع الجديد .	١ ٢ ٣ ٤ ٥ ٦ ٧ ٨ ٩	-
- كتابة اسم الموضوع ، والتاريخ على السبورة .	١ ٢ ٣ ٤ ٥ ٦ ٧ ٨ ٩	-
- تعريف التلاميذ بأهداف الدرس الجديد / كتابتها على السبورة .	١ ٢ ٣ ٤ ٥ ٦ ٧ ٨ ٩	-
- تعريف التلاميذ بالمنظمات المتقدمة للتدريس / كتابتها على السبورة .	١ ٢ ٣ ٤ ٥ ٦ ٧ ٨ ٩	-
	المجموع	٩٠

		العبارة
-	٩ ٨ ٧ ٦ ٥ ٤ ٣ ٢ ١	٢- عرض معلومات التدريس :
-	٩ ٨ ٧ ٦ ٥ ٤ ٣ ٢ ١	- أهمية المعلومات للتعلم ، والتدريس .
-	٩ ٨ ٧ ٦ ٥ ٤ ٣ ٢ ١	- صحة المعلومات ، وعدم زيفها .
-	٩ ٨ ٧ ٦ ٥ ٤ ٣ ٢ ١	- حداثة المعلومات ، وتمثيلها العصري لمادة التدريس.
-	٩ ٨ ٧ ٦ ٥ ٤ ٣ ٢ ١	- صحة لفظ المصطلحات العامة لمعلومات التدريس.
-	٩ ٨ ٧ ٦ ٥ ٤ ٣ ٢ ١	- تمكن المعلم من معلومات التدريس .
-	٩ ٨ ٧ ٦ ٥ ٤ ٣ ٢ ١	- تمكن المعلم من المعلومات العامة المرتبطة بموضوع التدريس .
-	٩ ٨ ٧ ٦ ٥ ٤ ٣ ٢ ١	- السؤال عن معلومات التدريس أولا قبل شرحها .
-	٩ ٨ ٧ ٦ ٥ ٤ ٣ ٢ ١	- التدريج الاستقرائي لمعلومات التدريس.
-	٩ ٨ ٧ ٦ ٥ ٤ ٣ ٢ ١	- تسلسل المعلومات ، وارتباطها ببعضها البعض .
-	٩ ٨ ٧ ٦ ٥ ٤ ٣ ٢ ١	- التركيز على تدريس المفاهيم ، والمعارف الأساسية.
٩٠		المجموع
		٣- أساليب التدريس :
-	٩ ٨ ٧ ٦ ٥ ٤ ٣ ٢ ١	- مراعاة الخطوات العامة للتدريس الصفي تمهيد وعرض ، وتطبيق ، وتلخيص .
-	٩ ٨ ٧ ٦ ٥ ٤ ٣ ٢ ١	- مناسبة أساليب التدريس للخطوات العامة للتدريس الصفي .
-	٩ ٨ ٧ ٦ ٥ ٤ ٣ ٢ ١	- تنويع أساليب التدريس.
-	٩ ٨ ٧ ٦ ٥ ٤ ٣ ٢ ١	- مناسبة أساليب التدريس لطبيعة الموضوع .
-	٩ ٨ ٧ ٦ ٥ ٤ ٣ ٢ ١	- مناسبة أساليب التدريس للوسائل / المصادر الإدراكية للتلاميذ.
-	٩ ٨ ٧ ٦ ٥ ٤ ٣ ٢ ١	- كفاية المعلم التطبيقية لأساليب التدريس .
-	٩ ٨ ٧ ٦ ٥ ٤ ٣ ٢ ١	- تركيز المعلم على الأساليب غير المباشرة في التدريس .
-	٩ ٨ ٧ ٦ ٥ ٤ ٣ ٢ ١	- توقيت استعمال أساليب التدريس خلال الحصة.
-	٩ ٨ ٧ ٦ ٥ ٤ ٣ ٢ ١	- تشجيع أساليب التدريس للتفاعل الصفي.
-	٩ ٨ ٧ ٦ ٥ ٤ ٣ ٢ ١	- تدريج أساليب التدريس من المحسوس إلى اللامحسوس .
٩٠		المجموع
		٤- أسئلة التدريس :
-	٩ ٨ ٧ ٦ ٥ ٤ ٣ ٢ ١	- ارتباط الأسئلة بموضوع التدريس ، وخبرات التلاميذ
-	٩ ٨ ٧ ٦ ٥ ٤ ٣ ٢ ١	- تركيز الأسئلة على المعارف ، والمفاهيم الأساسية للتدريس .
-	٩ ٨ ٧ ٦ ٥ ٤ ٣ ٢ ١	- توقيت استعمال الأسئلة في الحصة .
-	٩ ٨ ٧ ٦ ٥ ٤ ٣ ٢ ١	- وضوح الأسئلة ، وصحتها اللغوية .
-	٩ ٨ ٧ ٦ ٥ ٤ ٣ ٢ ١	- وضوح المطلوب من الأسئلة.
-	٩ ٨ ٧ ٦ ٥ ٤ ٣ ٢ ١	- تنوع مستوى الأسئلة فكريا .
-	٩ ٨ ٧ ٦ ٥ ٤ ٣ ٢ ١	- تنوع اختصاص الأسئلة من حيث الإدراك والشعور والحركة.

المدخل للمناهج وطرق التدريس

-	٩ ٨ ٧ ٦ ٥ ٤ ٣ ٢ ١	- تنوع كيفية إنجاز الأسئلة – شفويا ، وكتابيا وعمليا.	
-	٩ ٨ ٧ ٦ ٥ ٤ ٣ ٢ ١	- تسلسل الأسئلة وتدريجها استقرائيا.	
-	٩ ٨ ٧ ٦ ٥ ٤ ٣ ٢ ١	- محدودية المطلوب من الأسئلة .	
-	٩ ٨ ٧ ٦ ٥ ٤ ٣ ٢ ١	- توزيع الأسئلة على أفراد الفصل .	
-	٩ ٨ ٧ ٦ ٥ ٤ ٣ ٢ ١	- مناسبة عدد الأسئلة ، وسرعة إعطائها لمتطلبات الحصة ، والتلاميذ .	
-	٩ ٨ ٧ ٦ ٥ ٤ ٣ ٢ ١	- إعطاء وقت كاف لأفراد التلاميذ للتفكير بعد السؤال.	
-	٩ ٨ ٧ ٦ ٥ ٤ ٣ ٢ ١	- توجيه أسئلة مناسبة بعد كل فقرة ، أو مرحلة رئيسة من الحصة.	
-	٩ ٨ ٧ ٦ ٥ ٤ ٣ ٢ ١	- التركيز على إعطاء إجابة كاملة للسؤال من التلاميذ.	
-	٩ ٨ ٧ ٦ ٥ ٤ ٣ ٢ ١	- توجيه الأسئلة بصوت طبيعي واضح .	
-	٩ ٨ ٧ ٦ ٥ ٤ ٣ ٢ ١	- دعوة أحد التلاميذ عشوائيا باسمه لإجابة المطلوب من السؤال .	
-	٩ ٨ ٧ ٦ ٥ ٤ ٣ ٢ ١	- تشجيع أفراد التلاميذ على الإجابة الصحيحة للأسئلة.	
-	٩ ٨ ٧ ٦ ٥ ٤ ٣ ٢ ١	- تجميع إجابات التلاميذ ، وتلخيصها لمجموع الفصل.	
-	٩ ٨ ٧ ٦ ٥ ٤ ٣ ٢ ١	- الابتعاد عن اقتراح الإجابة الصحيحة عند توجيه الأسئلة.	
١٨٠	المجموع		
		٥- استعمال الوسائل التعليمية :	
-	٩ ٨ ٧ ٦ ٥ ٤ ٣ ٢ ١	- تمثيل الوسائل لمعارف ، ومفاهيم الموضوع المنهجي	
-	٩ ٨ ٧ ٦ ٥ ٤ ٣ ٢ ١	- مناسبة الوسائل لأساليب / مصادر التلاميذ الإدراكية	
-	٩ ٨ ٧ ٦ ٥ ٤ ٣ ٢ ١	- مناسبة الوسائل لعدد التلاميذ في الفصل .	
-	٩ ٨ ٧ ٦ ٥ ٤ ٣ ٢ ١	- مناسبة طول الوسائل للوقت المتوفر لاستعمالها.	
-	٩ ٨ ٧ ٦ ٥ ٤ ٣ ٢ ١	- وضوح الوسائل ، وجودة صناعتها الفنية .	
-	٩ ٨ ٧ ٦ ٥ ٤ ٣ ٢ ١	- توقيت استعمال الوسائل خلال الحصة .	
-		- تحضير التلاميذ لتعلم مادة الوسائل .	
-	٩ ٨ ٧ ٦ ٥ ٤ ٣ ٢ ١	- تحضير غرفة الدراسة لاستعمال الوسائل .	
-		- عرض الوسائل ، واستعمالها في التدريس.	
-	٩ ٨ ٧ ٦ ٥ ٤ ٣ ٢ ١	- الابتعاد عن الروتين ، والشكلية في استعمال الوسائل	
-	٩ ٨ ٧ ٦ ٥ ٤ ٣ ٢ ١	- استعمال السبورة المناسبة في التعليم .	
٩٩	المجموع		
		٦- استجابة المعلم للتلاميذ :	
-	٩ ٨ ٧ ٦ ٥ ٤ ٣ ٢ ١	- تشجيع أسئلة التلاميذ ، واستفساراتهم ، والثناء عليها.	
-	٩ ٨ ٧ ٦ ٥ ٤ ٣ ٢ ١	- إعادة توجيه الأسئلة ، والاستفسارات للفصل .	
-	٩ ٨ ٧ ٦ ٥ ٤ ٣ ٢ ١	- وضوح الإجابات لغة ، ومعنى.	
-	٩ ٨ ٧ ٦ ٥ ٤ ٣ ٢ ١	- وضوح الصوت ، ودرجة سماعيته.	
-	٩ ٨ ٧ ٦ ٥ ٤ ٣ ٢ ١	- ارتباط الإجابات بأسئلة التلاميذ واستفساراتهم .	
-	٩ ٨ ٧ ٦ ٥ ٤ ٣ ٢ ١	- مناسبة لغة الإجابات لمفردات التلاميذ وإدراكهم .	
-	٩ ٨ ٧ ٦ ٥ ٤ ٣ ٢ ١	- استخدام الإجابات لآراء التلاميذ ، وخبراتهم الفردية.	

المدخل للمناهج وطرق التدريس

-	٩ ٨ ٧ ٦ ٥ ٤ ٣ ٢ ١	- الإجابة تلقائيا دون الاستعانة بكتاب ، أو مذكرة .
-	٩ ٨ ٧ ٦ ٥ ٤ ٣ ٢ ١	- الإجابة على أسئلة التلاميذ كليا دون رفض أو تجاهل أى منها.
-	٩ ٨ ٧ ٦ ٥ ٤ ٣ ٢ ١	- كفاية الإجابات كما ، وكيفا لاستفسارات التلاميذ .
-	٩ ٨ ٧ ٦ ٥ ٤ ٣ ٢ ١	- إعطاء إجابة منطقية واعية غير متسرعة.
-	٩ ٨ ٧ ٦ ٥ ٤ ٣ ٢ ١	- إعطاء إجابات غنية محفزة لتفكير التلاميذ وميولهم.
-	٩ ٨ ٧ ٦ ٥ ٤ ٣ ٢ ١	- إعطاء إجابات مرفقة بتوضيحات ، ورسوم سبورية.
-	٩ ٨ ٧ ٦ ٥ ٤ ٣ ٢ ١	- إعطاء إجابات صادقة ، وصحيحة علميا .
-	٩ ٨ ٧ ٦ ٥ ٤ ٣ ٢ ١	- الإشارة إلى مراجع خاصة بالإجابات المعطاة .
١٣٥	المجموع	
		٧- أنشطة التلاميذ الصفية :
-	٩ ٨ ٧ ٦ ٥ ٤ ٣ ٢ ١	- تمثيل الأنشطة لمعارف ، ومهارات موضوع التدريس .
-	٩ ٨ ٧ ٦ ٥ ٤ ٣ ٢ ١	- مناسبة الأنشطة لقدرات التلاميذ الإدراكية الإنجازية.
-	٩ ٨ ٧ ٦ ٥ ٤ ٣ ٢ ١	- تنوع الأنشطة إنجازيا : كتابيا ، وشفهيا وعمليا.
-	٩ ٨ ٧ ٦ ٥ ٤ ٣ ٢ ١	- تنوع الأنشطة إدراكيا .
-	٩ ٨ ٧ ٦ ٥ ٤ ٣ ٢ ١	- تنوع اختصاص الأنشطة : إدراكيا وشعورا وحركة.
-	٩ ٨ ٧ ٦ ٥ ٤ ٣ ٢ ١	- مناسبة الأنشطة لخطوات التدريس العامة : التمهيد والعرض بالتطبيق ، والتلخيص .
-	٩ ٨ ٧ ٦ ٥ ٤ ٣ ٢ ١	- وضوح الأنشطة لغة ومعنى .
-	٩ ٨ ٧ ٦ ٥ ٤ ٣ ٢ ١	- وضوح الإرشادات الخاصة بتنفيذ الأنشطة : استجابة الأنشطة كما ، وكيفا ، ونوعا للفروق الفردية للتلاميذ .
-	٩ ٨ ٧ ٦ ٥ ٤ ٣ ٢ ١	- كفاية الوقت المتوفر لتنفيذ الأنشطة.
٩٠	المجموع	
		٨- تعيينات التلاميذ المنزلية :
-	٩ ٨ ٧ ٦ ٥ ٤ ٣ ٢ ١	- تمثيل التعيينات لمعارف ، ومهارات المادة الدراسية.
-	٩ ٨ ٧ ٦ ٥ ٤ ٣ ٢ ١	- مناسبة التعيينات لإدراك التلاميذ ، وقدراتهم .
-	٩ ٨ ٧ ٦ ٥ ٤ ٣ ٢ ١	- وضوح التعيينات لغة ، ومعنى .
-	٩ ٨ ٧ ٦ ٥ ٤ ٣ ٢ ١	- تنوع متطلبات التعيينات إنجازيا: شفهيا وكتابيا وعمليا.
-	٩ ٨ ٧ ٦ ٥ ٤ ٣ ٢ ١	- تنوع التعيينات إدراكيا : تـذكر، واستيعاب، وتطبيق وتحليـل ، وتطوير ، وتقييم .
-	٩ ٨ ٧ ٦ ٥ ٤ ٣ ٢ ١	- كفاية التعيينات كميا لرغبات ، وقدرات أفراد التلاميذ
-	٩ ٨ ٧ ٦ ٥ ٤ ٣ ٢ ١	- ارتباط التعيينات بحاجات التلاميذ لتعلم المادة الدراسية
-	٩ ٨ ٧ ٦ ٥ ٤ ٣ ٢ ١	- احتواء التعيينات على إرشادات ، وتعليمات التنفيذ
-	٩ ٨ ٧ ٦ ٥ ٤ ٣ ٢ ١	- احتواء التعيينات على أسئلة ، ونشاطات مختلفة عمـا فى الكتـاب المقرر .
-	٩ ٨ ٧ ٦ ٥ ٤ ٣ ٢ ١	- إعطاء التعيينات مكتوبة وبصوت واضح ومفهوم

المدخل للمناهج وطرق التدريس

- مناسبة وقت التنفيذ من حيث الطول والموعد لطبيعة التعيينات ، ومتطلباتها		-
- تنسيق موعد التنفيذ مع مواعيد تعيينات المواد الدراسية الأخرى	١ ٢ ٣ ٤ ٥ ٦ ٧ ٨ ٩	-
- احتواء التعيينات على مراجع ، ومصادر تساعد على حلها .	١ ٢ ٣ ٤ ٥ ٦ ٧ ٨ ٩	-
- توقيت إعطاء التعيينات للتلاميذ فى الحصة.	١ ٢ ٣ ٤ ٥ ٦ ٧ ٨ ٩	-
- استغلال التعيينات لإمكانيات البيئة المحلية ومعطياتها	١ ٢ ٣ ٤ ٥ ٦ ٧ ٨ ٩	-
	المجموع	١٣٥
٩- تلخيص التدريس وختمه :		
-قيام المعلم بأعمال التلخيص خلال الحصة وفى نهايتها	١ ٢ ٣ ٤ ٥ ٦ ٧ ٨ ٩	-
- تمثيل التلخيص لأهم خبرات،ومفاهيم المادة الدراسية	١ ٢ ٣ ٤ ٥ ٦ ٧ ٨ ٩	-
- نجاح التلخيص فى ختم ، وإنهاء تعلم التلاميذ للمادة.	١ ٢ ٣ ٤ ٥ ٦ ٧ ٨ ٩	-
	المجموع	٢٧
١٠- توجيه ، وتعزيز تعلم التلاميذ :		
١- التركيز على استعمال الوسائل الإيجابية للتعزيز.	١ ٢ ٣ ٤ ٥ ٦ ٧ ٨ ٩	-
- موافقة التعزيز كما ، ونوعا لحاجات أفراد التلاميذ.	١ ٢ ٣ ٤ ٥ ٦ ٧ ٨ ٩	-
- التنويع فى وسائل التعزيز المستعملة لفظية ومادية ونفسية .	١ ٢ ٣ ٤ ٥ ٦ ٧ ٨ ٩	-
- مراعاة العلمية ، والموضوعية فى التعزيز.	١ ٢ ٣ ٤ ٥ ٦ ٧ ٨ ٩	-
- تعزيز التعلم حال حدوثه .	١ ٢ ٣ ٤ ٥ ٦ ٧ ٨ ٩	-
- استعمال الأقران فى التعزيز .	١ ٢ ٣ ٤ ٥ ٦ ٧ ٨ ٩	-
- التعرف على حاجات التلاميذ التحصيلية والسلوكية.	١ ٢ ٣ ٤ ٥ ٦ ٧ ٨ ٩	-
- توفير فرص غنية مناسبة لتعلم التلاميذ .	١ ٢ ٣ ٤ ٥ ٦ ٧ ٨ ٩	-
- تشجيع التلاميذ على المباشرة ، وكفاية الإنجاز .	١ ٢ ٣ ٤ ٥ ٦ ٧ ٨ ٩	-
- متابعة تعلم التلاميذ بصبر ، وموضوعية .	١ ٢ ٣ ٤ ٥ ٦ ٧ ٨ ٩	-
- توفير أنشطة بديلة للاستجابة لحاجات وميول التلاميذ المتغيرة .	١ ٢ ٣ ٤ ٥ ٦ ٧ ٨ ٩	-
- تزويد أفراد التلاميذ بتغذية راجعة مفيدة بنوع ودرجة إنجازهم .	١ ٢ ٣ ٤ ٥ ٦ ٧ ٨ ٩	-
- توجيه أفراد التلاميذ لأنشطة إضافية لزيادة درجة تعلمهم .	١ ٢ ٣ ٤ ٥ ٦ ٧ ٨ ٩	-
- مساعدة أفراد التلاميذ على تعديل قراراتهم وآمالهم.	١ ٢ ٣ ٤ ٥ ٦ ٧ ٨ ٩	-
	المجموع	١٢٦
١١- التعامل مع التلاميذ :		
- التعاطف مع حاجات التلاميذ وصعوباتهم .	١ ٢ ٣ ٤ ٥ ٦ ٧ ٨ ٩	-
- الابتعاد عن انتقاد التلاميذ ، أو التشجيع عليه .	١ ٢ ٣ ٤ ٥ ٦ ٧ ٨ ٩	-
- الاهتمام الواضح للمعلم بتعلم التلاميذ وتقدمهم .	١ ٢ ٣ ٤ ٥ ٦ ٧ ٨ ٩	-
- عدالة المعلم ، وموضوعية معاملته للتلاميذ .	١ ٢ ٣ ٤ ٥ ٦ ٧ ٨ ٩	-

- تشجيع مشاركة التلاميذ فى الأنشطة الصفية .	١ ٢ ٣ ٤ ٥ ٦ ٧ ٨ ٩	-
- استعماله للأساليب غير المباشرة فى التفاعل الصفى.	١ ٢ ٣ ٤ ٥ ٦ ٧ ٨ ٩	-
- تشجيعه لأفراد التلاميذ على التعبير واقتراح الآراء.	١ ٢ ٣ ٤ ٥ ٦ ٧ ٨ ٩	-
- احترام المعلم لآراء التلاميذ ، واقتراحاتهم .	١ ٢ ٣ ٤ ٥ ٦ ٧ ٨ ٩	-
-استجابة المعلم لكافة أسئلة ، واستفسارات التلاميذ .	١ ٢ ٣ ٤ ٥ ٦ ٧ ٨ ٩	-
-وضوح الألفة ، والوئام بين التلاميذ ، والمعلم .	١ ٢ ٣ ٤ ٥ ٦ ٧ ٨ ٩	-
	المجموع	٩٠
١٢- السلوك الإدارى المساعد للتربية الصفية :		
- التحكم فى ضوء ، وتهوية ، وتكييف الغرفة إيجابيا.	١ ٢ ٣ ٤ ٥ ٦ ٧ ٨ ٩	-
- التحكم فى المعلومات ، والأنشطة لموافقة الوقت المتوفر للتدريس .	١ ٢ ٣ ٤ ٥ ٦ ٧ ٨ ٩	-
- الانتقال المناسب من نشاط لآخر خلال التدريس .	١ ٢ ٣ ٤ ٥ ٦ ٧ ٨ ٩	-
- وضوح لغة التدريس .	١ ٢ ٣ ٤ ٥ ٦ ٧ ٨ ٩	-
- وضوح الصوت ، ومناسبة قوته العامة .	١ ٢ ٣ ٤ ٥ ٦ ٧ ٨ ٩	-
- دخول الحصة ، والخروج منها فى الوقت المناسب .	١ ٢ ٣ ٤ ٥ ٦ ٧ ٨ ٩	-
- تنظيم التلاميذ المناسب بعمليات التعلم والتعليم .	١ ٢ ٣ ٤ ٥ ٦ ٧ ٨ ٩	-
- المرونة ، وسرعة الاستجابة للمواقف التعليمية والتنظيمية الطارئة .	١ ٢ ٣ ٤ ٥ ٦ ٧ ٨ ٩	-
	المجموع	٧٢
(جـ) مخرجات التدريس - نتائج التحصيل :		
١- تطوير اختبارات التحصيل :		
- شمول الاختبار على الأسئلة الموضوعية والمقالية والمعيارية .	١ ٢ ٣ ٤ ٥ ٦ ٧ ٨ ٩	-
- تمثيل الاختبار للمفاهيم ، والمعارف والمهارات الأساسية للموضوع .	١ ٢ ٣ ٤ ٥ ٦ ٧ ٨ ٩	-
- تنوع المتطلبات الفكرية لأسئلة الاختبار .	١ ٢ ٣ ٤ ٥ ٦ ٧ ٨ ٩	-
-شمول الاختبار على أسئلة إدراكية وشعورية وحركية .	١ ٢ ٣ ٤ ٥ ٦ ٧ ٨ ٩	-
- احتواء الاختبار على إرشادات ، وتعليمات واضحة للإجابة .	١ ٢ ٣ ٤ ٥ ٦ ٧ ٨ ٩	-
- إمكانية استعمال الاختبار فى المدة المسموح بها .	١ ٢ ٣ ٤ ٥ ٦ ٧ ٨ ٩	-
- سهولة تصحيح الاختبار.	١ ٢ ٣ ٤ ٥ ٦ ٧ ٨ ٩	-
- وضوح المطلوب من أسئلة الاختبار.	١ ٢ ٣ ٤ ٥ ٦ ٧ ٨ ٩	-
- إمكانية إجراء الاختبار فى الغرفة المخصصة لذلك .	١ ٢ ٣ ٤ ٥ ٦ ٧ ٨ ٩	-
	المجموع	٩٠

المدخل للمناهج وطرق التدريس

٢- إدارة الاختبارات ، وتصحيحها ، وتحليل نتائجها :		
- مراعاة العوامل المادية لغرفة الدراسة .	١ ٢ ٣ ٤ ٥ ٦ ٧ ٨ ٩	-
- مراعاة العوامل النفسية عند أخذ الاختبار .	١ ٢ ٣ ٤ ٥ ٦ ٧ ٨ ٩	-
- مراعاة العوامل الإدارية لإجراء الاختبار من التلاميذ	١ ٢ ٣ ٤ ٥ ٦ ٧ ٨ ٩	-
- مبادئ تصحيح الاختبار .	١ ٢ ٣ ٤ ٥ ٦ ٧ ٨ ٩	-
- تحليل نتائج الاختبارات بأساليب إحصائية مناسبة.	١ ٢ ٣ ٤ ٥ ٦ ٧ ٨ ٩	-
	المجموع	٤٥
٣- الاستفادة من نتائج التحصيل فى توجيه التعلم والتعليم :		
- معرفة المستوى العام لأفراد التلاميذ ، ومقدار التنوع فى تحصيلهم .	١ ٢ ٣ ٤ ٥ ٦ ٧ ٨ ٩	-
- تحديد مواطن الصعوبة لدى أفراد التلاميذ للاستجابة إليها.	١ ٢ ٣ ٤ ٥ ٦ ٧ ٨ ٩	-
- تحديد مواطن القوة ، والضعف لدى أفراد التلاميذ لإغناء معرفتهم .	١ ٢ ٣ ٤ ٥ ٦ ٧ ٨ ٩	-
-تقييم فعالية الوسائل ، والأنشطة التعليمية لإنتاج التعلم	١ ٢ ٣ ٤ ٥ ٦ ٧ ٨ ٩	-
- إدخال التعديلات الضرورية على طرق ووسائل وأنشطة التعلم ، والتعليم .	١ ٢ ٣ ٤ ٥ ٦ ٧ ٨ ٩	-
	المجموع	٤٥

خلاصة النتائج :	القيمة الملاحظة	القيمة (*) المعيارية
(أ) مدخلات التدريس - تحضيره :		٦١-٩٠
- الحكم على مدخلات التدريس : كافية .... غير كافية ..... مواطن العلاج : ________________ ________________ ________________		
(ب) عمليات التدريس - تنفيذه :		
١- التقديم للتدريس		٦١-٩٠
٢- عرض معلومات التدريس		٦١-٩٠
٣- أساليب التدريس		٦١-٩٠
٤- أسئلة التدريس		١٢١-١٨٠
٥- استعمال الوسائل التعليمية		٦٧-٩٩
٦- استجابات المعلم للتلاميذ		٩١-١٣٥
٧- أنشطة التلاميذ الصفية		٥٥-٨١

٨- تعيينات التلاميذ المنزلية		١٣٥-٩١
٩- تلخيص التدريس ، وختمه		٢٧-١٩
١٠- توجيه ، وتعزيز تعلم التلاميذ		١٢٦-٨٥
١١- التعامل مع التلاميذ		٩٠-٦١
١٢- السلوك الإدارى المساعد للتربية الصفية		٧٢-٤٩
- الحكم على مدخلات التدريس : كافية .... غير كافية ...... مواطن العلاج : ______________________		
(جـ) مخرجات التدريس - نتائج التحصيل :		
١- تطوير اختبارات التحصيل		٩٠-٦١
٢- إدارة الاختبارات ، وتصحيحها ، وتحليل نتائجها		٤٥-٣١
٣- الاستفادة من نتائج التحصيل فى توجيه التعلم ، والتعليم		٤٥-٣١
- الحكم على مدخلات التدريس : كافية ..... غير كافية .... مواطن العلاج : ______________________ (*) تمثل القيم المعيارية الثلث الأعلى لمجموع كل مقياس .		

****

الفصل السابع :

((نماذج من طرق التدريس))

- طرق محورها المعلم .

  - طريقة المحاضرة الإلقائية.

  - طريقة العروض العملية.

- طرق محورها المتعلم .

  - طرق التعليم والتعلم الذاتي.

  - طرق التعليم والتعلم عن بعد.

  - طرق التعليم في مجموعات صغيرة..

- طرق محورها التفاعل بين المعلم والمتعلم .

الفصل السابع :

((نماذج من طرق التدريس))

سبقت الإشارة بإيجاز في الفصل الأول مـن الكتـاب الحـالي إلى بعض أسـاليب ونماذج ومـداخل التدريس ، ويتناول الفصل الحالي بعض طرق التدريس الشائعة بشيء مـن التفصيل ، حيث يعـرض لطرق التدريس التي يكون محورها المعلم ، وكذلك طرق التدريس التي يكون محورها المـتعلم ثـم يعرض لبعض طرق التدريس التي يكون محورها المعلم والمتعلم معا وذلك على النحو التالي:

* طرق تدريس محورها المعلم :

من أهم طرق وأساليب التدريس التي تتخذ من المعلم محـورا لها طريقـة الإلقـاء ، أو طريقـة المحاضرة الإلقائية ، وكذلك طريقة العروض العملية والتوضيحية التي يقوم بها المعلم ، وبيان ذلك فيما يلي :

١- طريقة المحاضرة الإلقائية :

تعرف المحاضرة الإلقائية ، أو إلقاء المحاضرة *Delivery of Lecture* بأنها : أحد طرق وأسـاليب التدريس القديمـة جدا والتقليدية . يكون المعلم خلالها هـو محـور الارتكـاز في العمليـة التعليميـة ، فهو الـذي يلقي دروسـه ، بينما يكون المتعلم متلقيا ومستقبلا فقط لكل مايقوله المعلم . وهذا يعـني أن الاتصال خلال أسلوب المحاضرة يكون في اتجاه واحد فقط مـن المعلم إلى المـتعلم . ورغـم الانتقادات التي وجهت لهذا الأسـلوب التدريسـي إلا أنه مازال هو الـشائع في كثير مـن مؤسسـات التعليم في عالمنا العربي ، مع تدعيمه بقدر من الحوار والمناقشة كلما استدعى الأمر ذلك .

وترتبط طريقة المحاضرة الإلقائية بمفهوم محاضرة *Lecture* ، هذا المفهوم الـذي يشير إلى ما يلقيـه المحاضر من المعلومات المرتبطة بموضوع ما ، على مجموعة من المستمعين ، أو المـشاهدين فى مكـان محـدد وتوقيت محدد . كما يستخدم مصطلح المحاضرة أيضا للإشارة إلى أكثر طرق وأسـاليب التدريس شيوعا واستخداما فى مؤسسات التعليم الجامعية ، وغير الجامعية ، وهو الإلقـاء ، حيث يقوم المعلم (المـدرس ، أو المحاضر) بكل الإيجابيـة فى الموقـف التعليمـى ، فعليـه الإرسـال (الإلقاء) وعلى الدارسين فقط التلقـى (الاستقبال) ، ومن أهم الانتقادات التى وجهت إلى طريقة المحاضرة : سلبية المتعلم ، وعدم التفاعل بينه وبين

المعلم ، لكن يمكن تطوير أسلوب المحاضرة بتضمين هذا الأسلوب حـوار ومناقشة بين المحاضر والمتلقى.

ويعرف الشخص الذي يلقي المحاضرة باسم المحـاضـر Lecturer .   ولا بـد أن يتسـم المحـاضـر سواء كان معلما جامعيا ، أو معلما بمراحل التعليم قبـل الجامعي بعدة سـمات أهمهـا : (مـاهر إسماعيل صبري ، ٢٠٠٢م ، ص ٤٦٦) .

◄ اللباقة .

◄ القدرة اللغوية .

◄ القدرة على مواجهة جمهور المتعلمين .

◄ المستوى الثقافى المرتفع .

◄ قوة الشخصية .

◄ القدرة على التأثير اللفظى فى الآخرين .

◄ القدرة على الإقناع .

◄ التشويق وجذب الإنتباه... الخ.

◄ التمكن من موضوع المحاضرة ، والخبرة العلمية الواسعة.

أ – مزايا المحاضرة الإلقائية في التدريس :

رغم الانتقادات الكثيرة التي وجهت إلى طريقة المحـاضـرة الإلقائيـة فإن لهـذه الطريقـة مزايا عديدة في عملية التدريس من أهمها :

◄ أنها طريقة تدريس جماعية يمكن من خلالها تعليم مجموعة كبيرة من المتعلمين في وقت واحد .

◄ أن طريقة المحاضرة والإلقاء ربما تكون هي أكثر طرق التدريس مناسبة عندما يكون المعلم بصدد الحديث عن موضوع ، أو درس جديد تماما على المتعلمين ، وليس لديهم فكرة سابقة عنه .

◄ أنها طريقة تدريس اقتصادية وغير مكلفة على الإطلاق مثل باقي طرق وأساليب التدريس الأخرى.

◄ أنها أسهل طرق التدريس التي لاتحتاج لتجهيزات ، أو إمكانات كبيرة عند تنفيذها .

◄ أنها أسرع طرق وأساليب التدريس تحقيقا لأهدافها ، وأكثرها توفيرا لوقت التدريس .

ب – سلبيات المحاضرة الإلقائية في التدريس :

على الرغم من المزايا التي أوضحناها لطريقة المحاضرة الإلقائية فإن هناك عددا من السـلبيات التي ارتبطت بتلك الطريقة من أهمها :

- تركز إيجابية التدريس على المعلم دون المتعلم .
- تجعل مسار الاتصال التعليمي يسير في اتجاه واحد من المعلم إلى المتعلم .
- تجعل من المتعلم مجرد متلقي فقط مما يزيد سلبيته في الموقف التعليمي.
- تعتمد بشكل أساسي على الاتصال اللفظي فقط في عرض المعلومات .
- تركز فقط على الجوانب المعرفية في أدني مستوياتها .
- تهتم بالكم المعرفي المراد نقله للمتعلم على حساب الكيف .
- لاتتيح قدرا كبيرا من التفاعل بين المعلم والمتعلم .
- لاتحقق المتعة للمتعلم مالم يكن المحاضر متمكنا من أسلوبه ، جذابا في حديثة ، مؤثرا في متعلميه .
- نجاح هذه الطريقة مرهون بمدى قدرة المحاضر على تخطيط المحاضرة وتنفيذها بالمستوى المطلوب .
- هذه الطريقة تزيد إمكانية انصراف المتعلم عن المعلم ، وتشتت انتباهه وتجعله غير قادر على التركيز .

ج - تطوير طريقة المحاضرة الإلقائية :

يمكن تطوير طريقة المحاضرة والإلقاء من خلال التغلب على سلبياتها الأمر الذي يزيد مزاياها ، وإيجابياتها في التدريس ، حيث يجب :

- الإعداد الجيد للمحاضرة من خلال : تخطيطها مسبقا بشكل جيد وفقا لخطوات محددة هي : تحديد موضوع المحاضرة ، وتحديد عناصره الفرعية ، ثم تحديد أهداف المحاضرة ، ثم تجهيز المعلومات والخبرات المناسبة لموضوع المحاضرة ، وللمتعلمين .. الخ .
- تجهيز نسخ مكتوبة بمحتوى المحاضرة تفصيليا ، توزع على المتعلمين قبل موعد المحاضرة بوقت كاف ، لكي يتمكنوا من القراءة ، ومن ثم المشاركة في حوارات ومناقشات بناءة مع المحاضر خلال المحاضرة .
- تدعيم المحاضرة الإلقائية بقدر مناسب من الحوار والمناقشات مع المتعلمين .
- اعتماد المحاضر على مصادر تعليم وتعلم متعددة ، ومتنوعة .
- اعتماد المحاضر على وسائل إيضاح ، ووسائل تعليمية متنوعة ومشوقة فيمكنه الاستعانة بفيلم تعليمي ، أو برمجية كمبيوتر ... الخ ، مما يضفي متعة وتشويقا على المحاضرة .
- يقوم المعلم بحفز المتعلمين على مشاركته في الحوار والمناقشة خلال إلقائه المحاضرة ، مما يزيد التفاعل الإيجابي بينه وبينهم .

◄ على المحاضر أيضا أن يشيع جوا من الود والتفاهم مع المتعلمين خلال المحاضرة .

◄ مراعاة تقويم نواتج التعلم لدى المتعلمين قبل ، وأثناء ، وبعد المحاضرة من خلال أسئلة مشوقة يعدها المحاضر لهذا الأمر .

٢- طريقة العروض العملية والتوضيحية :

يعرف العرض العملي أيضا بالبيان العملى Demonstration وهو عرض توضيحى يقوم به المعلم أمام طلابه ، بهدف إيضاح ، أو إثبات فكرة أو حقيقة ، أو مبدأ علمى محدد ، كأن يقوم بعرض تجربة لإثبات قانون علمى مثلاً ، أو عرض نموذج مجسم لتركيب العين ، أو أى جزء من أعضاء الجسم ، أو عرض عينات من صخور ، أو نباتات ، أو أسماك ، أو غيرها... إلخ٠(ماهر إسماعيل صبري ، ٢٠٠٢م ، ص ٣٨٣).

وتمثل العروض العملية مستوى من مستويات الوسائل التعليمية فى مخروط الخبرة ، حيث تمثل المستوى الأول فى مجموعة المحسوس بالملاحظة ، وتشمل العروض العملية أو التوضيحية جميع الأنشطة والأجهزة والمواد التعليمية التى يقوم المعلم بعرضها على المتعلم بهدف إكسابه خبرات تعليمية معينة ، أو لتوضيح بعض الأفكار الغامضة٠

ومع أن العروض العملية والتوضيحية في أصلها أنشطة يقوم بها المعلم خلال عملية التدريس كي يدعم تدريسه لموضوعات محددة ، فإن البعض يرى أنها طريقة مستقلة من طرق وأساليب التدريس ، ولعل السبب في ذلك يرجع إلى أن المعلم يمكنه تنفيذ مواقف تدريسية كاملة باستخدام العروض العملية ، خصوصا في الدروس والموضوعات التي تتضمن أنشطة عملية متنوعة ، فقد يكون موضوع الدرس مثلا : الأعضاء الداخلية في جسم الإنسان ، أو الجهاز الهضمي في الصرصور ، أو الجهاز التنفسي في الإنسان ، فيقضي المعلم حصة أو أكثر في عرض عملي على عينة حية ، أو نموذج مجسم يبين تلك الموضوعات للمتعلمين . وقد يكون موضوع الدرس كيفية اكتساب مهارات الحديث ، أو الاستماع مثلا ، فيقضي المعلم مع المتعلمين حصة أو أكثر في عرض توضيحي من خلال عرض أشرطة أو اسطوانات صوتية تبين كيفية النطق الصحيح ، ومخارج الألفاظ ، أو مهارات الاستماع ... الخ .

أ – مزايا طريقة العروض العملية :

تمتاز هذه الطريقة بمزايا عديدة في عملية التدريس من أهمها :

◄ أنها تضفي المتعة والتشويق على عملية التدريس .

◄ أنها تضفي الواقعية والمعنى على خبرات التدريس .

◄ تزيد من إيجابية المتعلم ، ورغبته في المزيد من التعلم .

◄ تتيح للمتعلم اكتساب مهارات الملاحظة ، والاستنتاج .

◄ تتيح للمتعلم التدرب على مهارات التفكير العلمي .

◄ تزود المتعلم بخبرات عملية تفيده في حياته اليومية .

◄ تمثل خطوة مهمة في إطار اكساب المتعلم مهارات عملية ويدوية مفيدة.

◄ تربط بين خبرات التعليم والتعلم النظرية ، والعملية .

◄ تتكامل مع طرق وأساليب التدريس الأخرى في تحقيق أهداف التدريس.

◄ تتيح للمتعلم تعديل أفكاره البديلة ، ومفاهيمه الخاطئة التي بحوزته عن موضوعات محـددة ، وفقا لخبرته السابقة حول تلك الموضوعات.

ب - سلبيات طريقة العروض العملية :

رغم مزايا تلك الطريقة المشار إليها ، إلا أن لها بعض السلبيات في التدريس من أهمها أنها :

◄ تتخذ من المعلم محورا لها .

◄ تحصر دور المتعلم ، ومسؤوليته خلال التدريس في المشاهدة والملاحظة فقط .

◄ لاتتيح الفرصة للمتعلم كي يمارس الأنشطة العملية بنفسه ، وبيديه .

◄ ربما لاتكون مناسبة لتدريس بعض الموضوعات ، خصوصا الموضوعات النظرية التـي تفتقـد للأنشطة العملية .

◄ لاتشبع رغبة المتعلم في المغامرة والتجريب .

ج - تطوير طريقة العروض العملية :

إن محور سلبيات طريقة العروض العملية هو عدم إتاحتها الفرصة للمتعلم كي يشارك ويمارس تنفيذ الأنشطة العملية بنفسه ، لذا يمكن تطوير تلك الطريقة من خلال التغلب على سلبياتها المشار إليها ، الأمر الذي يزيد من فعاليتها في التدريس ، حيث يجب على المعلم أن :

◄ يشجع المتعلمين على مشاركته تنفيذ عروضه العملية .

◄ يتيح للمتعلمين الفرصة في ممارسة الأنشطة العملية بأيديهم .

◄ يستخدم تلك الطريقة في الدروس والموضوعات المناسبة .

◄ يدعم تلك الطريقة بطرق تدريس أخرى تتكامل معها مثل الحوار والمناقشة مـثلا ، ليزيـد مـن فعاليتها في التدريس .

د - كيف يطبق المعلم طريقة العروض العملية بنجاح ؟ :

لكي يستطيع المعلم أن يتمم تطبيق العروض العملية في التدريس بنجاح عليه اتباع المراحل والخطوات التالية : (حمدي عطيفة ، ١٩٩٣م ص ص ٢٥٢ - ٢٥٥) .

(١) التخطيط للعروض العملية :

حيث يجب على المعلم أن :

- يحدد الهدف من العرض العملي ، وما يرغب في تحقيقه من هذا العرض .
- يحدد المواد والأدوات التي يتطلبها العرض ، والتأكد من توافرها وصلاحيتها .
- يجرب العرض العملي قبل تقديمه للمتعلمين تلافيا للمفاجآت التي قد تظهر عند قيامه بالعرض داخل حجرة الدرس أمام المتعملين .
- يقسم العرض لمجموعة خطوات وإجراءات فرعية متسلسلة ليسهل عليه تنفيذه ، ويسهل على المتعلم متابعته ، وفهمه ، وملاحظته على النحو المطلوب .
- يرتب أدوات العرض ومواده في تسلسل منطقي حسب أولوية استخدامها قبل دخول التلاميذ مكان إجراء العرض .
- يتخذ كافة احتياطات وتجهيزات الأمان تحسبا لحدوث أية حوادث أو أخطار أثناء إجراء العرض.

(٢) تنفيذ العروض العملية :

حيث يجب على المعلم أن :

- يبدأ بتوجيهات شفوية لتركيز انتباه المتعلمين لموضوع العرض وتهيأتهم لاستقباله .
- يجري العرض بطريقة كلية ، ثم يفصل خطواته الفرعية ، ثم يعيد إجرائه بصورة كلية مرة أخرى.
- يبرز جميع خطوات ومراحل العرض أمام جميع المتعلمين .
- يتيح الفرص للمتعلمين كي يدققوا مشاهداتهم ، وملاحظاتهم على العرض .
- يتيح الفرصة للمتعلمين كي يشاركوه ممارسة العرض بأيديهم .
- يتيح الفرصة للمتعلمين كي يستنتجوا أفكارا ومعلومات من ملاحظاتهم على العرض .
- يدير حوارا ومناقشة بناءة حول العرض مع المتعلمين .

◄ ينفذ العرض بالسرعة المناسبة .

◄ يرد على استفسارات المتعلمين وتساؤلاتهم عن العرض .

◄ يحذر المتعلمين من المواطن التي يحتمل أن تعرضهم للخطر خلال مشاركتهم له تنفيذ العرض .

◄ يشرح للمتعلمين القواعد الوقائية التي يجب اتباعها تفاديا لأخطار العرض المحتملة .

◄ يعلم المتعلمين كيفية الاستخدام الصحيح للأجهزة والأدوات والمواد المستخدمة في العرض ، وكيفية صيانتها والحفاظ عليها .

(٣) تقويم العروض العملية :

حيث يجب على المعلم أن :

◄ يجري تقويما لإجراءات العرض نفسه لتحديد مدى تنفيذه على النحو المرغوب .

◄ يجرى تقويما لنتائج تعلم المتعلمين المبنية على العرض ، لتحديد مدى استفادة هؤلاء المتعلمين من العرض ، وهل حقق العرض أهدافه المرجوة ؟ .

◄ يراقب مدى تفاعل المتعلمين مع العرض ، ومدى قناعتهم به .

● **طرق وأساليب تدريس محورها المتعلم :**

وهي طرق وأساليب تدريس تنقل محور العملية التعليمية من المعلم إلى المتعلم ، ومن أهـم هذه الطرق طرق التعليم والتعلم الذاتي مثل : التعليم البرنامجي ، والتعليـم بالموديولات ، والتعليم بالكمبيوتر . وطرق التعليم والتعلم عـن بعد مثل : الجامعـات المفتوحـة ، والتعليـم عبـر الإنترنت والتعليم عبر الهاتف التعليمي ، والتعليم عبر القنوات التعليمية الفضائية . هذا بالإضافة إلى طـرق وأساليب تدريس أخرى مثل : الدراسة المعملية (مجموعات العمل المعمـلي) ، والتعليم التعـاوني ، ومجموعات التركيز .... إلى غير ذلك من الطرق ، وفيما يلي عرض لبعض هذه الطرق :

● **أولاً : طرق وأساليب التعليم والتعلم الذاتي :**

ومن أهم هذه الطرق :

١- التعليم البرنامجي (المبرمج) : Programmed Instruction

يعرف التعليم المبرمج بأنه نوع من التعليم الذاتي الذى يعمل فيه مـع المعلـم - لقيادة المـتعلم وتوجيه سلوكه للاتجاه المنشود – برنامج تعليمي أعدت فيه المادة إعدادا خاصاً ، وعرضت مـن خلال كتاب مبرمج ، أو آلة تعليمية. (سيد خير اللـه ، ١٩٧٣ ، ص ١٢٦).

ويعرف أيضا بأنه أحد طرق التعليم الفردي الذى يمكن للمتعلم من خلاله أن يعلم نفسه بنفسه بطريقة ذاتية ، من خلال برنامج معد بأسلوب خاص يسمح بتقسيم المعلومات إلى أجزاء صغيرة ، وترتيبها ترتيباً منطقياً وسلوكياً بحيث يستجيب لها المتعلم تدريجياً ، ويتأكد من صحة استجابته حتى يصل فى النهاية إلى السلوك النهائي المرغوب.

التعلم البرنامجي (المبرمج) إذن هو تقنية محددة تهدف إلى تقديم التعليم للمتعلم وفقا لحاجته وقدراته ، واستناداً لمنهجية مقننة ، وقد تستخدم وسائل مطبوعة ، أو آلات تعليمية بسيطة ، أو أجهزة الحاسب الآلي وتتبع أساليب عديدة للتأكد من إتقانه لكل خطوة من خطوات التعلم قبل السماح له بالانتقال إلى خطوة أخرى. (مصطفي فلاتة ، ١٩٩٥ ، ص ٣٣٠)

وعلى ضوء تلك التعريفات للتعليم البرنامجي يمكن القول إن هذا الأسلوب هو أحد أساليب التعليم والتعلم الفردي ، يمكن للمعلم الاعتماد عليه فى تعليم المتعلم موضوعاً محدداً ، ويمكن للمتعلم من خلاله أن يعلم نفسه ذاتياً.

ومع أن التعليم البرنامجي - بصورته المعروفة حالياً - لم يظهر إلا فى عام١٩٥٤م ، نتيجة بحوث ودراسات وتجارب قام بها " سكنر " عالم النفس الأمريكي الشهير على الفئران والحمام ، وربط نتائج تجاربه بتعلم الإنسان فإن البعض يرى أن جذور هذا الأسلوب التاريخية تمتد إلى عهد فلاسفة اليونان القدماء الذين اعتمدوا فى تعليم طلابهم على فنيات تشبه فنيات التعليم المبرمج المعروف حالياً. (أحمد منصور ، ١٩٨٦م ، ص٦٣).

معني ذلك أن التعليم البرنامجي يمثل إحدى التطبيقات التربوية لنظرية " سكنر" فى التعلم ، ومن ثم فإن هذا الأسلوب ما هو إلا نتاج لتطبيق نظريات علم نفس التعلم فى واقع العلمية التعليمية ، أي أنه أحد نتاجات تكنولوجيا التعليم.

وقد ارتبط أسلوب التعليم البرنامجي بمفهوم آلات التعليم *Teaching Machines* ، رغم أن ظهور آلات التعليم هذه كان سابقاً على ظهور التعليم البرنامجي بمفهومه الحالي ، حيث ظهرت أول آلة تعليمية عام ١٩١٢م على يد مصممها : سيدني ل . بريسي *Sidney L . Pressey* بجامعة مدينة أوهايو *Ohio* الأمريكية ، لكن هذه الآلة لم يكن الهدف منها هو التعليم ، بل كان تصميمها بهدف اختبار ذكاء التلاميذ من خلال

مجموعة أسئلة تظهر على شاشة الآلة وعلى المتعلم اختيار إجابة واحدة للسؤال مـن بـين أربـع إجابات اختيارية معطاة . (بنيامين فاين ، ١٩٨٠ ص٤٢).

● **أسس التعليم البرنامجي :**

يقوم التعليم البرنامجي على مجموعة من الأسس أهمها : (عبد الحافظ سلامة ، ١٩٩٦ ، ص ص ١٤٤ – ١٤٥).

● **تحليل العمل : Job Analysis**

ويعني تقسم مهام التعلم إلى أجزاء صغيرة لإنجازها بدقة بحيث لا ينتقل المتعلم إلى جزء إلا إذا أتقن الجزء السابق ، معنـي ذلك أن المتعلم لم يصل إلى النهاية إلا إذا أتقن جميـع الخطوات السابقة.

● **المثيرات والاستجابات : Stimulants & Responses**

ويعني أن الموقف التعليمي الذى يمر فيه المتعلم يمثل مثيراً له يتطلب استجابة ، لكن الاستجابة فى التعليم المبرمج تكون إيجابية نظرا للتفاعل الذى يحدث بين المتعلم والموقف التعليمـي ، حيث لا يستطيع الانتقال إلى خطوة تالية مالم تكن خطوته الأولي ايجابية ، وهذا لا يحدث فى الأسلوب المعتاد للتدريس الذى ينتقل فيه المتعلم أحيانا من جزء الي أخر دون إتقان لما سبق.

● **التعزيز : Reinforcement**

يتيح التعلم البرنامجي للمتعلم تعزيزا فوريا لاستجاباته ، حيث يمكنه من معرفة النتيجة الفورية لمدى صحة استجابته ، مما يحدد هل ينتقل إلى الخطوة التالية ؟ ، أم يعيـد تعلـم نفس الخطـوة ؟ ، وهذا ما يعرف بالتغذية الراجعة الذاتية.

● **الخطو الذاتي : Self – Pace**

يسير المتعلم فى التعليم البرنامجي وفقا لقدراته واستعداداته الشخصية ولا يطلب منه انجـاز التعلم فى وقت محدد ، ومن ثم فإن هـذا النـوع مـن التـعلم يعـالج مشكلة الفـروق الفرديـة بـين المتعلمين.

● **التقييم الذاتي : Self – Assessment**

يتيح التعليم البرنامجي للمتعلم إمكانية تقييم نفسه بنفسه من خلال التغذية الراجعة والتعزيز الفورى الذاتي لمدى صحة استجاباته لكل مثير تعليمي ، الأمر الذى يفيد فى تعديل مسار المتعلم أولا بأول.

- الاتقان : **Mastery**

يقوم التعليم البرنامجي على مبدأ التعلم للإتقان *Mastery Learning* حيث يتطلب وصول المتعلم إلي إتقان كل جزء من البرنامج حتى ينتقل إلي الجزء التالي ، ومن ثم ضرورة إتقان البرنامج كاملاً.

- أنواع البرامج وطرق إعدادها :

هناك نوعان أساسيان من البرامج التعليمية ينطلق منهما التعليم البرنامجي : النوع الأول يعرف بالبرامج الخطية *Linear Programmes* وفيها ينتقل المتعلم من خطوة إلى خطوة فى مسار خطي محدد خلال عملية التعلم ، وذلك فى أحد اتجاهين : الاتجاة الرأسي ، أو الاتجاه الخطي الأفقي. أما النوع الثاني من البرامج فيعرف بالبرامج المتشعبة *Branching Programmes* ، وفيها لا يلتزم المتعلم بمسار واحد محدد ، بل يمكن له السير فى مسارات عديدة متشعبة حسب ما يتطلبه منه الموقف التعليمي المثير وفقا لاستجابته لهذا الموقف.

وعملية البرمجة *Programming* - عموما – سواء كانت خطية أو متشعبة تعني : " ترتيب المادة التعليمية فى سلسلة من الخطوات تقود المتعلم فى تعلمه الذاتي من خطوة إلى خطوة ، بحيث يبدأ من البسيط السهل ويتدرج شيئاً فشيئاً إلى ما هو صعب ومعقد". وتسمي كل خطوة من خطوات البرنامج " إطار *Frame* " حيث يتكون كل إطار من أربعة أجزاء هى : التلميحات : وهى معلومة تمهيدية يقدمها الإطار ، والمثيرات : وهى أسئلة يطرحها كل إطار حول المعلومات التمهيدية التى قدمها الإطار والاستجابات : وهى الإجابات التى يجيب بها المتعلم عن أسئلة كل إطار بالكتابة ، أو الصوت ، أو بالضغط على ذرٍ معين فى آلة التعليم ، وأخيراً التعزيز الفورى متمثلاً فى الإجابة التى تظهر أمام المتعلم لتبين صحة أو خطأ استجابته.

ويمكن عرض البرامج التعليمية بثلاث طرق : الأولي من خلال كتيب مبرمج ، والثانية من خلال الآلات التعليمية ، والثالثة من خلال أجهزة العرض ، حيث يمكن الاعتماد على هذه الطرق منفردة أو مجتمعة.

وبشكل إجرائي يمكن إعداد إطارات البرامج التعليمية الخطية وهي أسهل أنواع البرامج وفقا للمثال التالي :

*** الإطار الأول :** ■ (**التمهيد**) : المعادن تتمدد بالحرارة . ■ (السؤال) : عند تسخين ساق من النحاس فإنها ...	
*** الإطار الثاني :** ■ لكل مادة معامل تمدد محدد. ■ عند تسخين ساقين متساوين أحدهما من الحديد والآخر من النحاس لدرجة حرارة واحدة ، فهل يتمدد ساق الحديد بنفس مقدار تمدد ساق النحاس؟	تتمدد
*** الإطار الثالث :**	لا

- **حدود التعليم البرنامجي :**

تتضح حدود التعليم البرنامجي فيما له من مزايا وإيجابيات وفيما عليه من سلبيات. (عبد الحافظ سلامة ، ١٩٩٦ ، ص ١٤٨)

ويتسم التعليم البرنامجي بعدد من المزايا أهمها :

◀ الدقة المتناهية فى تحديد الأهداف ، ووصف السلوك النهائي للمتعلم.

◀ تقسيم العمل إلى خطوات صغيرة يؤدى إلى تقليل فرص الخطأ وزيادة النجاح.

◀ حصول المتعلم على التعزيز الداخلي يؤدى إلى تأكيد الاستجابة الصحيحة ، وزيادة دافعيته إلى التعلم.

◀ يتيح الفرصة لكل متعلم أن يتعلم وفق قدراته الخاصة ، وإمكاناته الذاتية.

◀ يتيح الفرصة لكل متعلم فى الوصول إلى حد الاتقان مهما كانت قدارته وامكاناته.

◀ يناسب كافة فئات المتعلمين من الفائقين ، وذوى صعوبات التعلم.

◀ يتيح للمتعلم قدرا من المتعة فى التعلم أكثر من الطرق المعتادة التقليدية.

ورغم هذه المزايا فإن للتعليم البرنامجي سلبيات أهمها أنه :

◀ لا يصلح لجميع الموضوعات التعليمية.

◀ لا يكون فعالاً فى تحقيق الأهداف الوجدانية ، حيث يركز غالباً على الأهداف المعرفية.

◀ يفتت المعلومات بشكل قد يؤدى بالمتعلم إلى عدم الربط بين أجزاء الموضوع الواحد ، أى تشويش الصورة الكلية للموضوع لدى المتعلم.

- مكلف مادياً خصوصاً إذا صاحبه الاعتماد على الآلات التعليمية وأجهزة العرض.
- يتطلب كفاءة عالية ممن يقوم بإعداد البرامج ، وقد يصعب توافر المبرمجين ذوى المستوى الجيد.

- التعليم والتعلم بالموديولات : **Modular Instruction**

كلمة " موديول *Module* " إنجليزية معربة معناها " مقرر مصغر" أو " وحدة تعليمية مصغرة " ، ويطلق على الموديولات مسميات أخرى مثل: الحقائب التعليمية ، أو الرزم التعليمية.

والموديول عموماً هو: " وحدة تعليمية متكاملة ذاتيا يتيح للمتعلم التعلم بشكل فردي ذاتي ، من خلال مجموعة أنشطة تعليمية متنوعة وتسمح للمتعلم بتقويم نتائج تعلمه ذاتياً ".

والتعلم بالموديولات يقوم على نفس أسس التعليم البرنامجي فكلاهما من أساليب التعلم الذاتي الفردى ، لكن الموديولات تغلبت على سلبيات التعليم البرنامجي ، حيث اهتمت بوحدة الموضوع العلمي وترابط أجزائه كما أنها تصلح لمعظم الموضوعات التعليمية ، ويسهل إعدادها ، وهى أيضا ترتكز على تعدد وتنوع الخبرات والأنشطة ، وبالتالي فهي أقدر على تحقيق الأهداف الوجدانية من التعليم البرنامجي. هذا إلى جانب أن الموديولات أقل تكلفه من البرامج فهي لا تقتضي بالضرورة الاعتماد على الآلات والأجهزة التعليمية.

- **عناصر الموديولات التعليمية :**

يتكون أى موديول تعليمي - صغيراً كان أم كبيراً - من عناصر أساسية ومحددة هى :

- **صفحة الغلاف :**

وتحمل عنوان الموضوع التعليمي مصاغاً بأسلوب يجذب الانتباه وكذلك عناصر الموضوع.

- التمهيد :

يعطي فكرة موجزة عن مضمون الموديول ، وأهمية دراسته وخطوات السير فى دراسته.

- الأهداف :

وتحدد تحديداً دقيقا ، وبشكل سلوكي وفقا لطبيعة الموضوع وطبيعة الدراسين.

● **الاختبار القبلي :**

ويشمل مجموعة أسئلة وتمرينات ترتبط مباشرة بأهداف الموديول حيث يتم من خلاله تحديد نقطة البداية لدى المتعلم.

● **الأنشطة :**

وتمثل قلب الموديول ومحتواه العلمي ، حيث يصاغ بشكل منطقي ويراعي فيه التنوع ، والتعدد لكي يسمح للمتعلم باختيار ما يناسبه من تلك الأنشطة.

● **التقويم :**

ويشمل التمرينات والتساؤلات التى تتخلل الموديول بين أجزائه لتتيح تقويماً بنائياً ، وتحدد مسار المتعلم ، ومدى تقدمه فى دراسة الموديول.

● **الاختبار البعدى :**

ويشمل مجموعة تساؤلات وتمرينات ترتبط بأهداف الموديول ومحتواه العلمي ، قد تكون صورة مكافئة للاختبار القبلي ، وقد تكون هى نفس أسئلة الاختبار القبلي.

● **مفتاح إجابات الاختبار :**

لابد للموديول من تعزيز أو تغذية راجعة تتيح للمتعلم الحكم على مستوى تقدمه فى دراسة الموديول ، وتحدد مساره خلال عملية التعلم لذا لابد للمتعلم من تقويم ذاته ، ولن يتمكن من ذلك إلا إذا أعطي له مفتاح إجابات الاختبارين : القبلي والبعدي ، والإشارة إلى موقعها فى الموديول لكي يمكن للمتعلم تحديد مدى حاجته لدراسة الموديول ومدى إمكانية انتقاله إلى موديول آخر.

ويتم تصميم الموديولات التعليمية وفقا لمدخل النظم في ثلاث خطوات موضحة بالشكل (١٦) . ويسير المتعلم في دراسة الموديولات وفقا للخريطة الانسيابية الموضحة بالشكل (١٧) .

● **مزايا التعليم والتعلم بالموديولات :**

تتسم الموديولات التعليمية بعدة مزايا أهمها : (عبد الحافظ سلامة ١٩٩٦ ، ص ص ٥٤٧-٥٤٨).

◄ مراعاة مبدأ الفروق الفردية بين المتعلمين.

◄ تنقل محور العلمية التعليمية إلى المتعلم ، وتجعل من المتعلم مجرد مرشد وموجه ، فالموديولات تتبع أساليب التعلم الذاتي.

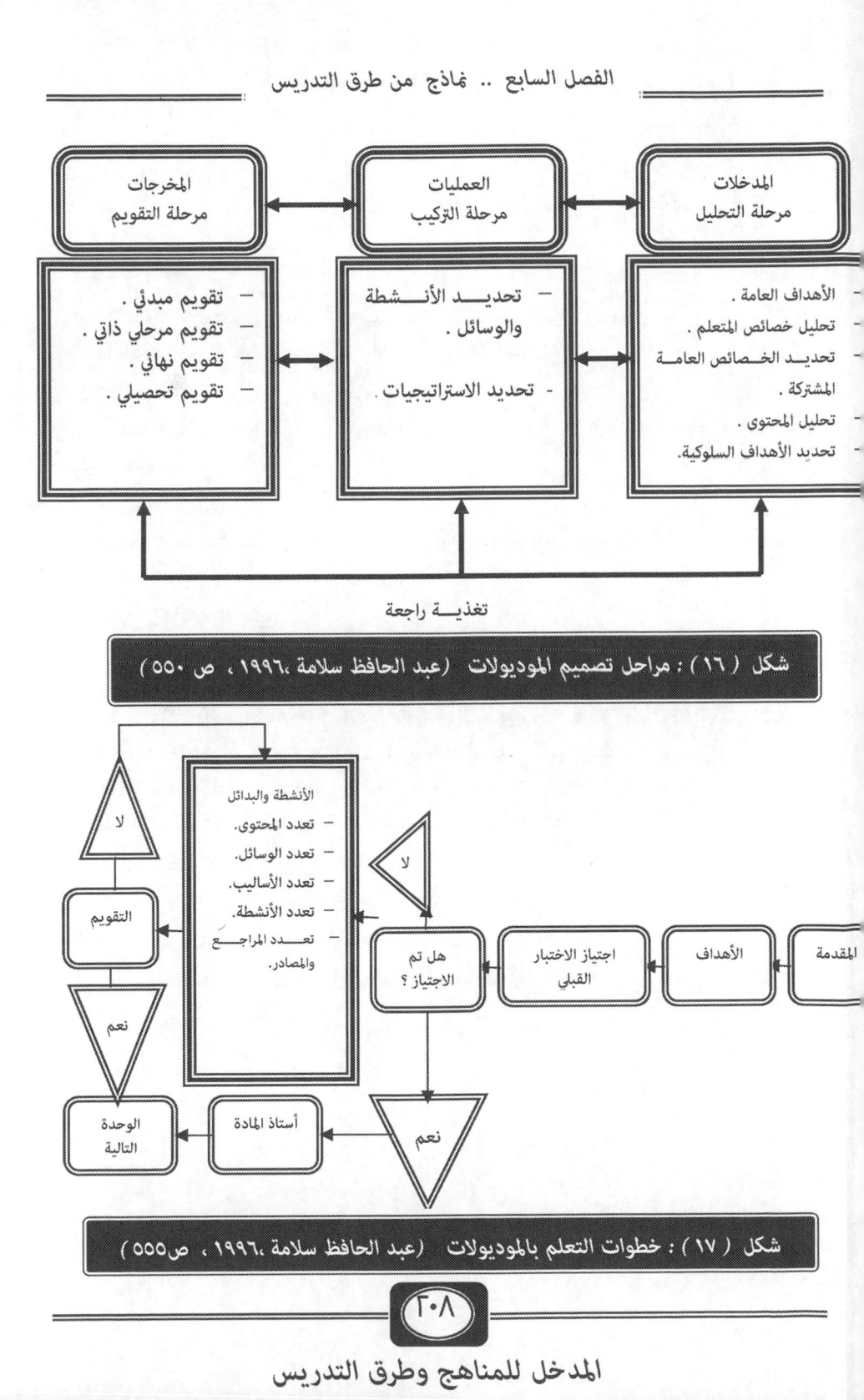

شكل (١٦) : مراحل تصميم الموديولات (عبد الحافظ سلامة ،١٩٩٦ ، ص ٥٥٠)

شكل (١٧) : خطوات التعلم بالموديولات (عبد الحافظ سلامة ،١٩٩٦، ص٥٥٥)

المدخل للمناهج وطرق التدريس

- التحديد الدقيق للأهداف التى يجب على المتعلم بلوغها.
- تعددية وتنوع الأنشطة التعليمية والتعلمية.
- تركز على ضرورة بلوغ المتعلم حد الإتقان فى كل أجزاء الموديول.
- تصلح لجميع فئات المتعلمين ، حيث يتم تحديد أهدافها ومحتواها وأنشطتها بما يناسب طبيعة هؤلاء المتعلمين.
- تتيح للمتعلم التعلم حسب قدراته ، وإمكاناته ، وفقا لسرعته الذاتية.
- تتيح للمتعلم تقويم ذاته بذاته ، كما تتيح له توجيه مساره خلال عملية التعلم ذاتياً.
- سهولة الإعداد والاستخدام والتداول.
- المرونة وقابليتها للتطوير.

- التعليم والتعلم بالحاسوب : **Learning With Computers**

لقد انتشرت الحاسبات الآلية الشخصية انتشاراً كبيراً لدرجة أن كل بيت لا يكاد يخلو من هذا النوع من الحاسبات ، ويساعد فى ذلك دقة عمل تلك الأجهزة ، وكثرة أنواعها ، وتنوع برامجها ، ورخص ثمنها. وإذا كان الحاسوب يمثل أحدث صور الآلات التعليمية المتطورة فإن التعليم والتعلم بالحاسوب لا يعدو كونه نوعاً من أنواع التعليم البرنامجي الذى سبق وأن أشرنا إليه ، يتبع هذا النوع أسلوب النظم بما يشمله من مدخلات وعمليات ومخرجات ، ويتطلب الاعتماد على برمجيات تعليمية إلى جانب أجهزة الحاسوب بمكوناتها وملحقاتها المتعارف عليها.

وبصفة عامة يمكن للحاسوب القيام بثلاثة أدوار تعليمية هى :

- التعلم عن الحاسوب : **Learning about Computers**

وفى هذا الدور يكون التركيز على تعليم وتعلم الحاسبات بأنواعها ومكوناتها ، وطرق تشغيلها ، ولغاتها ، وبرامجها.

- التعلم من الحاسوب : **Learning from Computers**

وفى هذا الدور يكون التركيز على استخدام الحاسوب كمصدر للمعلومات اللازمة لتعلم موضوع معين ، فيؤخذ من هذا المصدر ما تتطلبه الحاجة لتعلم هذا الموضوع.

- التعلم بالحاسوب (مع الحاسوب) : **Learning with Computers**

وهذا الدور – تحديداً – هو ما نقصده فى هذا المقام ، وخلال هذا الدور يكون الحاسوب شريكاً للمتعلم ، وركنا أساسياً فى منظومة التعلم ويعد هذا الدور أكثر أدوار الحاسوب ارتباطاً بالتعليم ، حيث يتم هذا الدور

اعتماداً على : محتوى تعليمي متمثل فى برمجيات الحاسوب التعليمية وجهاز حاسوب تعليمي بكافة أجزائه ومشتملاته.

وهناك أنماط وأشكال عديدة لبرمجيات الحاسوب التعليمية من أهمها: (عبد الحافظ سلامة ، ١٩٩٦ ، ص ٥١٥)

- برمجيات التعليم الخاص المتفاعل: Tutorial Interactive Learning

وتقدم هذه البرامج المواد التعليمية بشكل فقرات أو صفحات على شاشة العرض ، متبوعة بأسئلة ، وتغذية راجعة ، ولا يتم التعلم وفقا لهذه البرامج إلا من خلال تفاعل المتعلم والحاسوب.

- برمجيات التدريب لاكتساب المهارة : Drill and Practice

وتقدم هذه البرامج نمطاً مميزاً من التفاعل بين الطالب والحاسوب بشكل سريع ، ثم يعطيه الحاسوب تعزيزاً لمدى صحة أو خطأ استجابته فإذا أخطأ المتعلم يعطيه الحاسوب فرصة أخرى لتصحيح إجابته أو يحيله مباشرة إلى معلومة معينة يجب مراجعتها قبل استمرار التدريب.

- برمجيات المحاكاة : Simulation

وهذا النوع من البرمجيات يقدم تجسيداً ممثلاً لظواهر يصعب أو يستحيل تنفيذها مباشرة فى غرفة الدراسة ، كتتبع مسار قمر صناعي فى مداره حول الأرض. ولأهمية موضوع المحاكاة في التعليم سوف نفرد الفصول الثلاثة الأخيرة من الكتاب الحالي للحديث عنها .

- برمجيات حل المشكلة : Problem Solving

وهى برمجيات تتيح للمتعلم التدريب على حل المشكلات والمسائل المرتبطة بموضوعات تعليمية محددة وفقا لاستراتيجيات حل معينة.

- برمجيات الحوار : Dialogue Mode

وهى برمجيات تتيح للمتعلم التعلم من خلال حوار بين المتعلم والحاسوب ، كأن يسأل الحاسوب المتعلم سؤلاً فيرد المتعلم على السؤال فتقود الإجابات إلى مزيد من التساؤلات .. وهكذا.

- برمجيات الاستقصاء : Inquiry

وتوفر هذه البرمجيات للمتعلم معلومات على شكل قاعدة بيانات يرجع إليها عند الحاجة ، كقاموس الكلمات والمعاني ، أو قاموس التعريف بالمصطلحات ، فإذا أراد المتعلم معرفة معني كلمة محددة أدخل الكلمة إلى الحاسوب فيظهر معناها.

● برمجيات الألعاب التعليمية : Gaming

وهى نمط شائع من البرمجيات ، يقدم للمتعلم قمة المتعة والإثارة فى التعلم مـن خلال ألعاب تعليمية يمكن للمتعلم أن ينافس فيها متعلماً آخر كما يمكن أن ينافس جهاز الحاسوب نفسه.

وتبدأ عملية التعلم بالحاسوب بتحميل المادة التعليمية المراد تعلمها من البرمجيات السـابقة فى ذاكرة الحاسوب ، فيبدأ عرضها على شاشة الحاسوب فى شكل صفحات أو إطارات ، حيث يستهل العرض مقدمة لمحتويات البرمجية ، وقائمة خيارات يختار مـن بينها المتعلم الجزء المـراد تعلمه فى الموضوع ، ثم يسير المتعلم تباعاً فى تعلم الموضوع جزءاً تلو الآخر وفقا لتعليمات التعلم التى تحددها البرمجية والشكل:(١٨) يلخص خطوات التعلم بواسطة الحاسوب.

● ثانياً : أساليب التعليم والتعلم عن بعد .

التعليم عن بعد Distance Learning هو أحد أساليب التعليم والتعلم الذاتى التى أفرزتها تكنولوجيا التعليم حديثاً ، وهو فى أصله طريقة للتعليم والتعلم الفردي ، لكنـه أدى إلى تعزيـز نظام التعليم المفتوح Open Learning ، ونظام التعليم المستمر Long Life Learning .

وقد ظهرت أساليب التعليم والتعلم عن بعد لمواجهة الزيادة الهائلة فى حجم المعارف الإنسانية ، والتطور العلمي وتطور تكنولوجيا الاتصال الحديثة ، ولتوفير فرص التعلم لجمهور كبير من الـراغبين فى التعلم الذين لا يستطيعون التفرغ الكامل للالتحاق بالتعليم النظامي.

ويعرف التعليم والتعلم عن بعد بأنه : " موقف تعليمي تحتـل فيـه وسـائل الاتصال والتواصل المتوافرة - كالمطبوعـات ، وشبكات الهواتـف والتلكس ، وأنظمـة التلفـاز ، والحاسوب الإلكترونى ، وغيرها من أجهـزة الاتصال السـلكية واللاسلكية - دوراً أساسياً فى التغلب على مـشكلة المسافات البعيدة التى تفصل بين المعلم والمتعلم ، بحيـث تتيـح فرصـة التفاعـل المـشترك ". (توفيـق مرعـي ، محمد الناصر ، ١٩٨٥ ، ص ٣٠) .

مجال التعليم والتعلم عن بعد إذن هو نظام لتعليم شرائح متعددة فى المجتمـع ، وتعويضهم عما فاتهم من فرص التعليم والتعلم النظامي (مدرسي وجامعي) وذلك بزيادة مهاراتهم ، ورفـع مـستوى مـؤهلاتهم العلميـة وتحـسين أدائهم المهنى ، ويتطلب هذا النوع مـن التعليم الأخذ بتكنولوجيا الاتصالات الحديثة ووسائلها للتغلب على مـشكلة البعـد بين المعلم والمـتعلم (بـشير الكلوب ، ١٩٨٨ ، ص ١٩٣).

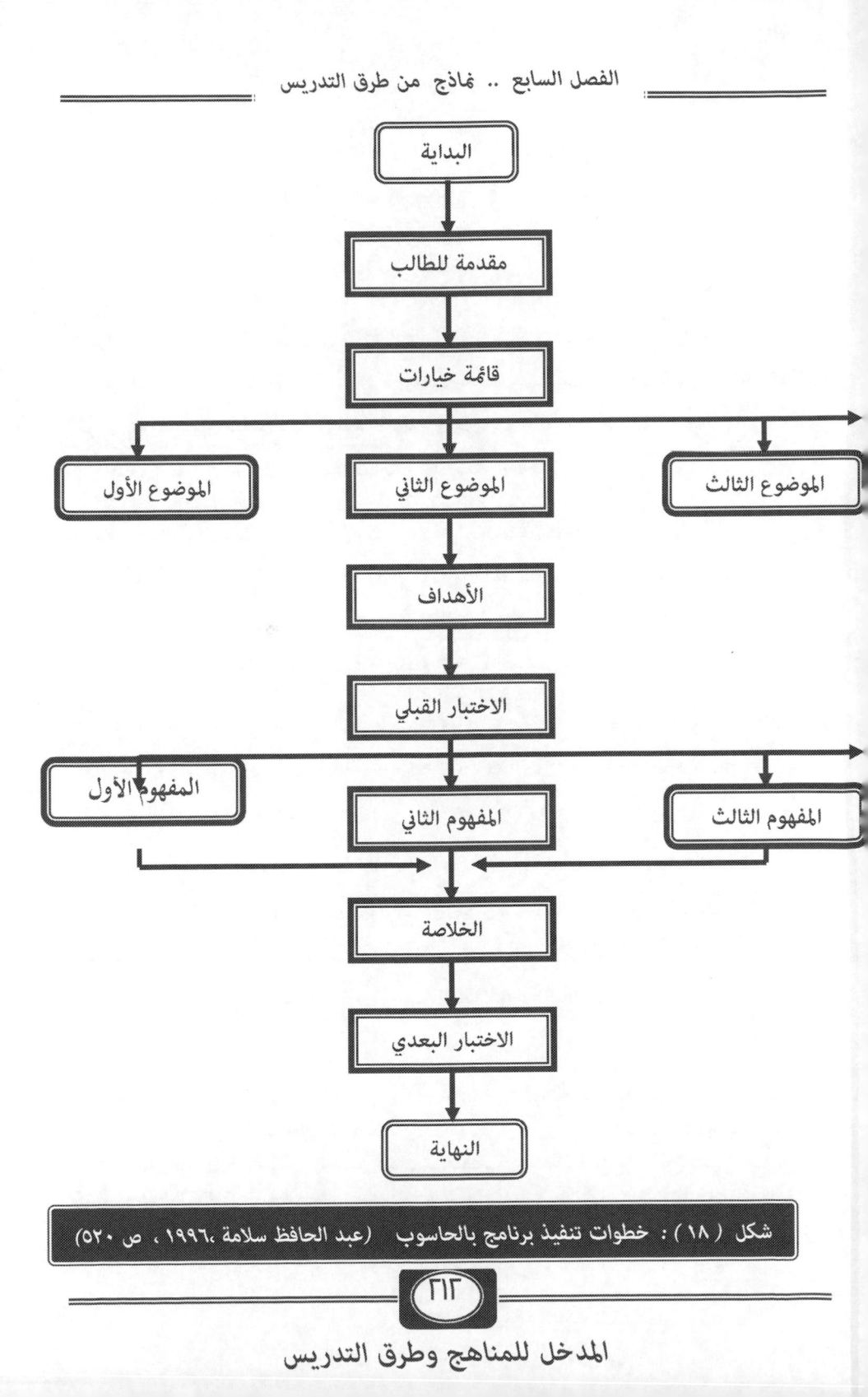

البداية

مقدمة للطالب

قائمة خيارات

الموضوع الأول   الموضوع الثاني   الموضوع الثالث

الأهداف

الاختبار القبلي

المفهوم الأول   المفهوم الثاني   المفهوم الثالث

الخلاصة

الاختبار البعدي

النهاية

شكل (١٨) : خطوات تنفيذ برنامج بالحاسوب (عبد الحافظ سلامة، ١٩٩٦ ، ص ٥٢٠)

المدخل للمناهج وطرق التدريس

ويختلف نظام التعليم والتعلم عن بعد عن التعليم النظامي المعتاد فى منحيين : الأول يتمثل فى عدم المواجهة المباشرة بين المعلم والمتعلم خلال عمليتي التعليم والتعلم ، كما هو الحال فى التعليم النظامي بالمدارس والجامعات . أما المنحي الثاني فيتمثل في بعد المسافة بين المعلم ، أو مصدر التعلم والمتعلم ، فالمعلم والمتعلم لا يجمعهما مكان واحد ، وتوقيت محدد كما هو الحال فى التعليم المدرسي والجامعي النظامي.

ويتوقف نجاح نظم التعليم والتعلم عن بعد على عدة عوامل أهمها: دقة إعداد البرامج التعليمية الخاصة بتلك النظم ، ومراعاة تلك البرامج لطبيعة المتعلم وميوله ورغباته ، واختيار أنسب قنوات الاتصال لنقل البرامج التعليمية إلى المتعلم وقتما وكيفما شاء ، وتوافر أجهزة الإرسال والاستقبال التى يمكن للمتعلم من خلالها التفاعل مع مصدر التعلم عندما يستدعي الأمر ذلك ، وسهولة عملية الاتصال بين مصدر التعلم والمتعلم ، وكفاءة أجهزة الاتصال ، وانخفاض تكلفة الاتصال ، ورغبة المتعلم ذاته وجديته فى التعلم ومدى المتابعة والتقويم المستمر لخطوات تنفيذ التعليم والتعلم عن بعد   ومدى تنويع المثيرات لجذب انتباه المتعلم ، وتشويقه للسير فى مثل هذا النظام للتعليم.

● **مجالات التعليم والتعلم عن بعد :**

يمكن لأساليب التعليم والتعلم عن بعد أن تسهم بدور فعال فى مجالات تعليمية عديدة أهمها:

١- برامج محو الأمية وتعليم الكبار :

قد لا يجد الأفراد الأميون وقتا لتعلمهم بسبب العمل ، أو الخجل من الانتظام فى الدراسة ، والجلوس مجلس التلاميذ خصوصاً من هم فى سن متقدمة . الحل فى مثل هذه الحالات هو التعليم والتعلم عن بعد من خلال شراء كتب تعليم القراءة والكتابة ، أو من خلال متابعة برنامج إذاعي أو تليفزيوني لمحو الأمية ، أو من خلال الاستماع لأشرطة صوتية مسجل عليها برامج لتعليم الكبار ، أو مشاهدة أشرطة فيديو مسجل عليها برامج تعليمية محددة.

٢- التعليم الجامعي :

قد تضطر الظروف كثيراً من الأفراد لعدم إكمال تعليمهم الجامعي بسبب العمل للإنفاق على الأسرة ، أو بسبب عدم المقدرة المالية ، أو

بسبب العجز أو المرض ... إلخ . وفى جميع هذه الحالات قد يفقد هؤلاء الأفراد الأمل فى استكمال دراستهم الجامعية ، لكن التعليم عن بعد يحل المشكلة ويعيد لهؤلاء الأفراد الأمل فى استكمال دراستهم الجامعية من خلال ما يعرف بالجامعة المفتوحة Open University تلك الجامعة التى تعد برامج تعليمية فى تخصصات محددة يمكن للأفراد الراغبين من خلال اجتيازهم لتلك البرامج والاختبارات الخاصة بها الحصول على الشهادة الجامعية فى تلك التخصصات ، وغالبا ما تكون برامج الجامعة المفتوحة مكتوبة ومسموعة ومرئية.

وهناك جامعات مفتوحة فى بلدان عديدة مثل : استراليا ، والاتحاد السوفيتى ، والجامعة البريطانية التى افتتحت عام ١٩٦٩ م ، وجامعة يونيد فى أسبانيا التى تأسست عام ١٩٧٢م ، وجامعات : أفيال فى باكستان وأتياركا فى كندا ، وكل إنسان فى إسرائيل التى تأسست جميعها عام ١٩٧٥م ، وجامعة القدس المفتوحة التى تأسست عام ١٩٨٦م ، وقد نحت بعض الدول العربية هذا النحو فتأسست جامعة مفتوحة فى مصر منذ عدة سنوات ، وكذلك إنشاء الجامعة العربية المفتوحة ، ولها ثلاثة فروع منها فرع بمصر .

ومن أشهر الجامعات المفتوحة جامعة بريطانيا التى أصبحت برامجها المسجلة تليفزيونيا فى موقع الريادة من البرامج المشابهة لها فى العالم هذا الواقع الذى أدى إلى تحقيق مستوى تعلم يقارب مستوى التعليم الجامعى النظامى.

ويوفر التعليم الجامعى المفتوح للمتعلم الحرية فى اختيار الموضوع والمكان والموعد المناسب للدراسة ، وقد دلت الإحصاءات على أن هذا النوع من التعليم أدى إلى تخفيض كلفة الدراسة ومواجهة المنافسة على الأماكن الشاغرة بالجامعات ، ذلك لأن سعته غير محدودة وغير مرتبطة بالمكان والزمان وعدد القوى العاملة ، وتمثل المساقات التعليمية وطرق توصيلها للمتعلم المحور الأساسى لنجاح التعليم الجامعى المفتوح ، الأمر الذى يفرض متابعة هذه البرامج وتقويمها المستمر الدقيق للرقى بها وتحقيق أعلى عائد تعلم لها. (بشير الكلوب ، ١٩٨٨ ، ص ١٩٤).

٣- التدريب أثناء الخدمة :

يمثل التدريب أثناء الخدمة Inservice Training مجالاً مهماً من المجالات التى يقوم فيها التعليم والتعلم عن بعد بدور فعال ، ولسنا فى

حاجة لنؤكد أهمية تدريب الخريجين أثناء الخدمة ، فالعلم يأتي كل يوم بجديد والتكنولوجيا تقدم لنا في كل لحظة الجديد والجديد ، وما هو جديد اليوم يصبح قديماً في الغد ، وما من سبيل للمهنيين في تطوير أنفسهم إلا بالتدريب المستمر أثناء الخدمة ، فالمعلم والطبيب والمهندس والحرفي والفني وغيرهم لن يطوروا أنفسهم إلا من خلال برامج تدريب أثناء الخدمة ، والتعليم والتعلم عن بعد يتيح ذلك لهم من خلال البرامج المكتوبة والمسموعة والمرئية.

● **قنوات التعليم والتعلم عن بعد :**

تعتمد طرق وأساليب التعليم والتعلم عن بعد على قنوات عديدة أهمها:

١- التعليم بالمراسلة :

ويتم التعليم والتعلم خلال تلك القناة عن طريق المراسلة بين المعلم والمتعلم ، وتتنوع الرسائل التعليمية من : الرسائل المكتوبة والمواد المطبوعة ، إلى الرسائل المسموعة الصوتية من أشرطة الراديو كاست واسطوانات الليزر الصوتية ، إلى الرسائل المرئية من أشرطة الفيديو واسطوانات الفيديو ، وأفلام السينما ، والشرائح ، إلى ديسكات واسطوانات الحاسوب.

ويمكن أن تتم المراسلة بين المعلم والمتعلم عن طريق البريد العادى أو البريد الإلكتروني من خلال شبكات الإنترنت ، أو عبر الفاكس (الهاتف المصور) ، أو أية وسيلة أخرى.

وليس شرطاً أن يرد المعلم على المتعلم أو العكس عبر نفس وسيلة الاتصال ، فقد يرسل المعلم رسالته للمتعلم عبر البريد العادى فيرد المتعلم على الرسالة عبر الفاكس ، أو عبر البريد الإلكتروني وفقا لما هو متاح من وسائل الاتصال ، ووفقا لأهمية الرد في فترة محدودة وقد تكون المراسلة بين أفراد ، وقد تكون بين مؤسسات وهيئات ، وقد تكون بين أفراد ومؤسسات وهيئات.

٢- التعليم عبر الهاتف التعليمي :

يمكن أن يتم التعليم والتعلم عن بعد بين المعلم والمتعلم – مهما كانت المسافة بينهما – عن طريق الهاتف ، فالمتعلم يمكنه الاتصال بالمعلم والعكس عبر خطوط الهاتف لإرسال واستقبال رسالة تعليمية محددة ، إما صوتية ملفوظة ، وإما مكتوبة عبر الهاتف المصور (الفاكس).

وقد ساعد في تطور هذا الأسلوب ما استحدثته التقنية المعاصرة من تكنولوجيا الاتصال السلكي واللاسلكي ، فهناك الهاتف المزود بنظام تسجيل صوتي لتسجيل الرسائل التعليمية حتى لو لم يكن الفرد موجوداً وهناك الهاتف النقال (الجوال) Mobile الذي يمكن الفرد من الاتصال بأي شخص أو جهة أخرى من أي مكان وفي أي وقت ، وهناك الهاتف المرئي المزود بشاشة عرض تمكن المعلم أو المتعلم من رؤية الآخر خلال عملية الاتصال لكن هذا النوع محدود الانتشار حتى الآن.

ولم تعد الاتصالات الهاتفية تمثل أدنى مشكلة اليوم في ظل ما وفرته الأقمار الصناعية من إمكانية نقل المكالمات الهاتفية إلى أبعد بقعة في العالم بدقة كبيرة ودرجة عالية من الوضوح.

وهناك العديد من البرامج التعليمية والإرشادية عبر الهاتف في كثير من دول العالم ، حيث يمكن للمتعلم الاتصال بمكتبة معينة لطلب معلومات حول موضوع محدد ، فيرد عليه المختص أو الكمبيوتر لتزويده بما يريد . كما أن هناك خدمة طبية على الهاتف في بعض دول العالم ، يمكن الاستعانة بها في حالات الطوارئ والحالات الحرجة. لكن هذه البرامج مازالت قيد البحث والدراسة حتى الآن في كثير من الدول العربية.

٣- التعليم عبر القنوات الفضائية التعليمية :

يمثل التليفزيون التعليمي أحد أهم قنوات التعليم والتعلم عن بعد ، وما يزيد هذه القناة أهمية تفاعلها مع غيرها من التقنيات الأخرى ، وقد ساعد في انتشار هذا النوع من التعليم والتعلم عن بعد ، واتساع نطاقه ليشمل كافة بقاع الكرة الأرضية ظهور تقنية الأقمار الصناعية واستخدامها في مجالات الاتصالات والإعلام التليفزيوني ، وما حملته تلك الأقمار من قنوات تليفزيونية فضائية أتاحت للتليفزيون إمكانيات هائلة في الترفيه والتثقيف والتعليم ، فأمكن للفرد أن يستقبل أي برنامج تعليمي تبثه أية قناة تليفزيونية فضائية مباشرة عن طريق هوائي وجهاز استقبال بسيط يتم توصيلهما بجهاز التليفزيون في منزله.

وهناك العديد من نظم الاتصالات الفضائية منها ما هو دولي ومنها ما هو إقليمي ، ومن أهم النظم الفضائية الدولية : نظام " انتلسات Intelsate " الذي يشير اختصارا إلى المنظمة الدولية للاتصالات الفضائية Telecommunication Satellite Consortium International التي تأسست في عام ١٩٧١م بمشاركة ثمانين دولة ، ما لبثت أن زادت إلى

(١٠٦) دولة ، ويقوم نظام انتلسات على أساس تجاري ، حيث يغطي حوالي ثلثي الاتصالات الدولية بكافة صورها وأشكالها ، وتصل خدمات هذا النظام إلى (١٤٤) دولة تقع فى ست قارات تتصل بأقمار انتلسات عبر (٣٠) محطة أرضية ، وقد استخدم هذا النظام منذ نشأته وحتى الآن أجيالاً من الأقمار الصناعية جيلاً تلو الآخر ، بما يوفر شبكة اتصالات دولية سعتها حوالي ٦٠.٠٠٠ دائرة هاتفية ، و ٢٤ قناة تليفزيونية ، يشارك فى هذه الشبكة (١٥) دولة عربية.(على عجوة وآخرون ، ١٩٩١ ، ص ص ٢٠٠ - ٢٠٣).

ومن أهم نظم الاتصالات الفضائية الدولية أيضا شبكة الإنترسبوتنيك (*Inter Spuntnik*) وتمثل نظاماً للأقمار الصناعية يضم دول الكتلة الشرقية تم إنشائه عام ١٩٦٨م بهدف توفير الخدمات الخاصة بتبادل برامج الراديو والتليفزيون ووصلات الهاتف والبرق وبث المعلومات بين الدول الأعضاء التى بلغ عددها (١٣) دولة منها دولتان عربيتان هما اليمن وسوريا . وتتكون هذه الشبكة من قمرين صناعيين روسيين هما : ستاسيونار-٤ *Stasionar-4* ، وستاسيونار - ٥ ، وهما ثابتان فوق المحيطين : الأطلنطي والهندى ، وأقمار هذه الشبكة أكثر قوة من أقمار نظام إنتلسات ، ومن الدول العربية التى تستفيد من خدمات هذا النظام الجزائر والعراق. (حمدى قنديل ، ١٩٨٤، ص ٤٦).

وعلى غرار نظم الاتصالات الفضائية الدولية ظهرت شبكات فضائية إقليمية أخرى ، ففي عامي ١٩٨٢ ، ١٩٨٣ م أطلقت وكالة الفضاء الأوربية *European Space Agency (ESA)* قمرين من سلسلة الأقمار الأوربية للاتصالات *European Communication Satellites (ESA)* ضمن الشبكة المعروفة بشبكة إيروسات *Eurosate* ، ومن الشبكات الإقليمية أيضا الشبكة العربية الفضائية (عربسات) التى تضم عدداً من القنوات الفضائية للاتصالات الهاتفية المحلية والإقليمية والقنوات التليفزيونية ، وقناة واحدة للبرامج التعليمية وكذلك شبكة " بالبا *Palpa* " التى بدأت كنظام إندونيسي محلي ثم تطورت إلى شبكة إقليمية لدول جنوب شرق آسيا . (راسم الجمال ، ١٩٩١ ، ص ص ٢٠٧-٢٠٨)

ومن أحدث نظم الاتصالات الفضائية العربية الإقليمية التى اهتمت بقطاع التعليم " شبكة نايل سات " المصرية ، حيث تضم عدداً من القنوات الفضائية التعليمية والتثقيفية التى تتيح لكثير من الأفراد عملية التعليم والتعلم عن بعد.

٤- التعليم عبر شبكة الإنترنت :

أدى التطور المتلاحق والمستمر فى مجال الحاسبات الآلية إلى ظهور نوع من الشبكات فائقة الإمكانات تعرف بالشبكات العنكبوتية (الإنترنت).

والإنترنت هى شبكة من الحاسبات الآلية مرتبطة ببعضها عن طريق خطوط الهاتف أو عبر الأقمار الصناعية ، تعود بدايتها إلى عام ١٩٦٩م حينما قامت البنتاجون (وزارة الدفاع) الأمريكية بإنشاء شبكة اتصالات عسكرية للوقاية من الهجمات النووية ، ولدراسة تبادل المعلومات مع مراكز البحوث العلمية فى مختلف أنحاء العالم عبر خطوط الهاتف ، وقد تبنت جامعة كاليفورنيا هذا المشروع وأطلقت عليه اسم (*Arpanet*) أربانت ، إلا أن تلك الشبكة مالبثت أن تطورت بشكل مطرد إلى تجمع هائل من الشبكات المترابطة أطلق عليها اسم إنترنت (*Enternet*) ، وفى ظل التطور المذهل فى نظم الاتصالات أصبحت شبكة الإنترنت تقدم خدمات عديدة للطلاب والمعلمين والباحثين فى أنحاء العالم خصوصاً ما يتعلق بتناقل المعلومات حيث توفر تلك الشبكة لمشتركيها الخدمات التالية : (السيد الربيعي ١٩٩٨ ، ص ١ ١٧-١٣ .Sunal , C.S .et al ., P P)

- **البريد الإلكتروني :**

وهذه الخدمة تتيح للفرد إمكانية إرسال واستقبال رسائل من مختلف أنحاء العالم فى فترة وجيزة من الزمن قد لا تتعدى دقائق معدودة.

- **الاتصال بحاسوب آخر :**

وهذه الخدمة عبارة عن برنامج يساعد المستخدم فى الاتصال بأي حاسوب آخر ، والتعامل معه كما لو كان جالسا أمامه ، حتى لو كان هذا الحاسوب فى قارة أخرى.

- **تبادل الملفات :**

وهو عبارة عن برنامج يخول للمستخدم نقل الملفات والبرامج بين حاسوب وآخر.

- **الأرشيف :**

وهو خدمة تتيح للمستخدم البحث عن برامج أو ملفات أو موضوعات فى أحد المراكز العلمية المتصلة بالشبكة خلال ثوان معدودة.

- **محطة التحدث :**

وهو برنامج يمثل محطة مفترضة فى الشبكة يمكن من خلالها للمستخدمين فى شتي أنحاء العالم التخاطب كتابة أو تحدثاً.

● رابط الشبكة العنكبوتية العالمية :

وهو تقنية حديثة تمكن المستخدم من الحصول على معلومات كتابية مدعمة بالصوت والصورة عبر صفحات إلكترونية تمثل كتيبا إلكترونيا يتصفحه المستخدم عبر حاسوبه الشخصي.

وهكذا يمكن أن تؤدى شبكة الإنترنت دوراً رائداً فى ميدان التعليم والتعلم عـن بعد ، خصوصاً مع ربطها بتقنيات أخرى كالتليفزيون الرقمي الذى ييسر التعامل مع خدمات تلك الشبكة ، والـذى بدأ انتشاره فى العالم بحلول عام ٢٠٠٢م.

ويعرف التعليم بالإنترنت Internet-based Instruction بأنه أحد طرق وأساليب التعليم الحديثة التي يقوم فيها المعلم بتخطيط وإعداد مواقف تعليمية تتطلب مـن المتعلم استخدام شبكة الإنترنت كوسيط تعليمي لتحقيق أهداف درس محدد ، أو لاكتساب خبرات محددة . ويكون دور المعلم هنا هو الإرشاد والتوجيه إلي جانب التخطيط والإعداد واختيار المواقع المناسبة للموضوع علي شبكة الإنترنت .

ولا يمكن أن تؤدى شبكة الإنترنت دورها التعليمي التعلمـي عـلى النحو المرغوب لـدول العالم العربي والإسلامي مالم تخضع لرقابة صارمة تمنع وصول الموضوعات اللاأخلاقية التى يروجها الإباحيون عبر تلك الشبكة إلى مستخدميها فى تلك الدول.

ورغم أن شبكة الإنترنت من تقنيات الاتصالات الحديثة التـى أذهلـت العـالم فـإن لهـا جوانـب قصور وسلبيات أهمها :

◄ غياب السرية والخصوصية ، حيث يمكن لأى فرد مشترك الإطلاع على رسائل المستخدم مالم يعتمد على طرق خاصة لتشفير تلك الرسائل.

◄ انتشار البرامج الخلاعية التى يروجها الإباحيون لتدمير النشء.

◄ إمكانية غرس برامج فيروسات مدمرة تتناقل فى نطاق واسع عبر الشبكات ، فتدمر الكثير من الحاسبات.

◄ إمكانية استخدام الشبكة فى التجسس والاستخبارات العسكرية.

◄ إمكانية استخدام الشبكة فى تيسير ترويج المخدرات من خلال شفرات خاصة للعصابات العاملة فى هذا المجال .

ومع هذه السلبيات فإن تلك التقنية آتية لا محالة فى كثير من الدول العربيـة والإسلامية ، فقـد سبقت إليها بعض الدول مثل : الكويت ومصر والإمارات ، تلتها باقي الـدول تباعاً كالمملكة العربيـة السعودية وغيرها.

● ثالثاً : أساليب التعليم والتعلم في مجموعات صغيرة :

ساعدت تكنولوجيا التعليم أيضا في ظهور طرق وأساليب تعليم وتعلم جديدة يمكن من خلالها تعليم وتعلم مجموعات صغيرة من المتعلمين حيث يكون هؤلاء المتعلمين هم محور الارتكاز في تلك الطرق ، ومن أهم أمثلة تلك الأساليب ما يلي :

١ – مجموعات العمل المعملي (الطريقة المعملية) :

الطريقة المعملية *Laboratory Method* ، أو مجموعات العمل المعملي *Laboratory Groups* هى : إحدى طرق وأساليب تعليم وتعلم العلوم التطبيقية والطبيعية ، حيث تركز على التدريس من خلال ممارسة التجارب والأنشطة المعملية ذات الصلة بالمواد والمقررات التى يدرسها طلاب أية مرحلة تعليمية· وتتم هذه الطريقة داخل المعامل والمختبرات التعليمية والدراسية ، وتنمى هذه الطريقة العديد من المهارات العقلية واليدوية والعملية والاجتماعية لدى الدارسين ، لكنها تحتاج لتجهيزات خاصة من أجهزة وأدوات ومواد معملية ، وأثاث ومرافق معملية ، كما أن هذه الطريقة تحتاج لتجهيزات أمن وسلامة لأنها فيها بعض الخطورة خصوصاً عند العمل بمواد وأجهزة خطرة·

والطريقة المعملية تعاونية في إجراءاتها ، لذا فإن البعض يطلق عليها اسم الطريقة المعملية التعاونية *Cooperative Laboratory Method* حيث تتم من خلال تقسيم الطلاب إلى مجموعات صغيرة لا يتجاوز عددها خمسة أفراد ، يتم تكليفهم بنشاط أو تجربة معملية بالتعاون فيما بينهم ، ويمكن للمجموعات المعملية أن تتفاعل وتتعاون فيما بينها لنقل الخبرة وإتقانها·

ويتحمل المتعلم القدر الأكبر من المسؤولية ، والإيجابية في العملية التعليمية وفقا لتلك الطريقة ، بينما يكون دور المعلم الأساسي هو : التخطيط والإشراف والتوجيه .

٢- التعليم والتعلم التعاوني :

يمثل التعلم التعاوني *Cooperative Learning* أحد أساليب التعليم والتعلم في مجموعات صغيرة لا يتجاوز عدد أفرادها سته أشخاص. والتعلم التعاوني ببساطة يعني قيام مجموعة صغرى غير متجانسة من الأفراد بالتعاون الفعلي لتحقيق هدف منشود في إطار أي إكتساب أكاديمي أو اجتماعي يعود عليهم كجماعة وكأفراد بفوائد تعليمية وغير تعليمية جمة ومتنوعة ، أكثر وأفضل من مجموعة أعمالهم بصورة فردية.

ولا يتطلب التعلم التعاوني من القائمين به نفقات إضافية أو تجهيزات تكنولوجية ، أو تغييرات كبرى فى التنظيم المدرسي بل يتطلب أناسا متحمسين مخلصين من : طلاب ، ومعلمين ، وإداريين وأهل وسواهم ممن عقدوا العزم على التعاون لتحسين تعلمهم فيما بين أفراد كل فئة منهم أو فيما بينهم جميعاً ، كما يستلزم تغيير مواقفهم واتجاهاتهم السابقة - إن وجدت - لصالح التعاون إزاء التنافس وقلة الاهتمام بالآخرين ومصالحهم إذ أن كل عضو من مجموعة التعلم التعاوني الصغرى لا يصبح مسئولاً عن تعلمه الشخصي فحسب ، بل أيضا عن تعلم كل فرد فى المجموعة ، وعن تعلم المجموعة إجمالاً. (أحمد صيداوى ، ١٩٩٢، ص ٦).

ومع أن التعلم التعاوني لم يظهر بصورته الحالية إلا منذ سنوات قلائل معدودة فإن مفهوم التعاون ، ومفهوم التعلم التعاوني بمدلولاتها الإجرائية موجودان منذ بدء الخليقة.

ويتخذ التعلم التعاوني صوراً وأشكالاً عديدة منها ما يتم فى المدرسة ومنها ما يتم خارج المؤسسات التعليمية فى المساجد ، وفى النوادي ، وفى الأسرة ، وفى العمل . منها ما هو نظامي ، ومنها ما هو غير نظامي . منها ما هو مقصود ، ومنها ما هو عرضي غير مقصود ، ومن أشهر صور التعليم والتعلم التعاوني النظامية فى المؤسسات التعليمية " مجموعات العمل المعملي ".

وهناك العديد من طرق التعليم والتعلم التعاونى *Methods of Cooperative Learning* التي تنطوي على أساليب واستراتيجيات وإجراءات تعاونية متنوعة مثل : مجموعات العمل المعملى التعاونية وطريقة حل المشكلات التعاونى ، وطريقة الاستقصاء الجمعى ، وطريقة النص التعليمى التعاونى المعقد ، وطريقة التجزئة (طريقة جيكسو) وطريقة رزمة المنهج التعاونى ، وطريقة مجموعات التعلم الطلابية وطريقة التفريد بمساعدة الفريق. ومع اختلاف إجراءات كل طريقة من هذه الطرق ، فإن الأسس العامة لجميع تلك الطرق واحدة هى فكرة التعاون والتعليم في مجموعات صغيرة ، والتركيز على المتعلم كمحور للعملية التعليمية . (ماهر إسماعيل صبري ، ٢٠٠٢م ، ص ٣٦٢) .

ويمكن للتعلم التعاوني أن يحقق نتائج تعليمية باهرة إذا توافرت له احتياجاته ومتطلباته على النحو المطلوب ، وإذا هيئ له المناخ المناسب وإذا تم إكساب الأفراد منذ الصغر روح العمل فى فريق ، والانتماء لهذا الفريق أكثر من انتماء الفرد لذاته.

٣- مجموعات التركيز : Focus Groups

وهى أسلوب آخر من أساليب التعليم والتعلم فى مجموعات مصغرة وخلال هذا الأسلوب يتم تقسيم المتعلمين إلى مجموعات صغيرة يتراوح عدد أفرادها بين خمسة وسبعة متعلمين ، ويفضل عدم الخلط بين البنين والبنات من المتعلمين فى المجموعة الواحدة ، ثم يجلس المعلم إلى كل مجموعة على حدة يطرح عليها مجموعة تساؤلات حول موضوع تعليمي محدد ، ويتلقي إجابات مجموعة المتعلمين كل على حدة ، ويوجه الحوار والمناقشة بين المتعلمين وبعضهم من جهة وبينهم وبينه من جهة أخرى على أن يكون الحوار والمناقشة ليس مجرد سؤال وجواب. (Dignan , M.B& Carr , P.A., ١٩٩٢ , P P .٢٨-٢٩)

والأصل فى هذا الأسلوب هو كشف المفاهيم والتصورات الخاطئة حول أى موضوع لدى المتعلمين ، لكن بعض الدراسات أكدت فعالية هذا الأسلوب ليس فقط فى تشخيص التصورات والمفاهيم الخاطئة بل أيضا كطريقة تدريس ناجحة فى تعديل التصورات والمفاهيم الخاطئة لدى المتعلمين ، لكن هذا الأسلوب يحتاج إلى مزيد من الوقت والجهد. (ماهر إسماعيل صبرى ،١٩٩٩م ، ص ٢٥٠).

٤- النمذجة المصورة وتعديل السلوك :

تمثل النمذجة Modeling أسلوبا من أساليب التعليم والتعلم خصوصاً فى مجال تعديل السلوك Behavior Modification حيث يتم تقديم نماذج السلوك الصحيح وتدريب مجموعة مصغرة من المتعلمين عليها إما من خلال نماذج حية Live Models ، وإما من خلال نماذج رمزية مصورة Filmed (Symolic) Models.(De Young ,١٩٩٣ , P ٤٨٥).

وقد أثبتت إحدى الدراسات التي أجراها كاتب هذه السطور فعالية النمذجة المصورة كجزء أساسي فى استراتيجية تعليمية لتعديل السلوك البيئي لدى الأطفال ، حيث سارت الاستراتيجية وفقا للخطوات التالية : (ماهر إسماعيل صبرى ،١٩٩٨ ، ص ٦٧٣) .

◄ تحديد السلوك البيئي الخاطئ الذى يفعله الطفل.

◄ عرض نموذج مصور بالفيديو للسلوك الخاطئ على الطفل.

◄ سؤال الطفل عن مدى صحة أو خطأ السلوك.

◄ سؤال الطفل عن موقفه ممن يفعل السلوك الخاطئ.

◄ تقديم حفز معنوى للطفل عند إجابته بشكل صحيح.

- عرض نموذج مصور بالفيديو للسلوك البيئي الصحيح على الطفل.
- سؤال الطفل عن أى النموذجين أفضل ؟ ، ولماذا ؟.
- تقديم حفز معنوى للطفل عند إجابته بشكل صحيح.
- تنظيم مواقف طبيعية يوضع فيها الطفل تبين نمط السلوك البيئي الذى مازال يفعله.
- ملاحظة الطفل فى كل موقف لتحديد مدى تغيير سلوكه البيئي الخاطئ إلى السلوك الصحيح.
- تقديم حفز مادى ومعنوى للطفل عند تغيير سلوكه الخاطئ إلى السلوك الصحيح.
- إعادة عرض النماذج المصورة بالفيديو للسلوك الخاطئ والصحيح ومناقشة الطفل فيها ، إذا استمر الطفل فى أداء السلوك الخاطئ.
- متابعة ملاحظة الطفل على فترات متتالية للتأكد من استمرارية تمسكه بأنماط السلوك الصحيح.
- استمرارية تقديم الحفز الإيجابي للطفل عند تمسكه بالسلوك الصحيح مع التقليل من هذا الحفز تدريجياً حتى يتلاشي ، ويظل الطفل متمسكاً بالسلوك الصحيح.

- طرق وأساليب محورها التفاعل بين المعلم والمتعلم :

الفئة الثالثة من طرق وأساليب التدريس هى تلك الطرق التي ترتكز على التفاعل المتبادل بين المعلم والمتعلم من حيث الإيجابية والمسؤولية خلال العملية التعليمية ، ومن أمثلة هذه الطرق ما يلي :

١ – طريقة الحوار والمناقشة :

طريقة الحوار والمناقشة *Conversation and Discussion Method* هي أحدى طرق وأساليب التدريس والتعليم ، يتم من خلالها تبادل الحوار ، والتساؤلات ، والأفكار بين المعلم والمتعلم . وفي هذه الطريقة يكون المتعلم إيجابيا ومشاركا للمعلم ، وتكون العملية التعليمية قائمة على دور كل من المعلم والمتعلم . وتزداد فعالية هذا الأسلوب في التدريس كلما كان تعاونيا لاجدليا .

والحوار *Dialogue* مصطلح عام يشير إلى أية محاورة تتم بين شخصين أو أكثر يتم خلالها تبادل الآراء والخبرات حول قضية أو موضوع ما . وهناك مجالات عديدة للحوار مثل : الحوار السينمائي ، والحوار المسرحي والحوار التدريسي .... الخ .

أما المناقشة *Discussion* فهى حوار ، أو نوع من الحوار يدور بين اثنين أو أكثر من الأفراد حول موضوع أو قضية أو معلومة ما ، حيث يطرح كل فرد تساؤلاته واستفساراته على الطرف الآخر ، ويتلقى بالتالى استفسارات وتساؤلات الآخرين حول جوانب الموضوع محور النقاش . والمناقشة هى تفاعل إيجابي يضمن مشاركة الأفراد بفعالية كبيرة فيما بينهم لتبادل الأفكار والمعلومات ، ومن ثم إثراء عمليات التعليم والتعلم. والمناقشة هى إحدى طرق التدريس المهمة التى تتيح تفاعل المتعلمين مع المعلم حول موضوع الدرس . ولا تقف أهمية المناقشة عند حد اكتساب معلومات وخبرات وأفكار جديدة ، بل أيضا تدرب الأفراد على مواجهة الآخرين والتعبير عن أنفسهم وأرائهم أمام الآخرين ، ومن ثم اكتساب مهارات اللباقة وحسن التعبير. والمناقشة داخل حجرة الدرس تأخذ أحد شكلين :

أ - مناقشة حرة (مفتوحة):Free Discussion/Open Discussion

وهى نوع من المناقشة التى تدور بين المعلم ، ومجموعة المتعلمين حول عدة موضوعات غير مقيدة ، حيث تترك حرية توجيه المناقشة للمناقشين أنفسهم. وقد تكون المناقشة الحرة أيضا حول موضوع واحد محدد يسأل المتعلمون بعضهم البعض عن كل ما يعن لهم من أسئلة واستفسارات حول هذا الموضوع ، على أن يتولى المعلم توجيه دفة المناقشة ، أو إدارة المناقشات.

ب - مناقشة مقيدة : Controlled Discussion

وهى النوع الآخر من المناقشات التي يستخدمها المعلم أثناء التدريس حيث يشير هذا النوع إلى المناقشات المغلقة التى تدور حول موضوع محدد غالبا يكون موضوع الدرس ، بل حول أسئلة محددة عن هذا الدرس لا ينبغى تجاوزها. وغالبا ما تأتى إجابات الأسئلة بالتالى مقيدة. ويحدث ذلك عند مناقشة موضوعات حساسة ، أو للحرص على وقت الحصة

٢ - طريقة المحاضرة النقاشية :

سبقت الإشارة إلى طريقة المحاضرة الإلقائية ضمن طرق وأساليب التدريس التي تتخذ من المعلم محورا لها ، وقد أوضحنا في حينه أن تطوير تلك الطريقة للتغلب على سلبياتها يتطلب دعمها بقدر مناسب من الحوار والمناقشة لتحقيق التفاعل المتبادل بين المحاضر والمتعلمين . وهذا يعني أن دمج طريقتي : المحاضرة الإلقائية ، والحوار والمناقشة ينتج عنه طريقة

جديدة هي طريقة المحاضرة النقاشية ، تلك الطريقة التي تجمع بين مزايا الطريقتين ، وتتغلب في الوقت ذاته على سلبيات الطريقة الإلقائية.

٣ - طريقة حل المشكلات الموجهة :

حل المشكلات Problem Solving طريقة تدريس تشمل إجراءات وخطوات عملية ومنطقية يتبعها المعلم مع المتعلمين لحل أية مشكلة تعليمية تعترضهم . كما يطلق هذا المصطلح علي حل المسائل الرياضية في أي مادة دراسية ذات صلة بتلك المسائل , كحل مسائل الرياضيات البحتة , والتطبيقية وحل مسائل الكيمياء , وحل مسائل الفيزياء , وحل مسائل الوراثة في مجال البيولوجي وغيرها. ويرى البعض أن طريقة حل المشكلات من أهم طرق وأساليب التدريس التي تركز علي تدريب المتعلم علي التفكير واستخدام قدراته العملية وخبراته السابقة بشكل منطقي , وذلك من خلال تخطيط المعلم لمواقف تدريس قائمة علي المشكلات التي تتحدي أبنية الطلاب المعرفية السابقة ، وتتحدي أطرهم المرجعية المعتادة بشكل يجبرهم على التفكير المتشعب .

ويتم التدريس بطريقة حل المشكلة من خلال مشاركة المتعلم للمعلم في عدة خطوات محددة هي:

◄ تحديد المشكلة تحديدا دقيقا .

◄ تحديد المعطيات المتاحة لحل المشكلة .

◄ دراسة المشكلة وجمع المعلومات الكافية عنها .

◄ وضع حلول مقترحة (فروض) للمشكلة على ضوء المعطيات المتاحة والمعلومات التي تم جمعها حول المشكلة .

◄ تجريب الحلول المقترحة والمفاضلة بينها للوصول إلى الحل الأمثل .

◄ تعميم حل المشكلة على مشكلات أخرى مماثلة .

ويتوقف نجاح تلك الطريقة في التدريس على عوامل من أهمها : فهم المعلم لإجراءاتها , واقتناعه بأهميتها ، وقدرته على تنفيذها بالشكل الصحيح وقدرته على دفع المتعلم لمشاركته بفعالية وإيجابية .

٤ - الطريقة الكشفية الموجهة :

الطريقة الكشفية Discovery Method ، أو التعليم والتعلم بالاكتشاف هي إحدى الطرق المهمة للتعليم أو التدريس ، تستهدف تزويد المتعلم بخبرات محددة عن طريق قيام المعلم بإعداد مواقف ، أو أنشطة يطلب فيها من المتعلم اكتشاف المعلومات بنفسه ، على ضوء معلومات أخرى يتم

تزويده بها . وإذا كان المعلم يتابع المتعلم أولا بأول ، ويرشده ويوجهه في مراحل وإجراءات استكشافه للمعلومات كان التعليم هنا تعليما استكشافيا موجها ، وإذا كان المعلم يكتفي بإعطاء المتعلم بعض التوجيهات فقط كان التعليم استكشافيا شبه موجه . أما إذا وضع المعلم المتعلم في موقف استكشافي دون إعطائه أية توجيهات أو إرشادات فإن التعليم هنا يكون تعليما استكشافيا غير موجه . وتدخل طريقتي : الاكتشاف الموجه والاكتشاف شبه الموجه في نطاق طرق وأساليب التدريس القائمة على التفاعل بين المعلم والمتعلم ، بينما تدخل طريقة الاكتشاف غير الموجه في نطاق طرق التدريس التي تتخذ من المتعلم محورا لها .

وترتبط الطريقة الكشفية في التدريس بعملية الاستقصاء Inquiry تلك العملية التي يتم من خلالها قيام المعلم بتوجيه المتعلم ، ومعاونته في تتبع مشكلة علمية ، أو موضوع ما ، والتنقيب عنه ، والبحث في جذوره للاستعلام عن هذا الأمر ، أو كشف ما هيته ، أو مسبباته ، أو نتائجه. والاستقصاء هو نمط للتفكير ، وهو أسلوب للتعلم ، وطريقة فعالة للتدريس .

٥ طريقة الندوات :

الندوة طريقة من طرق التعليم التي يقوم المعلم بإعدادها والتخطيط لها كدعم لطرق تدريسه المتبعة ، حيث يجمع أكبر عدد من طلاب مدسته في قاعة كبيرة لمناقشة موضوع ، أو قضية ، أو مشكلة علمية محددة تهم الجميع وذلك من خلال الاستعانة بأكثر من خبير ، أو متخصص في موضوع الندوة ويمكن أن تتم الندوة بأكثر من طريقة : الطريقة الأولى هي قيام المعلم كمنسق للندوة بجمع تساؤلات الطلاب عن موضوع الندوة وفرزها ، ثم عرض المهم منها على ضيوف الندوة (الخبراء) ليتولى كل واحد منهم الرد عن التساؤلات التي تكون موضع اهتمامه . والطريقة الثانية هي قيام المعلم بإعداد أسئلة متنوعة عن موضوع الندوة بنفسه ليطرحها على ضيوف الندوة أمام المتعلمين ، ثم يفتح باب المناقشة للمتعلمين ، فيختار بعضهم ليوجه تساؤلاته واستفساراته مباشرة لضيوف الندوة الخبراء . أما الطريقة الثالثة فهي قيام المعلم بتقديم ضيوف الندوة من الخبراء للمتعلمين ، ثم يطلب من كل خبير شرح جزء ، أو جانب من الموضوع ، ثم يفتح بعد ذلك باب الحوار والمناقشة للمتعلمين مع هؤلاء الخبراء حول ماجاء في حديثهم . وتتوقف الطريقة التي يختارها المعلم لتنفيذ الندوة على عدة عوامل أهمها : طبيعة موضوع الندوة ، والهدف منها

وطبيعة المتعلمين ، ونوعية الخبراء والمتخصصين ، والوقت المتاح للندوة ... الخ .

ومع أهمية الندوات في التعليم لكنها ليست بالطبع من طرق وأساليب التـدريس التي يتبعهـا المعلم يوميا مع طلابه .

٦ – طريقة اللقاءات :

اللقاءات طريقة من طرق وأساليب التعليم التثقيفية التي لاتعد طريقـة تـدريس بحـد ذاتهـا ، لكنها تعد من الطرق التثقيفية التي تدعم تدريس المعلم لموضوعات محددة .

واللقاء يشبه الندوة في أن كليهما يعتمدان على خبراء ، أو متخصصين من خـارج المدرسـة ، لكـن الخلاف بينهما يكون في عدد المتحدثين ، ففي الندوات لاينبغي أن يقل العدد عن اثنـين مـن الخبراء ، أو الضيوف ، بينما يقوم اللقاء على شخصية واحدة فقط من الخبراء بالإضافة إلى المعلـم الـذي يديـر اللقاء . ويختلف اللقاء عن المحاضرة في أن المحاضر هو الذي يتولى جميع مهام المحـاضرة مـن شـرح ومناقشات وإدارة ... الخ . بينما يحتاج اللقاء إلى متحدث رئيسي ، ومدير للقاء .

وعند قيام المعلم بإعداد لقاء لتلاميذه مع أحد الخبراء ، أو المسؤولين فإن عليه :

◄ تحديد موضوع اللقاء .

◄ تحديد الضيف المناسب لموضوع اللقاء .

◄ توجيه الدعوة للضيف وتحديد مدى موافقته على عقد اللقاء .

◄ تحديد الموعد المناسب لعقد اللقاء .

◄ وضع خطة تنفيذ اللقاء .

◄ اختيار المكان المناسب لعقد اللقاء .

◄ تجهيز المكان بما قد يحتاجه اللقاء من أجهزة عرض وخلافه .

◄ دعوة الأفراد الذين يهمهم اللقاء من متعلمين ، ومعلمين ، وإداريين ..

◄ الإعلان عن اللقاء بشكل مكثف ، ومستمر ، قبل موعده بوقت كاف .

◄ اتخاذ كافة الإجراءات الإدارية والشكلية والأمنية لاستقبال الضيف .

٧ – طريقة المؤتمرات :

المؤتمر أيضا ليس من طرق وأساليب التـدريس النظاميـة التـي يمكـن للمعلم اتباعهـا لتـدريس دروسه اليومية ، لكنه طريقة من أهم طرق التثقيف غير النظامي للمتعلمين .

والمؤتمر هو اجتماع بين عدد كبير من الخبراء والمتخصصين والباحثين والدارسين والمهتمين بمجال ، أو موضوع ما ، تقوم المدرسة   أو أية جهة تربوية أخرى بتنظيمه ، بهدف بحث ، أو دراسة قضية ، أو مشكلة تعليمية محددة ، مثل المؤتمر القومي للتعليم الذي دعت إلية وزارة التربية والتعليم ، أو مؤتمر تطوير التعليم الجامعي الذي دعت إليه وزارة التعليم العالي .

وقد أتاحت تكنولوجيا الاتصالات الحديثة إمكانية عقد المؤتمرات والمشاركة فيها عن بعد ، وذلك من خلال شبكات المؤتمرات الفيديوية   Video Conferences التي تتم عن طريقها عمليات التحاور ، والتشاور والمناقشات المرئية بين مجموعة أفراد في أماكن متباعدة عبر تقنيات المعلومات والاتصالات الحديثة ، فيمكن لباحث ، أو عالم ، أو خبير أن يشارك بالصوت والصورة في فعاليات اجتماع ، أو ندوة ، أو مؤتمر عبر كاميرا رقمية متصلة بجهاز حاسوب متصل بشبكة الإنترنت ، مثلما يحدث في متابعة وزارة التربية والتعليم لمديريات التربية والتعليم بالمحافظات ، ومشاركة الأقاليم في برامج التدريب والمؤتمرات التي تعقدها الوزارة عبر تلك الشبكات .

ومع أهمية المؤتمرات لتدريب المتعلمين على الحوار البناء والمناقشات الإيجابية ، إلا أن الكثير من مدارسنا اليوم لاتمتلك الوقت والإمكانات لعقد مؤتمرات مفيدة يشارك فيها المتعلمون .

٨ – طريقة المناظرات :

المناظرة Disputation هى طريقة من طرق وأساليب الحوار والمناقشة التى تتم بين اثنين أو اكثر من الأفراد حول موضوع أو قضية جدلية ، يعرض خلالها كل متناظر وجهة نظرة وبراهينه التى تؤكد رؤيته للقضية ، وتدحض وجهة نظر غيره ممن يناظره.

وعلى ذلك فإن المناظرة لها نفس إيجابيات الحوار والمناقشة ، بل تزيد في درجة الإثارة والتشويق والمتعة التي تتيحها للمتعلم ، وهو يتابع المباراة الدائرة بين المتناظرين لكي يقنعه كل منهم بوجهة نظره .

ويمكن للمعلم اتباع هذه الطريقة عند تدريسه قضايا ، أو مشكلات أو موضوعات جدلية ، تقبل الرأي ، والرأي الآخر ، حيث يدعو أحد المعلمين المعارضين لرأيه في تلك القضية ليناظره أمام المتعلمين ، أو يجعل المناظرة بين اثنين ، أو أكثر من المتعلمين حول الموضوع محور التناظر.

وعندما يقوم المتعلمين بالمناظرة دون تدخل المعلم فإن الطريقة المتبعة هنا يكون محورها المتعلم ، وعندما تدور المناظرة بين المتعلمين بـإشراف وتوجيـه وإرشاد المعلم ، أو تـدور بـين معلم ومتعلم ، تكون تلك الطريقة قائمة على التفاعل بين المعلم والمتعلمين ، أمـا إذا كانت المناظرة بـين معلم ومعلم آخر وكان دورالمتعلم هو المشاهدة فقط دخلت هـذه الطريقة في نطـاق الطـرق التـي تركز على المعلم كمحور لها .

٩- طريقة حلقات المناقشة :

حلقة المناقشة هي حلقة دراسية Study Circle تضم مجموعـة مـن الدارسـين ، يجتمعـون في موعد ومكان محدد ، لمناقشة ودراسة موضوع مـا. أو هـي مجموعـة مـن المتعلمـين يجتمعـون مـع معلمهم لتدارس موضوعات تعليمية ، أو لمناقشة أي أمر من الأمور موضع اهتمامهم .

ويطلق على حلقات المناقشة اسم آخر هو " سمينار Seminar " حيث يمكن أن تكون هـذه الحلقات محدودة في عدد المشاركين فتأخذ شكل مجموعات المناقشة Discussion Groups ، تلك المجموعات التي تضم أعدادا محدودة من المتعلمين يتحاورون ويناقشون موضوعا ، أو قضية محددة بهدف الوصول إلنتيجة أو قرار محدد ، ويمكن الاعتماد عـلى هـذه المجموعات فى عمليتـى التعلـيم والتعلم ، حيث يمكن للمعلم أن يدير حوارا ونقاشا بين عدة مجموعات من تلاميذه حول أي موضوع تعليمى ، أو غير تعليمى له انعكاسات مباشرة ، أو غير مباشرة على التلميذ وبيئته ومجتمعه.

وقد تكون حلقات المناقشة مفتوحة يشارك فيهـا عـدد كبـير مـن المعلمـين والمتعلمـين والخبراء والمتخصصين ، حيـث تدار تلك الحلقات بأسلوب التحاور الجماعي Group Conference الذي يعرف بأنه : عملية يتم من خلالها اتصال الأفراد المشاركين في الحلقة فيما بينهم في وقت واحد كما يحدث في الندوات ، والمؤتمرات . وقد أسهمت التكنولوجيا الحديثة في تطور أساليب التحاور الجماعي بشكل لم يسبق له مثيل ، فأمكن للأفراد في أي موقع على الكرة الأرضية المشاركة والحوار الفعال عبر شبكات الإنترنت والأقمار الصناعية ، مهمـا بعـدت المسـافات . ومهمـا كان شـكل حلقـات المناقشة وعـدد المشاركين فيها ، فإنها تعتمد على طريقة الحوار والمناقشة ، حيـث تعتمـد عـلى مهارة وخبرة فيمن يقوم بإدارتها ، لكي تتحق الفائدة المرجوة منها.

١٠- طريقة العصف الذهني :

وهي طريقة لإثارة الأفكار الإبداعية Brainstormin تعتمد على أسلوب الحوار والمناقشة المفتوحة بين مجموعة من الأفراد ، وتستهدف توليد وإثارة الأفكار حول موضوع أو مشكلة ما ، بغض النظر عن كون تلك الأفكار متطرفة ، أو غير متعلقة مباشرة بموضوع المناقشة ، حيث يتحدد على ضوء المناقشات مدى جودة هذه الأفكار. ويمكن استخدام هذا الأسلوب في العملية التعليمية داخل حجرات الدراسة لإثارة العقل وتحفيز الطلاب على المشاركة في الحوار والمناقشة ، وبناء معلوماتهم بأنفسهم .

ويمكن للمعلم اتباع تلك الطريقة مع طلابه في حصص المناقشة الحرة حيث يطرح عليهم مشكلة ، أو قضية ، أو سؤالا مثيرا ، ثم يتيح الفرصة لكل منهم كي يعرض رأيه ، أو يعبر عن أفكاره ، أيا كان هذا الرأي أو تلك الأفكار .

وتحقق هذه الطريقة أقصى درجات التفاعل بين المعلم والمتعلمين كما أنها تتيح قدرا كبيرا من التشويق والإيجابية للمتعلم ، فتدربه على التفكير وتحفزه للمشاركة في الحوار ، وتحبب إليه طرح أفكاره دون حرج . لكنها في الوقت ذاته لاتعترف بقيود ، أو حدود في الحوار والمناقشة ، مما يجعل من الصعب على المعلم التحكم في مسارها ، ووقتها ، ومن ثم فإنها قد لاتكون مناسبة لجميع المواقف التعليمية ، والتدريسية .

وهكذا يتضح أن هناك العديد من طرق وأساليب التدريس التي يمكن للمعلم أن يتنقل بينها ، وينتقي منها مايناسب الموقف التدريسي الذي يكون بصدده . وأعود فأكرر مرة أخرى أنه لايمكن لنا الادعاء بأن هناك طريقة واحدة من بين تلك الطرق هي الأفضل على الإطلاق ، لكن طبيعة الموقف التدريسي بمعطياته هي التي تحدد طريقة التدريس المناسبة .

****

قائمة المراجع

● المراجع العربية والأجنبية :

١. أحمد حامد منصور (١٩٨٦م) : **تكنولوجيا التعليم وتنمية القدرة على التفكير الابتكاري** ، الكويت ، منشورات ذات السلاسل .

٢. أحمد صيداوي (١٩٩٢م) : التعلم التعاوني ، **المؤتمر التربوي السنوي الثامن** وزارة التربية والتعليم ، دولة البحرين ، ١٨ – ٢٠ مايو ، ص ص ١ – ٢٢ .

٣. آلان بونيه (١٩٩٣م) : **الذكاء الاصطناعي واقعه ومستقبله** ، ترجمة : على صبري فرغلي ، سلسلة عالم المعرفة ، الكويت ، المجلس الوطني للثقافة والعلوم والفنون .

٤. السيد الربيعي (١٩٩٨م) : فكرة مبسطة عن الشبكة العنكبوتية (الإنترنت) الرياض إدارة الحاسب الآلي ، وكالة كليات البنات .

٥. أيمن سيد درويش (١٩٩٨م) : **المرجع الكامل لخدمات إنترنت** ، سورية ، شعاع للنشر والتوزيع .

٦. باربارا سيلز ، ريتا ريتشي (١٩٩٨م) : **تكنولوجيا التعليم التعريف ومكونات المجال** ترجمة : بدر الصالح ، الرياض ، مكتبة الشقري .

٧. بشير عبد الرحيم الكلوب (١٩٨٨م) : **التكنولوجيا في عملية التعليم والتعلم** ، عمان دار الشروق.

٨. بل جيتس (١٩٩٨م) : **المعلوماتية بعد الإنترنت طريق المستقبل** ، ترجمة : عبد السلام رضوان سلسلة عالم المعرفة ، الكويت ، المجلس الوطني للثقافة والعلوم والفنون .

٩. بنيامين فاين (١٩٨٠م) : **آلات التعليم** ، ترجمة : محمد رضا البغدادي ، القاهرة دار المعارف .

١٠. توفيق مرعي ، محمد رشيد ناصر (١٩٨٥م) : **تكنولوجيا التعليم والوسائل التعليمية** عمان ، مطبعة الجمعية العلمية الملكية .

١١. جابر عبد الحميد ، طاهر عبد الرازق (١٩٧٩م) : **أسلوب النظم بين التعليم والتعلم** القاهرة ، دار النهضة العربية .

١٢. جودت أحمد سعادة (١٩٨٥م) : استخدام الاختبارات ذات الاختيار المتعدد في التاريخ والجغرافيا ، **مجلة العلوم الاجتماعية** ، العدد (١) ، المجلد (٣) .

١٣. جودت سعادة ، جمال اليوسف (١٩٨٨م) : **تدريس مفاهيم اللغة العربية والرياضيات والعلوم والتربية الاجتماعية** ، بيروت ، دار الجيل .

١٤. جوزف د. نوفاك ، د. بوب جووين (١٩٩٥م) : **تعلم كيف تتعلم** ، ترجمة : أحمد عصام الصفدي إبراهيم محمد الشافعي ، الرياض ، جامعة الملك سعود.

١٥. جون بينون ، هيو ماكي (٢٠٠٠م) : التنور التكنولوجي والمنهج ، ترجمة : محسوب عبد الصادق ، و ماهر إسماعيل صبري ، القاهرة ، المكتبة الأكاديمية .

١٦. جيرولد كمب (١٩٨٧م) : تصميم البرامج التعليمية ، ترجمة : أحمد خيري كاظم القاهرة ، دار النهضة العربية .

١٧. حسن زيتون (١٩٩٩م) : تصميم التدريس رؤية منظومية ، الجزءين : الأول والثاني القاهرة ، عالم الكتب .

١٨. حسن زيتون (١٩٩٧م): التدريس رؤية في طبيعة المفهوم ، القاهرة ، عالم الكتب.

١٩. حسن زيتون ، كمال زيتون (١٩٩٥) : تصنيف الأهداف التدريسية محاولة عربية القاهرة ، دار المعارف .

٢٠. حمدي أبو الفتوح عطيفة (١٩٩٣ م) : تدريس العلوم ، الجزء الأول ، المنصورة المكتبة العلمية الحديثة .

٢١. حمدي أبو الفتوح عطيفة ، عايدة عبد الحميد (١٩٩٤م) : تصورات الأطفال عن الظواهر ذات الصلة بالعلوم واقعها واستراتيجيات تغيرها ، المنصورة ، دار الوفاء للطباعة والنشر .

٢٢. حمدي قنديل (١٩٨٤م) : التبادل التليفزيوني بالأقمار الصناعية نحو شبكة فضائية خليجية ، سلسلة بحوث ودراسات تليفزيونية ، رقم (١١) ، الرياض ، جهاز تليفزيون الخليج .

٢٣. خليل يوسف الخليلي ، عبد اللطيف حيدر ، محمد جمال الدين يونس (١٩٩٦م) : تدريس العلوم في مراحل التعليم العام ، دبي ، دار القلم .

٢٤. راسم الجمال (١٩٨٥م) : دراسات في الإعلام الدولي ، جدة ، دار الشروق .

٢٥. رجاء محمود أبو علام (١٩٨٧م) : قياس وتقويم التحصيل الدراسي ، الكويت ، دار القلم .

٢٦. رودني دوران (١٩٨٥م) : أساسيات القياس والتقويم في تدريس العلوم ، ترجمة : محمد سعيد صباريني وآخران ، عمان ، دار الأمل .

٢٧. رؤوف عبد الرازق العاني (١٩٩٦م) : اتجاهات حديثة في تدريس العلوم ، الطبعة الرابعة ، الرياض ، دار العلوم للطباعة والنشر .

٢٨. زكريا يحي لال ، علياء الجندي (١٩٩٤م) : مقدمة في الاتصال وتكنولوجيا التعليم الطبعة الثانية ، الرياض ، مكتبة العبيكان .

٢٩. سلام سلام ، صفية سلام (١٩٩٢م) : المرشد في تدريس العلوم ، الرياض ، مطابع دار طيبة .

المدخل للمناهج وطرق التدريس

٣٠. صبري الدمرداش (١٩٨٦م) : **الطرائف العلمية مدخل لتدريس العلوم** ، القاهرة دار المعارف .

٣١. عايش محمود زيتون (١٩٩٦م) : **أساليب تدريس العلوم** ، عمان ، دار الشروق .

٣٢. عبد الحافظ محمد سلامة (١٩٩٦م) : **وسائل الاتصال والتكنولوجيا في التعليم** ، عمان دار الفكر.

٣٣. عبد الرحمن الشاعر ، إمام محمد إمام (١٩٩٣م) : **مفاهيم أساسية لإنتاج واستخدام الوسائل التعليمية** ، الطبعة الثانية ، الرياض ، مطابع الجاسر .

٣٤. عبد الرحمن العبدان (١٩٩٣م) : تأثير الأسلوب المعرفي المستقل - المعتمد في استخدام استراتيجيات تعلم اللغة الثانية ، **رسالة الخليج العربي** ، السنة الرابعة ، العدد الثامن والأربعون .

٣٥. عبد العال حامد عجوة (١٩٨٩) : الأساليب المعرفية وعلاقتها ببعض متغيرات الشخصية "دراسة عاملية " ، دكتوراه غير منشورة ، كلية التربية ، جامعة المنوفية.

٣٦. عبد الله بن عبد العزيز الموسى (٢٠٠١م) : **استخدام الحاسب الآلي في التعليم** الرياض ، مكتبة الشقري .

٣٧. علي عجوة وآخرون (١٩٩١م) : **مقدمة في وسائل الاتصال** ، جدة ، مكتبة مصباح.

٣٨. ماهر إسماعيل صبري (١٩٩٤م) : **العب وفكر وتعلم** ، سلسلة سفير التربوية ، دار سفير للطباعة والنشر بالقاهرة .

٣٩. ماهر إسماعيل صبري (١٩٩٨م) : " فعالية استراتيجية مقترحة قائمة علي التصارع السلوكي لتشخيص وتعديل السلوكيات البيئية الخاطئة الأكثر شيوعا لدي أطفال ما قبل المدرسة " ، المؤتمر الثاني للجمعية المصرية للتربية العلمية : **إعداد معلم العلوم للقرن الحادي والعشرين** ، الإسماعيلية ، بالما أبو سلطان ، ٢ ـ ٥ أغسطس .

٤٠. ماهر إسماعيل صبري (١٩٩٩م) : **من الوسائل التعليمية إلي تكنولوجيا التعليم** الرياض ، مكتبة الشقري .

٤١. ماهر إسماعيل صبري ، محب الرافعي (٢٠٠١م) : **التقويم التربوي أسسه وإجراءاته** الطبعة الثانية ، الرياض ، مكتبة الرشد .

٤٢. ماهر إسماعيل صبري (٢٠٠٢م) : **الموسوعة العربية لمصطلحات التربية وتكنولوجيا التعليم** ، الرياض ، مكتبة الرشد .

٤٣. ماهر إسماعيل صبري (٢٠٠٣م) : **المدخل البيئي في التعليم رؤية شاملة ومنظور جديد** ، بنها ، مكتبة شباب ٢٠٠٠ .

٤٤. ماهر إسماعيل صبري ، صلاح توفيق (٢٠٠٤) : **التنوير التكنولوجي وتحديث التعليم** ، الإسكندرية ، المكتب الجامعي الحديث .

٤٥. محمد السيد على (١٩٩٨م) : **علم المناهج الأسس والتنظيمات في ضوء الموديولات** المنصورة ، عامر للطباعة والنشر .

٤٦. محمد السيد على (١٩٨٨م) : **مصطلحات في المناهج وطرق التدريس** ، المنصورة عامر للطباعة والنشر .

٤٧. محمد بن أبي بكر الرازي (١٩٨٦) : **مختار الصحاح** ، ترتيب : محمود خاطر القاهرة مكتبة الثقافة الدينية .

٤٨. محمد رضا البغدادي (١٩٨٩م) : **التدريس المصغر** ، الكويت ، مكتبة الفلاح .

٤٩. محمد زياد حمدان (١٩٨٥م) : **خرائط أساليب التعلم تخطيطها واستخدامها في ترشيد التربية المدرسية** ، عمان ، دار التربية الحديثة .

٥٠. محمد زياد حمدان (١٩٩٧م) : **تقييم الكتاب المدرسي نحو إطار علمي للتقويم في التربية (نظرية قرار المجال)** ، دمشق ، دار التربية الحديثة .

٥١. محمد زياد حمدان (١٩٩٩م) : **أساليب التدريس أنواعها وعناصرها وكيفيات قياسها** دمشق ، دار التربية الحديثة.

٥٢. محمد زياد حمدان (١٩٩٩م) : **أدوات الملاحظة الصفية مفاهيمها وأساليب قياسها للتربية** ، دمشق ، دار التربية الحديثة .

٥٣. محمد زياد حمدان (١٩٩٩م) : **الاختبارات والتقييم - الاختبارات الموضوعية - الغش في الاختبارات وأداء الواجبات المنزلية** ، دمشق ، دار التربية الحديثة .

٥٤. مصطفى محمد عيسى فلاته (١٩٩٥م) : **المدخل إلى التقنيات الحديثة في الاتصال والتعليم** ، الطبعة الخامسة ، الرياض ، جامعة الملك سعود .

٥٥. ممدوح سليمان (١٩٨٨) : " أثر إدراك الطالب المعلم للحدود الفاصلة بين طرائق التدريس وأساليب التدريس واستراتيجيات التدريس فى تنمية بيئة تعليمية فعالة داخل الصف"، **رسالة الخليج العربى** ، السنة الثامنة، العدد الرابع والعشرون ، ص ١٢٠ ص ١٤٦ .

٥٦. هنري إنلجتون (١٩٩٤م) : **إنتاج المواد التعليمية دليل للمعلمين والمدربين** ، ترجمة : عبد العزيز العقيلي ، الرياض ، جامعة الملك سعود .

٥٧. يوسف قطامي ، نايفة قطامي (١٩٩٨م) : **نماذج التدريس الصفي** ، عمان ، دار الشروق .

٥٨. وزارة المعارف (١٤١٨هـ) : **دليل المعلم** ، الإشراف التربوى بوزارة المعارف المملكة العربية السعودية.

٥٩. يس عبد الرحمن قنديل (١٩٩٨) : **التدريس وإعداد المعلم** ، الطبعة الثانية ، الرياض دار النشر الدولى.

٦٠. Brandt, R.S. (ed) : *Education in A New Era* , U.S.A., A.S.C.D.

٦١. Brown, H.D. (١٩٨٥) : Principles of Language Learning and Teaching , New Jersey, Prentice–Hall .

٦٢. De - Young , R .(١٩٩٣) : " Changing Behavior and Making it Stick the Conceptualization and Management of Conservation Behavior " Environment and Behavior, vol. ٢٥, No. ٤. PP٤٨٥ - ٥٠٥

٦٣. Dignan, M.B. & Carr, P.A. (١٩٩٢) : *Program Planning for Health Education and Promotion* , London , Williams & Williams

٦٤. Brandt, R.S. (ed) : *Education in A New Era* , U.S.A., A.S.C.D.

٦٥. Brown, H.D. (١٩٨٥) : Principles of Language Learning and Teaching , New Jersey, Prentice–Hall .

٦٦. De - Young , R .(١٩٩٣) : " Changing Behavior and Making it Stick the Conceptualization and Management of Conservation Behavior " Environment and Behavior, vol. ٢٥, No. ٤. PP٤٨٥ ٥٠٥

٦٧. Dignan, M.B. & Carr, P.A. (١٩٩٢) : *Program Planning for Health Education and Promotion* , London , Williams & Williams

٦٨. Fensham, P. , Richard Gunstone & Richard White (eds.) (١٩٩٤) : *The Content of Science A Constructivist Approach to its Teaching and Learning* , London , The Falmer Press.

٦٩. Fosnot, C.T. (١٩٨٤) : "Media and Technology in Education : A Constructivist View" , *Educational Communication and Technology Journal* , Vol. ٣٢ , PP. ١٩٥-٢٠٥ .

٧٠. Good, Carter (ed)(١٩٧٣) : *Dictionary of Education* , New York, McGraw-Hill

٧١. Gronlund, N.E. (١٩٧١) : *Measurement and Evaluation in Teaching* , New York , Macmillan.

٧٢. Hills, P.J. (ed.) (١٩٨٢) : *A Dictionary of Education* , London , Routledge & Kegan Paul .

٧٣. Husen,T. & Postlethwaite, T. (eds.) (١٩٨٥) : *The International Encyclopedia of Education* , Vol. ٢ , New York , Pergamon Press.

٧٤. Lewy, A. (ed.) (١٩٩١) : *The International Encyclopedia of Curriculum* , New York , Pergamon Press.

٧٥. Oxford, R. (١٩٩٠) : *Language Learning Strategies : What every Teacher Should Know* , New York , Harper & Row.

٧٦. Presseisen, B.Z. et. al. (١٩٩٠) : *Learning and Thinking Styles : Classroom Interaction* , London , Roger Spervy.

٧٧. Spencer, K. (١٩٩١) : *The Psychology of Educational Technology and Instructional Media* , London , United Writers Press.

٧٨. Sunal, C.S. et.al. (١٩٩٨): "Using the Internet to Create Meaningful Instruction" *The Social Studies* , Vol.٨٩ , No. ١ , PP. ١٣ – ١٧ .

٧٩. Wittrock , M . C. (١٩٩٤) : " Generative Science Teaching " *In* : Fensham, P. , Richard Gunstone & Richard White (eds.) : *The Content of Science A Constructivist Approach to its Teaching and Learning* , London , The Falmer Press.

٨٠. Brandt, R.S. (ed) : *Education in A New Era* , U.S.A., A.S.C.D.

٨١. Brown, H.D. (١٩٨٥) : Principles of Language Learning and Teaching , New Jersey, Prentice–Hall .

٨٢. De - Young , R .(١٩٩٣) : " Changing Behavior and Making it Stick the Conceptualization and Management of Conservation Behavior " Environment and Behavior, vol. ٢٥, No. ٤. PP٤٨٥ - ٥٠٥

٨٣. Dignan, M.B. & Carr, P.A. (١٩٩٢) : *Program Planning for Health Education and Promotion* , London , Williams & Williams

٨٤. Brandt, R.S. (ed) : *Education in A New Era* , U.S.A., A.S.C.D.

٨٥. Brown, H.D. (١٩٨٥) : Principles of Language Learning and Teaching , New Jersey, Prentice–Hall .

٨٦. De - Young , R .(١٩٩٣) : " Changing Behavior and Making it Stick the Conceptualization and Management of Conservation Behavior " Environment and Behavior, vol. ٢٥, No. ٤. PP٤٨٥ - ٥٠٥

٨٧. Dignan, M.B. & Carr, P.A. (١٩٩٢) : *Program Planning for Health Education and Promotion* , London , Williams & Williams Fensham, P. , Richard Gunstone & Richard White (eds.) (١٩٩٤) :

المدخل للمناهج وطرق التدريس

The Content of Science A Constructivist Approach to its Teaching and Learning , London , The Falmer Press.

٨٨.   Fosnot, C.T.(١٩٨٤):"Media and Technology in Education:A Constructivist View " , *Educational Communication and Technology Journal* , Vol. ٣٢ , PP. ١٩٥-٢٠٥ .

٨٩.   Good, Carter (ed)(١٩٧٣) : *Dictionary of Education* , New York, McGraw-Hill

٩٠.   Gronlund, N.E. (١٩٧١) : *Measurement and Evaluation in Teaching* , New York , Macmillan.

٩١.   Hills, P.J. (ed.) (١٩٨٢) : *A Dictionary of Education* , London , Routledge & Kegan Paul .

٩٢.   Husen,T. & Postlethwaite, T. (eds.) (١٩٨٥) : *The International Encyclopedia of Education* , Vol. ٢ , New York , Pergamon Press.

٩٣.   Lewy, A. (ed.) (١٩٩١) : *The International Encyclopedia of Curriculum* , New York , Pergamon Press.

٩٤.   Oxford, R. (١٩٩٠) : *Language Learning Strategies : What every Teacher Should Know* , New York , Harper & Row.

٩٥.   Presseisen, B.Z. et. al. (١٩٩٠) : *Learning and Thinking Styles : Classroom Interaction* , London , Roger Spervy.

٩٦.   Spencer, K. (١٩٩١) : *The Psychology of Educational Technology and Instructional Media* , London , United Writers Press.

٩٧.   Sunal, C.S. et.al. (١٩٩٨): "Using the Internet to Create Meaningful Instruction" *The Social Studies* , Vol.٨٩ , No. ١ , PP. ١٣ – ١٧ .

٩٨.   Wittrock , M . C. (١٩٩٤) : " Generative Science Teaching " *In* : Fensham, P. , Richard Gunstone & Richard White (eds.) : *The Content of Science A Constructivist Approach to its Teaching and Learning* , London , The Falmer Press.

Printed in the United States
By Bookmasters